自明性と社会

——社会的なるものはいかにして可能か——

河野憲一 著

晃洋書房

はじめに

社会学とは、いったいどのような学問なのか。

私なりに多少噛み砕いた言葉で答えるならば、社会学とは、特権的視点からの断定を許さない、当たり前（自明性）を問い直すという視点をもった学問である。そして、社会学の研究対象は、日常生活を生きる人びとのやりとりによって生み出される「社会」である。

社会学が、本当に「社会」に真摯に目を向けようとしているのであれば、「特権的視点からの断定」をすることはありえない。なぜなら、「社会」とは、複数の人びとを担い手として生み出されている現象だからである。「社会」が、複数の人びとによって生み出される現象なのであれば、原則的に、この現象については複数の異なる見方がありうると想定するほうが適切である。これに対して、「特権的視点からの断定」がなされる場合には、その「断定」以外のさまざまな見方があるという可能性が排除されてしまう。

敢えて付言すれば、「特権的視点」もまた、さまざまにありうる諸々の視点のうちに含まれる「ひとつの視点」にすぎない。但し、数あるうちのその「ひとつの視点」が、何らかの事情や状況のもとで「特権性」を有していると思われている場合に、「特権的視点」となる可能性が生じる。* しかしながら、とりわけ「社会」について述べるときには、「特権的視点」からなされる「断定」が、誰の観点からみても十分に納得できるということはおそらくほとんどない。「特権的視点からの断定」を行なう者は、十分な根拠の有無を問わず、自らの見方を絶対的に正しいものとして「自明視」し、自らの見方とは異なる見解については耳を傾けることなく、考慮から除外してしまう。しかしながら、複数の人びとによって生み出される現象である「社会」は、原理的に、複数の異なる見方に開かれている。したがって、

「社会」を研究対象とする学問としての社会学には、「特権的視点からの断定」に対する批判的考察が不可欠であり、そのためには、「当たり前」(「自明のもの」)を問い直すという視点が重要となってくるのである。これが、私が社会学を、「特権的視点からの断定を許さない、当たり前を問い直すという視点をもった学問」と特徴づける主要な理由のひとつである。

「社会」についての根本的問い直し

学問はすべて、何らかの対象についての学問である。それゆえ、個々の学問領域(ディシプリン)には、それぞれの学問に特有の研究対象がある。そして、社会学の研究対象は、一言でいえば、「社会」である。しかしながら、この「社会」は、一方で、或る程度の年齢を重ねた人であれば誰でもそれなりに知っているようでありながら、他方、きちんと考察しようとすると、扱い方が非常に難しい研究対象である。というのも、「社会」とは、「何か」を指差して「これが社会だ」とはっきりと言うことが簡単ではない現象だからである。少し敷衍して説明しよう。

この本を手に取られた方が、どこでこの文章を読んでいるかは、さまざまでありうる。自宅あるいは図書館・研究室の机の上でこの本を開かれているかもしれないし、電車の車中や書店の本棚の前で、この文章を目にされているかもしれない。そこで、いまこの本を開かれている読者の目に入りうる、「机」「吊り革」「本棚」を例にとってみよう。かりに、この本の読者のすぐ傍にいる誰かが、机を指差しながら、「これを見てください」と言ったとする。そして、「これが机です」と続けたとしたら、なぜその人が急に言い出すのかを不思議に思いながらも、誰しもすぐにそのこと(「これ」が「机」であること)は理解できるに違いない。この例の「机」を、「吊り革」あるいは「本棚」に入れ替えたとしても、おそらく事態は同様である。この例で、「これ」と指差されている「何か」に目を向けることは容易であるし、それが「机」(あるいは「吊り革」「本棚」)であることも、すぐに分かる。しかしながら、もし「社会」について同様に、傍にいる誰かが「何か」を指差し、「これが社会です」と言った場合、そこで「これ」と指差されているものが何なのか、すぐに分かるだろうか。もちろん、このときに指を差している本人にとっては、「これ」と指差しているものが何であるのかは明らかだと考えられる。しかしながら、その指差しをしている当の本人以外の人にとっては、「これ」と指差されている「何か」がいったい何であるのかを精確に理解することは、おそらくきわめて難しい。

学問のなかには、物理的な事物を研究対象とする学問分野も多くある。たとえば、物理的な対象を研究する自然科学系の学問領域であれば、その研究対象を「これ」と指差し、ほかの人びとに伝えることは容易だろう。しかしながら、「社会」について、「これ」と指を差し、その指差した「何か」について他人にきちんと伝えることは難しい。社会学とは、そうした「何か」を研究対象とする学問なのである。

社会学という学問の端緒をどの時期に求めるかについては、諸説がある。一般的には、西欧でA・コントが「社会学（sociologie）」という名称を用いた時期や、それ以後の個別科学としての社会学が成立する時期に社会学が誕生したという見方が採られることが多い。そうであれば、社会学には、すでに百数十年以上の歴史があることになる。この社会学の歴史の中では、各国・各地域での高等教育機関の在り方の変遷とも関連しながら、専門分化した各々の分科社会学（あるいは連字符社会学）において膨大な社会学的研究が蓄積されてきた。しかしながら、私の見方では、これまでの社会学においては、本来、社会学的研究に携わる者のすべてが探究しておく必要があるような或る「根本的な問い」が、問われることのないままに残されている。この「根本的な問い」がどのような問いであるのかは、右で述べた例のなかで暗に示唆している。それは、日常生活世界に見出されるいかなる具体的な「何か」（現象）を、われわれは「社会」と呼びうるのか、という問いである。この問いは、「社会」という現象を研究対象とする社会学的研究すべてに通底する問いである。社会学は、この意味で「社会」を根本的に問い直すアプローチを手にしてはじめて、今後もより魅力ある学問として発展し続けることが可能となるに違いない。

見せかけの学問と本物の学問

哲学者であるフッサールは、一九二〇年代から三〇年代に至る「哲学」をめぐる状況について、次の引用文のように評している。この彼の言葉は、引用文中の「哲学」の部分に、哲学に限らずそれ以外のディシプリン（学問領域）の名称をあてはめた場合にも、今日の学問状況の一側面を示すといえる面がないわけではない。

> 今日私たちが持っているのは、統一をもった生き生きした哲学ではなく、際限なく広がり、ほとんど連関のなくなってしまった哲学文献の山である。私たちが目にしているのは、相反する理論が真剣に対決しながら、それでもこの対立においてそれらの内的な連関が示され、根本的確信のうちに共通性が示され、真の哲学への惑わされることのない信頼が現われる、という事態ではない。真剣にともに哲学し、互いのために哲学するのではなく、見せかけの報告と見せかけの批判の応酬でしかない。
>
> （Husserl 1950a: 46＝2001: 22-3　強調点は筆者による）

ここでフッサールが批判しているのは、「真の学問」（あるいは「本来あるべき学問」）とはべつものの、「見せかけの学問」についてである。もちろん、個々の学問領域においてなされている各々の研究活動および討論・議論が、はたして「真」のものであるのか「見せかけ」であるのかは、容易に誰かが断定できるものではない。しかしながら、当の研究を進め、討論・議論に加わっている本人は、自らの「行ない」が「真」の学問たるべくなされたものであるのか「見せかけ」に過ぎないのかに気づいているはずである。人間は、どれだけ誠実に生きようとしていても、誰しも判断を誤ることがありうる。その場合には、率直にそのことを認め、憚《はばか》ることなく改めるほかはない。おそらくこれこそが、「真の学問」を探究し続けていくための、最も重要な作法のひとつである。

本書の読者への覚書

本書の意図は、「社会」という現象の基底を根本的に問い直すような探究を提示し、翻って、ひとりでも多くの方とともに、「社会」について考え続ける道を歩んでいくことにある。それゆえ、社会学の初学者や専門家ではない読者が、身のまわりの「社会」について自ら問いながら考えていくうえでも、社会学の専門家が社会現象に真にアプローチするうえでも、ともに役立てるように書いているつもりである。ただし、いずれの方であっても、自分とは異なる立場にある他者の言葉や考えに耳を傾けつつ、「社会」についてより深く考えていこうとすることに価値を見出せない人にとっては、あまり向かない本かもしれない。「社会」をめぐる「自明性」について、つねにそのロジックあるいは根拠に遡って問おうとする本書は、「社会」という現象について、この現象を生み出している当事者に内属する観点から真摯に理解し、その理解に基づいて新たな知恵を生み出そうとするすべての人に捧げたい。

＊たとえば、司法府においては最高裁判所が、立法府においては国会が、行政府においては内閣総理大臣が、「特権性」を有しているともいえるだろう。しかしながら、最高裁判所の判決や国会・内閣総理大臣の判断が、誰の観点からみても妥当で異論の余地がないとはいえない。したがって、特定の状況のもとで、或る視点が「特権性」を有していると思われているからといって、それとは異なる視点の見方の存在を否定することはできない。

目次

第一章　「社会はいかにして可能か」の再定式化

第一節　「社会はいかにして可能か」という問い

「社会はいかにして可能か」という問いは、永らく社会学の根本問題だとみなされてきた。だが、その十分な回答は、いまだ提示されてはいない。「社会はいかにして可能か」が難問であるのは、これが何を明らかにすべき問いであるのか、その核心を掴むことが、じつは容易ではないからである。この問いが、「社会」を主題とする問いであることはたしかだろう。だが、この問いでは、「社会」の定義が単純に問われているわけではない。そして、そこで主題となっている「社会」は、常識的に誰もが知っている意味での社会と精確に対応するわけではない。また、この問いは、「社会秩序」（あるいは「相互作用秩序」）の成立を問う、いわゆる「秩序問題」に連なる問題系とも、或る意味で決定的に異なる。

「社会はいかにして可能か」という問いを探究するうえでまず重要なのは、この問いの「問い方」自体について吟味し、これが何を明らかにすべき問いであるのかを見定めることである。この問いの「問い方」は、決して自明なものではない。「社会はいかにして可能か」という問いは、この問いに取り組む社会学者が、「社会とは何か」をすでに知っている立場を採り、そこに足場を固めるとき、いわば逆説的に、解くことができない難問となる構造をもっている。というのも、この問いは、「社会」と名付けられる以前にすでに生成しており、なおかつ、事後的に「社会」として認識されうるような、そうした「何か」があるという洞察を要石とする問いだからである。この「何か」が有する、いま述べた独特の両義性にかんする「論件」は、「社会とは何か」をすでに知っているという立ち位置から探究を進めるとき、手元からすり抜けてしまうことになる。そしてこのとき、「社会はいかにして可能か」という問いは、その問いの核心を掴むことができない難問と化してしまう。のちの議論を先取りしていえば、「社会はいかにして可能か」という問いは、「社会」生成の位相と「社会」認識の位相とを自覚的に区別したうえで、前述の「何か」そのものにまなざしを向けることができるようになったときに、はじめてその問いの核心を把握することが可能となる。

社会学の誕生以来、この学問の根本問題（あるいは原理的問題）として、「社会」を主題とするいくつかの問いが提示されてきた。だが、それらのなかでも、前述の「論件」を、その独特の両義性を損なうことなく組み込むことができている問いは、「社会はいかにして可能か」という問いだけであるといっても過言ではない。この問いは、この「問い方」でなければ扱うことができなくなってしまうような、或る意味で特殊な前述の「論件」を含む「何か」そのものにまなざしを向けようとした問いなのである。社会学が、そうした「何か」をめぐる問いとしての「社会はいかにして可能か」という問いに対して、真正面から取り組むことができるかどうかは、おそらく、今後の社会学の在り方を水路づける分岐点となるだろう。この問いに対する社会学者の態度決定が、社会学のあらゆる研究対象に通底する「社会」、あるいは後述の「社会的なるもの」にかんする基本的見方を規定することになり、さらには、現在の社会学者によって共有されている「社会（的なるもの）」にかんする洞察の実質が、将来の社会学の姿と社会学的研究が到達しうる水準とを暗に決めることになるからである。

二〇世紀初頭に「社会はいかにして可能か」という問いを提示したのは、G・ジンメルであった。だがじつは、先ほど言及した「論件」については、管見の限り、ジンメル自身によって明示的に議論されているわけではない。おそらくそれは、彼の論述のいわば「行間」から読み取ることができるにすぎない。また、この事情のためか、その後の社会学において、この問いのなかでその「論件」が有している重要な位置づけについては、明確に論究されていない。この意味で、「社会はいかにして可能か」という問いの文脈でその「論件」を明るみに出すことは、事実上、「封印」されてきたともいいうるのである。

このことは、社会学の発展にとって、決して望ましいことではない。この「封印」によって、「社会はいかにして可能か」という問いの探究が有しうる、社会学における意義は、かなりの程度失われるだろうからである。社会学的研究として、その「論件」の存在を「封印」したうえで、「社会はいかにして可能か」を問おうとする場合には、前述の「何か」そのものへのまなざしが閉ざされてしまうがゆえに、この問いは、何を明らかにすべきなのか、その核心が非常に見究めづらい難問となる。おそらくそのためか、「社会はいかにして可能か」という問いは、「社会秩序はいかにして可能か」という別種類の問題と同一系統の問いとみなされることもある。だが、これらの二つの問いのあいだには、「何か」そのものへのまなざしの有無の点で、決定的な違いがある。「社会秩序」が、あくまでそれを問う者にとっての認識対象であるのに対して、「社会」とは、日常生活を生きている人びとによって生み出され体験・経験されるものだからである。「社会はいかにして可能か」という問いは、「社会」と名付けられる以前にすでに生成しており、なおかつ、事後的に「社会」として認識されうるような、日常生活を生きている人びとによって生み出され体験・経験されている「何か」そのものへまなざしを向けようとする問いなのである。

かりに、「社会はいかにして可能か」という問いに独自の意義はないと判断することによって、より魅力ある学問としての社会学の形成につながることが明白なのであれば、その判断には積極的意義が認められる。もしそうであれば、難問であるこの問いの探究は、むしろはじめから断念するほうがよいとすらみなしうる。しかしながら、率直にいえば、決してその判断は妥当だとはいえない。というのは、前述の「何か」そのものへまなざしを向けつつ、「社会はいかにして可能か」という問いの探究を進めるならば、その結果として、社会学における「社会」あるいは「社会的なるもの」にかんする基本的見方に、根本的な変革がもたらされるはずだからである。そして、この基本的見方の変革には、中長期的展望からも、今後、社会学がさらなる発展を遂げるための鍵が秘められている。「社会はいかにして可能か」という問いの探究において、まずなすべきことは、前述の「論件」の「封印」を解くことである。そして、「社会はいかにして可能か」という問いの核心が広く理解されるよう、その「論件」を踏まえて、問いを再定式化することが求められる。こうした手続きを踏むことによって、この問いの探究で何を明らかにすべきなのかがはっきりとする。おそらく、このときはじめて、「社会はいかにして可能か」という問いは、探究を断念すべき難問ではなく、社会学という学問全体にとってのまさに根本問題となるのである。

第二節　「社会はいかにして可能か」という問いの探究における二つの陥穽

(1) 社会科学一般における社会概念と社会学における社会概念

「社会はいかにして可能か」は社会学における問いである。だが、「社会」という語は、社会学に限らず、社会科学一般においても使用されてきた。社会学以外の社会科学一般における用法では、「社会」とは、国家と同規模の広がりをもつものとして、漠然とイメージされることが多いように思われる。時代を遡れば、古代国家や中世国家にあっては、国家と社会の関係は曖昧であり、国家と同規模の広がりを有する「まとまり」としての社会は、見出されてはいなかった（猪口 一九八八：一〇―一三）。社会科学のうち、国家を主要テーマのひとつとする政治学では、国家と社会が理論的に明確に区別されたのは、T・ホッブズ以降の社会契約論をめぐる議論の深化によって理論的武装化がなされ、近代国家が誕生した時（猪口 一九八八：二四）だとみなされている。

人類学者の竹沢尚一郎は、『社会とは何か――システムからプロセスへ』（竹沢 二〇一〇）という著書のなかで、一七世紀から一八世紀の西欧で国家と同じ広がりをもつ「社会」概念が発明され、普及していった過程について、政治思想史や経済思想史等にも配意したうえで分かりやすく論じている。その著書で彼は、「社会」についての学としての社会学が誕生する以前に、西欧では「社会」概念が一定の程度、共有されていたのであり、それが、今日までの社会科学における「社会」の見方を規定している、という見解を提示している。一方で、その議論において彼は、T・パーソンズの社会像を、現在の社会学における「社会」の見方の典型とみなしており、社会学における「社会」の見方の多様性を知る社会学者の立場からみれば、もちろんその点に違和感がないわけではない。だが他方、「社会」概念についての彼の整理は、社会学ではなく、むしろ社会科学一般における「社会」概念の捉え方を知るうえで、大いに参考となる。そして、その整理を踏まえた彼の主張を確認しておくならば、本書で「社会はいかにして可能か」という社会学における問いを再定式化したうえで探究を進める意義を、より明確にすることができる。こうした意図のもとで、本項では、「社会」概念の歴史的経緯についての彼の議論を簡潔に確認しておくことにしたい。

竹沢は、戦争と革命に明け暮れた「危機の時代」であった一七世紀の西欧において、「王権神授説に代わる、国家を権威づけるための新たな理念」として「発明」されたのが、国家と同じ広がりをもつ「社会」概念だと述べる（竹沢 二〇一〇：三三）。功利主義および個人主義を核とする個の原理にしたがえば、個人の権利が重んじられる一方で、自由で平等で利己的な個人の欲望充足の追求は、「闘争状態」を惹き起こしかねない。他方、「社会的存在としての人間」によってかたちづくられる（共同）社会を前提とする共同性原理には、つねに共同性を個に優先させる集団主義に陥る危険性がある。こうした個の原理と共同性原理の背反を乗り越える理念として、社会契約論を論じるホッブズやB・スピノザ、J・J・ルソーが「発明」したのが「社会」概念であり、それは、近代国民国家の誕生を理論的に支えることになった。そして、この意味での「社会」概念が、「社会」の明確な意味規定の端緒として、後々まで大きな影響をもつことになったのである（竹沢 二〇一〇：四―三四）。

さらに彼は、一七世紀に社会契約論における「理念」として発明された「社会」概念は、一七世紀半ばから一八世紀にかけて、具体的イメージを伴いながら「実体化」され、西欧諸国（とりわけフランス）で広まったと述べる。「社会」は、国家による管理・調整の対象としての国土と人口の総体を指す語として、また、人間の自発的な生産および消費の空間としての「商業社会」を指す語として、次第に西欧の多くの人びとによって一般的に使用されるようになったのである（竹沢 二〇一〇：三八―五七）。ここで補足すれば、今日の政治学や経済学の用法における「社会」とは、国家機構によって統治される対象として、あるいは、統治機構としての国家への人員供給源および国家財政への資金供給源として（猪口 一九八八：一五〇）、イメージされることが多い。こうした「社会」の用法の淵源は、前記の一七世紀から一八世紀の西欧にあるとみてよいだろう。この意味における「社会」は、あくまで国家との関係のもとで概念化されており、また、国家と広がりを同じくする。

社会契約論の文脈において国家と結びつけて捉えられる「社会」や、一七世紀半ばから一八世紀にかけての西欧で人口に膾炙するようになっていった「社会」とは、今日の社会学でいう「マクロ社会」に該当する。竹沢自身は、「マクロ社会」という語自体は用いていないけれども、ここまで簡潔に要約した彼の議論は、一七世紀から一八世紀の西欧において、マクロ社会としての「社会」概念が生まれ、広く普及した経緯についての明快な整理となっている。そして、この意味での「社会」概念は、社会学以外の今日の社会科学一般においてしばしば自明のものとして使用されている「社会」概念と、重なるとみてよいだろう。

しかしながら、誤解を招かないように付言すれば、竹沢は、「マクロ社会」としての、国家と広がりを同じくする「社会」概念の議論のみに終始しているわけではない。彼は、比喩的な表現を用いて、「社会」をかたちづくる「上からのベクトル」と「下からのベクトル」との区別に言及し（竹沢 二〇一〇：六八―七〇）、「マクロ社会」に限定されない「社会」の見方についても示唆している。私なりにまとめていえば、前記の二つの「ベクトル」とは、それぞれ次のようなものである。社会をめぐる「上からのベクトル」とは、国家機構の統治者側に立つ者によってなされる、国土と人口の総体としての「社会」の管理・調整というベクトルである。他方、「下からのベクトル」の担い手のモデルとして想定されているのは、統治される側にいる市民である。フランス革命前夜、さまざまな立場の市民が、ヨーロッパ各地で「公共圏」を形成し、「公論」を通じて、「上からのベクトル」としての国王の専制や国家官僚の恣意的な介入を監視する役割を果たしていた。統治される側にいる市民が、「公論」の担い手となることによって、自らの属する「社会」の在り方に関与していくベクトルが、「下からのベクトル」である。

これらの二つのベクトルは、その担い手として想定されているのが誰かという点で異なる。「上からのベクトル」は、統治者側に立つ者が、管理・調整の対象としての「社会」を眺めるときの視線を指すといえるのに対して、「下からのベクトル」の担い手だとみなされているのは、統治される側にいる、さまざまな立場の市民である。ただし、ここで留意すべきなのは、これらの二つのベクトルの担い手の双方が「社会」として思い描いているのは、国家と同じ広がりをもつ「マクロ社会」であるという点である。つまり、「社会」をかたちづくる、統治する側の「上からのベクトル」と、統治される側の「下からのベクトル」とが区別される一方で、それらのベクトルの担い手自身が「社会」として想定しているのは、もっぱら「マクロ社会」なのである。そうした「マクロ社会」としての「社会」というイメージの源泉には、ルソーの「一般意思」概念がある。

しかしながら、竹沢は、「下からのベクトル」のなかに、「マクロ社会」とは異なるレヴェルの「社会」が見出されることを示唆している。一方で、「公論」の担い手である市民たち自身が「公共圏」で話題にしていた「社会」の在り方とは、国家と広がりを同じくする「マクロ社会」の在り方である。だが他方、「公論」を生み出す市民たちの「活動の空間」が、「社会」として位置づけられた（竹沢 二〇一〇：六九―七〇）と彼は述べているからである。たしかに、公共圏において議論の的になっているのは、国家と広がりを同じくする「社会」の在り方であるが、そのマクロ社会としての「社会」の在り方に実際に関与するのは、それぞれ異なる立場の人びとの「活動の空間」という意味での「社会」だということである。これをべつの角度から、鳥瞰的にみれば、国家と広がりを同じくする「社会」は、人びとによる諸々の「活動の空間」としての「社会」によってかたちづくられていると表現することもできるだろう。

竹沢は、その著書の結論部分で、「社会」を「多様性と複数性からなるもの」（竹沢 二〇一〇：二一〇）としてみるべきだと主張する。この主張の背景には、パーソンズの理論を引き継ぐ社会学の潮流に対する、彼の批判的問題意識がある。彼は、社会改革への熱意を捨象して、「社会」を「無機質な」あるいは「閉じた均質的な」システムとして分析しようとしたパーソンズの静態的な社会像を、厳しく批判しているからである（竹沢 二〇一〇：一一三―六）。つまり、国家と広がりを同じくする「社会」は、社会改革の意思を抱く、さまざまな立場の人びとの「活動の空間」によってかたちづくられているのであり、「閉じた均質的なシステム」ではなく、「多様性と複数性からなるもの」としてみるべきだというのが、「社会」概念にかんする彼の根本的主張だとみてよい。

ここで、「社会」概念をめぐる竹沢の議論の要点について、私なりの補足も加えつつ整理してみたい。「社会」概念は、一七世紀の社会契約論を通じて「理念」として「発明」され、一七世紀半ばから一八世紀にかけての西欧で、具体的イメージを伴いながら一般的に普及した。今日の社会科学一般において使用される、国家と広がりを同じくする「マクロ社会」としての「社会」という用法は、この時期に淵源をもつ。そのうえで、マクロ社会としての「社会」の捉え方として、二つの社会像が区別される。それはすなわち、パーソンズ社会学に代表される「閉じた均質的システム」としての社会像と、竹沢の主張する「多様性と複数性からなるもの」としての社会像の二つである。

竹沢は、今日の社会科学一般において、そして社会学において、「社会」を無機質な「閉じたシステム」と解する社会像が採用される傾向があることに、警鐘を鳴らそうとしているように、私には思える。結論部分の主張として、彼が、「多様性と複数性からなるもの」としての社会像を「提案」しているのは、おそらくそのためである。しかしながら、彼のその「提案」は、とりわけ一九七〇年代以降の社会学の展開を熟知している社会学者にとっては、じつは、決して目新しい見方ではない。

「社会」を「多様性と複数性からなるもの」とする見方は、パーソンズに代表される機能主義社会学（あるいは「機能学派」）に対する批判に基づいて展開された、「意味の社会学」（あるいは「意味学派」）とも呼ばれる、現象学的社会学・シンボリック相互作用論・エスノメソドロジー等の社会学の諸潮流において、一九七〇年代以降、繰り返し主張されてきた見解である。[1] それにもかかわらず、竹沢は、前記の著書（竹沢 二〇一〇）のなかで「意味の社会学」

の諸潮流で提起されてきた見解には言及しておらず、その理由は不明である。だが、その理由は次のように想像することができる。社会学を専門としない立場の彼からみれば、社会学においても、社会学以外の社会科学一般と同様に、国家と広がりを同じくする「閉じられた均質的システム」としての「社会」概念がもっぱら採用されており、それが定着しているという認識があったのではないかということである。このように仮定すると、彼が結論部分で、なぜ敢えて、多くの社会学者にとって知られている「多様性と複数性からなるもの」としての「社会」の見方を「提案」しているのかがよく理解できる。

社会学以外の今日の社会科学一般においては、概して、「社会」とは、国家と広がりを同じくする「マクロ社会」を指すとみなされている。この見方には、竹沢の整理に見出されるように、一七世紀に発明され、一七世紀半ばから一八世紀にかけて普及した「社会」概念の影響がある。他方、社会学においては、マクロ社会としての「社会」を、「閉じられた均質的システム」としてみるパーソンズ流の社会像だけではなく、それを「多様性と複数性からなるもの」とみなす、「意味の社会学」の諸潮流の社会像も提示されてきた。しかしながら、そうした社会学潮流による、「多様性と複数性からなるもの」としての社会像は、社会学者以外の社会科学者には、十分には知られていないという現状がある。

こうした「現状」には、今日の社会学における「意味の社会学」の諸潮流の意義をめぐる問題と、今日の社会科学、あるいはさらに広く人文・社会科学における社会学の位置づけの問題が、二重に関係している。「意味の社会学」の諸潮流は、今日の社会学において無視しえない一定の評価は得ているといえる。だが、社会学におけるそうした諸潮流が有する決定的な意義については、社会学者にとっても十分に共有されているとは言い切れない。その理由のひとつは、――自戒を込めていえば――「意味の社会学」の核となる社会学原理論・基礎理論の彫琢が不十分であることにあるだろう。他方、昨今では、社会学以外を専門とする研究者から、今日の社会学は、たんなる「社会調査学」あるいは「アンケート調査学」にすぎないのではないか、と厳しく批判される機会も増えてきた。こうした批判がなされるのは、社会学者以外の研究者が、昨今の社会学は「社会」にかんする本質的な知見を十分に提供していないとみているからだと考えられる。竹沢による「提案」の背景をこのように解釈すれば、社会学者は、社会学に向けられた根本的な批判から目を背けて現状に甘んじることは決してできない。

私は、「意味の社会学」の系譜を継ぐ理論知を、社会学原理論・基礎理論レヴェルで彫琢することが、「社会学の危機」といっても過言でない現状を打開するための最重要の鍵になると考えている。そして、そうした彫琢の成否を判断するための試金石は、「社会はいかにして可能か」という社会学の根本問題について、適切に再定式化したうえで、その問いを探究できるかどうかにある。

（2）二つの陥穽

「社会はいかにして可能か」という問いに回答を試みようとする社会学者が、まず、この問いの主題となっている「社会」について、その定義の確定からはじめるべきだと考えたとしても、それは不自然ではない。これまでの社会学においても、「社会」は、さまざまな仕方で表現されてきている。それゆえ、はじめに「社会」を一義的に規定しなければ、それが「いかにして可能か」を問うことはできないと推論することは、或る意味でもっともな考え方である。そして、こうした探究の手順はまた、「Xはいかにして可能か」という形式の問いを探究するためのいわば「定石」でもある。しかしながら、じつは、ここに罠が潜んでいる。「社会はいかにして可能か」という問いを探究するうえでは、「社会」を最初に一義的に規定してしまうことによって、むしろ、次のような「陥穽」を回避できなくなってしまうからである。そうした陥穽とはすなわち、本書において「特権的観察者視点の陥穽」と、「同語反復的陥穽」と呼ぶことにしたい陥穽である。

「同語反復的陥穽」とは、簡潔にいえば、次のような陥穽である。「社会はいかにして可能か」を問う場合に、最初に「社会」を一義的に規定するのであれば、その「社会」の定義には、「社会」が成立（あるいは生成）しているか否かを判断するための基準が必要となる。この基準がなければ、「社会」と「社会」以外のものを区別することができず、その定義は適切な「定義」とはなりえないからである。だが、もし「社会」の定義にそうした基準が含まれるのであれば、すでにその「社会」が定義づけられた段階で、そもそもそれが「いかにして可能か（成立するか）」という問いには、この問いを探究するまでもなく前もって回答が与えられていることになる。これが、「社会はいかにして可能か」という問いの探究における、「同語反復的陥穽」である。

「特権的観察者視点の陥穽」もまた、「社会はいかにして可能か」という問いの探究において、最初に「社会」を一義的に規定するがゆえに回避できなくなってしまう陥穽である。詳述する前に、比喩を用いて一言でいえば、この「陥穽」は、前もって規定した「社会」の定義に「プロクルステスの寝台」に類似する役割を与えてしまい、翻って、当の「社会」の定義を知る者だけが、「社会」を認識できる「特権的観察者」（あるいは「プロクルステス」）の地位に立ってしまうという陥穽である。若干敷衍して説明しよう。

最初に「社会」を一義的に規定したのちに、その「社会」が「いかにして可能か」を検討しようとするとき、その社会学者は、多かれ少なかれ、実際に「日常生活世界」[2]という現実において生成しているといえる「社会」を参照し、そこから着想を得ることになる。けれども、このときにその社会学者が参照している「社会」とは、最初に規定しておいた「社会」の定義に合わせて、自らが日常生活世界から切り出したものにほかならない。だとすれば、その社会学者が提示することのできる、「社会はいかにして可能か」という問いへの回答は、かりに一定の説得力のある回答が提示された場合でも、あくまで、その社会学者自身が定義した意味での「社会」が、「いかにして可能か」を示した回答にすぎないことになる。このとき、「可能」であるところの「社会」を実際に認識することができるのは、「社会」の定義をあらかじめ知っている、「特権的観察者」としての社会学者だけになってしまっている。これが、「特権的観察者視点の陥穽」である。

もしかすると、この「特権的観察者視点の陥穽」にかんしては、「社会はいかにして可能か」という問いへの回答の「限界」が示されているものの、表面上だけみれば、「陥穽」といわれるほどの難点があるようには感じられないかもしれない。人間存在の「有限性」ゆえに、社会的出来事をめぐる最終完結的な答えといえる認識を得ることは不可能であり、社会学的研究において科学的構成概念としての「理念型」を自覚的に用いる必要があるということについて、深く考えたことのない社会学者はおそらくいないだろう。しかしながら、前述のように、(「可能」であるところの)「社会」を認識できるのが、その「社会」を一義的に規定している「特権的観察者」としての社会学者だけだとするならば、そうした社会学者による認識がなされていない場合には、日常生活世界において「社会」は存在しないということになってしまう。これこそが、「特権的観察者視点の陥穽」の最大の難点だと考えられる。

(3) 二つの陥穽を回避する方途と二つの陥穽の相違点

以上の二つの陥穽は、「社会はいかにして可能か」という問いを探究する場合の、さらには、この問いの探究の成果を社会学的研究に活用しようとする場合の「躓きの石」となっている。そしてこれらの陥穽は、「社会はいかにして可能か」という問いの探究において、いわば正攻法で、主題である「社会」をはじめに一義的に規定したときに、ほぼ必然的に直面する陥穽である。だが、視点を転換してみれば、まさにここに、これらの二つの陥穽を回避するための糸口が隠されている。つまり、もし、この問いの探究において、「社会」を最初に定義することで二つの陥穽に悩まされるのであれば、「社会」を一義的に規定することなく、この探究を進めればよいのである。

「社会」を一義的に規定しないままに、「社会はいかにして可能か」という問いを探究するという方途は、「正十面体」が、概念上はありうるけれども実際に目にすることはできないのと同様に、空虚な想像としては可能だけれども、実際にその道を歩むことは不可能であるように思われるかもしれない。しかしながら、或る発想の転換によって、この方向で考えていくことは十分可能となる。そして、この方途で実際に探究を進めるときには、前述の二つの陥穽に嵌ることはない。

ここで言及した「発想の転換」とは、第一節であらかじめ簡潔に述べておいた「論件」への気づきと関係がある。その「論件」とは、われわれの生きている日常生活世界には、「社会」と名付けられる以前にすでに生成しており、なおかつ、事後的に「社会」として認識されうるような、そうした「何か」があるということである。次節以降では、この「論件」の「封印」を解いたうえで、「社会」を一義的に規定せずに「社会はいかにして可能か」という問いを探究する方途を吟味し、そののち、「社会はいかにして可能か」という問いの再定式化を試みる。

だが、その議論に進む前に、「同語反復的陥穽」と「特権的観察者視点の陥穽」のあいだの相違点を確認しておきたい。これらの二つの陥穽は、「社会」を一義的に規定したのちに、その「社会」が「いかにして可能か」を問うなかで直面する陥穽である点では共通している。だが、これらのあいだには、もちろん違いがある。なかでも、「同語反復的陥穽」とは異なり、「特権的観察者視点の陥穽」が、「社会はいかにして可能か」という問いの探究の文脈を超えて、社会学的研究一般の多くが陥る可能性のある陥穽である点は、注意が必要である。

「同語反復的陥穽」は、「社会はいかにして可能か」という問いになかば固有の陥穽だと考えられる。あくまで「社会」を最初に定義してこの問いを探究する場合、問いの形式にも起因して、「社会」の定義として答えるべきことと「いかにして可能か」という問いで答えるべきこととが、重複してしまっている。ただし、「Xはいかにして可能か」という形式の問いのすべてに、「同語反復的陥穽」があてはまるわけではない。敢えて社会学とはほぼ無関係の例でいえば、「〈一〇〇メートルを一一秒以内で走ること〉は、いかにして可能か」という問いを立てた場合、ここには「同語反復的陥穽」はないように思われる。つまり、「Xはいかにして可能か」という形式の問いのすべてにおいて、「同語反復的陥穽」があてはまるわけではないのだけれども、[3]「社会はいかにして可能か」という問いの探究において、最初に「社会」を一義的に規定した場合には、「同語反復的陥穽」を回避できなくなってしまうのである。この意味で、「同語反復的陥穽」は、「社会はいかにして可能か」という問いになかば固有の陥穽だといえる。だが、べつの観点からみれば、この「同語反復的陥穽」については、「社会」を一義的に規定せずに「社会はいかにして可能か」という問いを探究する方途さえ見出せるならば、回避可能な陥穽だとみてよいだろう。

他方、「特権的観察者視点の陥穽」は、「社会はいかにして可能か」という問いに特有の陥穽ではない。前述の内容を確認すれば、「特権的観察者視点の陥穽」とは、社会学者が、「社会」の一義的規定を前提として日常生活世界における「社会」を認識する場合に、意図せずして「特権的観察者」（「プロクルステスの寝台」の「プロクルステス」）の地位に立ってしまう陥穽である。社会学的探究という文脈における、「特権的観察者視点の陥穽」と「同語反復的陥穽」とのあいだの注目すべき相違点は、「特権的観察者視点の陥穽」が、「社会はいかにして可能か」という問いの探究以外の社会学的研究の多くの場合にもまた、あてはまりうる陥穽である点にある。

社会学者が社会学的研究を進めるとき、その研究対象には必ず「社会」（あるいは「社会的なるもの」）が含まれている。かりにここで、家族・親族、企業・自発的結社、村落・都市・国民社会、市場・社会階層などを社会学の研究対象の一例として考えてみてもよい。それらには、「社会（的なるもの）」が含まれているはずである。ところが、こうした対象についての社会学的研究を進めるうえで、社会学者が、最初に研究対象にかんする（たとえば家族、都市、社会階層といった）「概念」を一義的に規定し、日常生活世界において、そうした「概念」にあてはまる「（研究）対象」を認識するとすれば、「社会はいかにして可能か」という問いの探究の場合と同様に、意図せずして「特権的観察者」の地位に立ってしまうことになるのである。ここには、「特権的観察者視点の陥穽」が、大部分の社会学的研究にあてはまる可能性があることが示唆されている。「特権的観察者視点の陥穽」は、たんに「社会はいかにして可能か」という問いの探究における陥穽なのではない。そうではなく、これは、社会学という学問全体の有り様にかかわってくるともいえる陥穽なのである。

とはいえ、ここで述べているのは、社会学で蓄積されてきた諸々の「概念」を用いた研究のすべてが、「特権的観察者視点の陥穽」に嵌ってしまうということではない。いうまでもなく、そうした諸概念を一切用いることなく社会学的研究を進めることは、およそ不可能である。ここで指摘したいのは、次のことである。すなわち、今日までの社会学的研究においては、「特権的観察者視点の陥穽」に陥っている場合と、この「陥穽」を回避できている場合との違いについて、明確に区別できているわけではない、ということである。これらの区別は、研究を実際に進める——いうまでもなくこれまでの私を含む——社会学者の多くにとって、おそらく曖昧であり続けてきたのではないかと思われる。付言すれば、或る社会学者が、とくに自覚せずともこの「陥穽」を回避して探究を進めている場合もあるだろうし、それとは逆に、暗黙のうちにこの「陥穽」に陥っている場合もありうると考えられるのである。そして、当の社会学者自身が「特権的観察者視点の陥穽」を回避しているつもりでいるとしても、それが、その社会学的研究において実際にこの「陥穽」を回避できていることを意味するわけではないだろう。このような状況を踏まえれば、社会学において、次のような問いを問うことが求められるように思われる。それは、社会学の研究伝統を尊重し、諸概念を活用しながら、「特権的観察者視点の陥穽」を回避して社会学的研究を進めることは「いかにして可能か」という問いである。

　私の考えでは、社会学において、「特権的観察者視点の陥穽」に陥っている場合と、この「陥穽」を回避できている場合との区別が、分節化できずに曖昧であり続けていることと、「社会はいかにして可能か」という問いが解きえない難問となっていることとは、同一のコインの両面である。というのも、これらはともに、「社会」生成の位相と「社会」認識の位相とを自覚的に区別できていないことに起因すると考えられるからである。したがって、「社会」生成の位相と「社会」認識の位相とを区別し、「社会はいかにして可能か」という問いを、成功裡に探究する途を見出すことができれば、それは同時に、——自覚的かつ実際的に——「特権的観察者視点の陥穽」を回避して社会学的研究を進めるための途を明示することにつながる。

　この意味で、本書における「社会はいかにして可能か」という問いの探究は、放っておけば、社会学的研究一般が自覚のないままに足を挫いてしまうような「躓きの石」を、取り除いておく作業でもある。おそらく、こうした作業こそが、社会学における理論社会学のもっとも重要な役割のひとつだといってよいだろう。

第三節　相互作用としての社会と統一体としての社会

「社会はいかにして可能か」という問いが掲げられたジンメルの論稿の読解が、非常に難渋であることはよく知られている。この意味でも、その核心を掴むことが容易でないこの問いは、現在の観点からごく簡潔に社会学史として概観すれば、大別して二つの方向で探究が進められてきたように思われる。一方で、それは、ジンメル研究の系譜において、ジンメルの生の哲学や宗教哲学等の解明と並行して、現在もなお探究され続けてきている。この方向で進められている議論の力点は、「社会学の根本問題」としてのこの問いの探究というよりも、むしろ、ジンメル思想の全体像の解明に置かれているとみてよい。

もう一方で、「社会はいかにして可能か」という問いは、社会学において、T・パーソンズ（Parsons 1937）の定式化した「ホッブズ的秩序問題」として、「自然状態」から「社会秩序」がいかにして可能かを問う問題へと「変更」が加えられたうえで、継承されることになった。[4] この「秩序問題」の系では、「ホッブズ的秩序」の問題ばかりでなく、「相互作用秩序」の問題も研究されてきている。もちろん、これらの二つの秩序問題の関係をどのように捉えるかについては、それぞれの立場によって見解は分かれるだろう。だが、これらが「社会秩序はいかにして可能か」あるいは「相互作用秩序はいかにして可能か」という問題である限り、本書の問題設定からは、「秩序問題」の系として一括して捉えても差し支えないと考えられる。というのは、ホッブズ的「秩序」であっても相互作用「秩序」であっても、「秩序」が「いかにして可能か」を問う場合には、いずれにせよ前述の二つの「陥穽」を回避することは、きわめて難しくなるからである。

「社会はいかにして可能か」という問いは、社会学史を俯瞰すれば、おもに以上の二つの方向で探究が進められてきたといえる。しかしながら、この問いの独自の意義は、社会学の根本問題としての文脈を度外視する場合にも、また、「Xはいかにして可能か」のXを、「社会」から「社会秩序」あるいは「相互作用秩序」へと変更してしまう場合にも、おそらく捉え損なってしまう。社会学という学問全体にとってもっとも意義あるかたちで、「社会はいかにして可能か」という問いを探究するためには、前記の二つの方向の探究のいずれかを引き継ぐよりも、むしろ、本章第一節で言及した「論件」を踏まえて、この問いを「再定式化」する必要がある。以下、本章の最終節まで一歩ずつ議論を進め、この「社会はいかにして可能か」という問いの再定式化を試みたい。

(1) 相互作用と統一体をめぐるジンメルの論述

「社会はいかにして可能か」という問いについて、社会学にとってもっとも意義あるかたちで再定式化するためには、すでに繰り返し述べている次のことにかんする洞察が不可欠となる。それは、日常生活世界においては、「社会」と名付けられる以前にすでに生成しており、なおかつ、事後的に「社会」と呼ばれうるような、そうした「何か」があるということである。私たちは、——常識として、あるいは社会学的知識として——何らかの意味で、すでに「社会」を知っている。それゆえ、事後的には「社会」と呼ばれうるけれども、まだ「社会」と名付けられていない段階の「何か」を想像することは容易ではない。しかしながら、「社会はいかにして可能か」という問いの核心を捉えるためには、「社会」という語を貼り付けることなく、いわば「社会」概念を「括弧に入れ」て、前記の意味において両義的な「何か」について考察を進めていくことが鍵となる。先に言及しておいたように、この独特の両義性をもつ「何か」については、——決して明確に議論されているわけではないものの——その問いを提起したジンメルの論述の「行間」から、見出すことは可能である。したがって、「社会はいかにして可能か」という問いを扱う文脈におけるジンメルの論述から、その両義的な「何か」に関連する部分を確認していくことにしたい。

ジンメルは、「自然はいかにして可能か」という問いと「社会はいかにして可能か」という問いのあいだには、カントの認識論に依拠すれば「決定的な差異」があると述べる。もっぱら観察する主観において成立する自然の統一とは異なり、社会的な統一あるいは結合が実現されるときには、「いかなる観察者をも必要とはしない」からである（Simmel［1908］1922: 22＝1994: 上39）。補足すれば、ここで、社会的な結合（統一）に「いかなる観察者をも必要とはしない」といわれるときの「観察者」とは、何らかの「社会的な結合」を「社会」として認識する「観察者」を意味する。(5) ジンメルがカントに依拠して言及する、この「決定的な差異」の指摘から導出することのできる貴重な知見は、かりに「観察者」によって「社会」として認識されることがなくとも、日常生活世界において、諸個人による「社会的な結合」は実現しているということである。

観察者によって「社会」として認識されることがない場合でも、（当事者である）諸個人による「社会的な結合」は生成しているという主張が、自然の統一と社会的統一（結合）のあいだの「決定的差異」を指摘するジンメルの議論における眼目であると捉えるならば、この主張は、とりわけ「相互作用」を重視する彼の社会学的研究を支える礎石となっていると解することができる。周知のように、彼は、従来の社会学が扱っていた国家や家族、経済制度、軍隊組織、地域共同体といった「超個人的な形象」でもある「（観念的な）統一体」としての社会よりも、むしろ、「相互作用」（あるいは「社会化（Vergesellschaftung）」）にまなざしを向け、その諸々の形式の分析を特徴とする形式社会学を提唱した。彼が、「統一体」としての社会ではなく、「相互作用」という位相にこそ自らの研究の視点を定めようとするのは、「相互作用」が、観察者によって「社会」として認識されることがない場合でも生成している、諸個人による「社会的な結合」そのものだと考えているからだと解釈できるのである。

ところが、ここでひとつ注意しなければならないことがある。ジンメルは、「社会」の生成をめぐる論脈で、「統一体とは、諸要素の相互作用にほかならない」（Simmel［1908］1922: 4＝1994: 上15）とも述べているからである。(6) つまり彼は、一方で、「統一体」としての社会と「相互作用」としての社会を明確に区別したうえで「相互作用」としての社会を重視しながら、他方、「統一体」とは「相互作用」以外の何物でもないとも述べているのである。おそらくこのことは、たんなる混乱とみなすべきではない。ここから推測しうることのひとつは、彼が、「統一体」と「相互作用」とを、決して実体的な二分法によって捉えてはおらず、厳密には不可分という意味で「同一」の対象における、二つの位相だと考えている可能性があるということである。(7) かりに、同一の対象における二つの位相の呼び名が「統一体」と「相互作用」であるとすれば、「統一体」が「相互作用」にほかならないという表現と、それらを明確に区別しうるという主張に矛盾はなくなる。

しかしながら、「相互作用」と「統一体」が、同一の対象の二つの位相だという解釈を採った場合にも、不可解な点がある。ジンメルが「統一体」としての社会から区別される「相互作用」としての社会を重視したのは、「相互作用」としての社会が、観察者による認識がなくとも実現されているという、——自然の統一とは異なる——社会的結合（統一）に独自の根本的特徴を有するからであった。だが、もし「相互作用」と「統一体」が、同一の対象の二つの位相なのであれば、「同一」であるはずの対象のうちの限られた（「相互作用」という）位相のみが、観察者による認識がなくとも実現される、ということになる。

おそらく、「相互作用」と「統一体」の関係を整合的に解釈するためには、性急な断定はなるべく避け、ジンメルの議論における不明瞭な点を慎重に分節化していくほうがよいだろう。「社会的な結合」が、観察者を必要とせずに生成していることについて、明確に自覚しているジンメルは、この洞察に矛盾のないように、「相互作用」と「統一体」の関係を表現しようとして苦慮し続け、それが難解な論述につながってしまっているように思われるからである。

ジンメルによれば、「多くの諸個人が相互作用に入るとき、そこに社会は存在する」（Simmel［1908］1922: 4=1994: 上15）。このように述べるとき、たしかに彼は、「諸個人が相互作用に入っている（動的な）状態」を、「社会」として認識しているといえる。しかしながら、かりにジンメルがそれを「社会」として認識していない場合を仮定しても、その諸個人が、「相互作用に入ること」は可能なはずである。もしそうであれば、諸個人が「相互作用」という社会的な結合を実現することと、その相互作用が観察者によって「社会」として認識されることとは、別のことがらだとみてよい。つまり、「相互作用」は、「観察者」によって「社会」として認識される場合も、また認識されない場合もあるのだが、それとはおよそ無関係に、「相互作用」は、当の相互作用に直接的に関与する諸個人によって生成（あるいは実現）しているのである。そして、「社会」としての認識とは無関係に生成している、諸個人による「相互作用」を「社会」と呼ぶところにこそ、ジンメルに独自の着想が見出される。

超個人的な形象である「統一体」から区別される「相互作用」に注目する見方こそ、ジンメルの基本的視点であることに異論はないだろう。だが他方、彼は、「相互作用」と「統一体」とを連続性のもとで捉えてもいる。「無数の小さな歩み」によって「歴史的な統一の関連」がつくりだされるのと同様に、「目立たない相互作用が、社会的な統一体の関連をつくりだす」（Simmel［1908］1922: 16＝1994: 上30）と彼は述べているからである。この表現から、「相互作用」と「統一体」は、決して分断されているわけではなく、区別はされるけれども連続するものとみなされていることが理解できる。

ここで注意しなければならないのは、右のジンメルの表現における「統一体」を、国家や経済制度等の「大きな機関や制度」のイメージで捉えるとき、「相互作用」と「統一体」の連続性の議論は、いわゆる「ミクロ―マクロ」接続問題の議論へとすり替わってしまいかねないということである。このとき、「相互作用」はミクロな社会に、そして「統一体」はマクロな社会に対応することになる。もちろん、ジンメルの論述に即すならば、国家や経済制度等を「統一体」の典型とみなすことは誤りではない。彼が「統一体」として想定しているのは、そうした「大きな機関や制度」であるとみてよい。しかし、「相互作用」と「統一体」の連続性を「ミクロ―マクロ」接続のイメージで捉えると、諸個人の「相互作用」がなされる圏（ミクロな社会）が次第に大きくなる結果、いずれかの規模を越えた段階で、「統一体」（マクロな社会）になると実体的に解釈せざるをえなくなる。

だが、このように解釈すると、「相互作用」か「統一体」のいずれかでありうる社会的な結合は、それが「相互作用」であるか「統一体」であるかが観察者によって実際に判断されるときに、「相互作用」（ミクロな社会）あるいは「統一体」（マクロな社会）として成立するということになる。このことは、「いかなる範囲までがひとつの統一体に包括されるか」について、「客観的」に判断しようとする、彼の生きていた時代の社会学の見方を否定するジンメルの見解（Simmel［1908］1922: 22= 1994: 上39）とも、また、この見解に関連する、観察者による認識とは無関係に社会的な結合は生成するという彼の洞察とも、相容れない。では、「相互作用」と「統一体」の関係は、どのように捉えればよいのか。

（2）社会と呼ばれうるもの

前期・中期・後期と区分される時期によって、ジンメルの思想に質的変容がみられることは、しばしば論じられてきた。この変容は、「相互作用」と「統一体」の関係における、「超個人的な形象」としての「統一体」の捉え方についても、少なくとも一定の程度はあてはまるといってよい。たとえば、前期のジンメルが、「たんなる観念的な存在」とみなしていた「超個人的な形象」について、中期以降のジンメルは、「相互作用する諸力が、すでにその直接の担い手から切り離されて結晶し、少なくとも観念的な統一体となっているような現象」（Simmel［1908］1922: 14= 1994: 上28）とみなし、「固定化され実体化された社会」として「一定の存在論的位置が与えられている」（那須 2001b: 136-8）という指摘もなされている。

超個人的な形象である「統一体」をめぐるジンメルの見解が、変遷を経ていかなる到達点に辿り着いたのかを適切に解釈することは、ジンメル思想を体系的に理解するうえでも、またその構造を見究めるうえでも、非常に重要である。しかしながら、「社会はいかにして可能か」という問いの探究の文脈に立ち戻り、視点を転換してみるならば、時期によって彼の「統一体」をめぐる見解に「違い」が生じているところにこそ、より積極的な意義を見出すこともできる。というのは、少なくとも或る時期のジンメルにとって、「統一体」とは、一方で「固定化され実体化された」現象であるように思われており、それと同時に他方では、究極的には「相互作用」そのものに還元しうるような、たんなる「観念的な存在」あるいは「虚構」でもあるようにみえていたのではないかと推測することができるからである。ここで敢えて、ジンメルが「統一体」という語を用いて言及しようとしていた現象には、「固定化され実体化された」面と、たんなる「観念的な存在」あるいは「虚構」といいうる面とが、ともにあるという見方を採ってみることによって、彼にとっての「社会」には、一般的な「社会」概念にはみられないような、特殊な「何か」が含まれていることが見出しうるように思われる。

ジンメルは、一方で、観察者による認識がなくとも、当事者である諸個人によって「社会的な結合」は生成していると主張し、「相互作用」としての「社会」に自らの研究の焦点を定める。だが他方、彼は、「虚構」であるとも、「固定化され実体化された」ものであるとも表現する超個人的な「統一体」についても、「社会」として言及する。そして、「相互作用」と「統一体」とは、明確に区別されながら、それと同時に、連続するものと捉えられている。もし、この段階で、これらのことについて暫定的に一言でまとめようとすれば、ジンメルが「社会」とみなしている「相互作用」という位相と「統一体」という位相とのあいだには、きわめて複合的で入り組んだ関係がある、としかいえないかもしれない。そして、「相互作用」と「統一体」が混成している総体こそが、ジンメルにとっての「社会」であるということになる。

ここで、いったん「相互作用」と「統一体」の区別を考慮から外し、それらの混成する総体を「社会」と述べているのには、消極的理由と積極的理由とからなる二つの理由がある。まず、消極的理由から述べると、「相互作用」と「統一体」の区別を堅持しつつ、観察者を必要とせずに生成する「相互作用」と、虚構でもあり固定化され実体化されたものでもある「統一体」とのあいだの「関係」について考えようとすると、それらのあいだの「連続性」をめぐるロジックが不可解となってしまうからである。「相互作用」と「統一体」のあいだに「連続性」があるとすれば、観察者を必要とせず、観察者による認識とは無関係に生成するという「相互作用」の特徴は、「統一体」にも、少なくとも何らかのかたちで含まれるはずである。しかしながら、「統一体」も、「相互作用」と同様に、観察者による認識とは無関係に生成するのだとすれば、「相互作用」と「統一体」を区別して「相互作用」に視点を定める研究の独特の意義は、いわば希釈されてしまう。

他方、積極的理由について述べると、「相互作用」と「統一体」の区別をいったん度外視して、それらの混成する総体を「社会」とみなすならば、このことによってむしろ、その混成体としての「社会」に、観察者による認識とは無関係に生成する「何か」が含まれていると考えることが可能になるからである。この「何か」は、「社会」と名付けられる以前に、観察者による認識とは無関係に、「当事者」である諸個人たちによって生成している。そして、その「何か」は、観察者によって認識されたのちには、「社会」と呼ばれうるのである。

本節では、「相互作用」としての「社会」と「統一体」としての「社会」をめぐるジンメルの論述を簡潔に確認したうえで、彼自身が「相互作用」と「統一体」の関係をどのように捉えているのかを明らかにした。おそらく、ジンメルの論述に内在する限り、「相互作用」と「統一体」の関係については、「区別」されると同時に「連続」しているという表現にとどまる以外にない。しかしながら、いったん「相互作用」と「統一体」の区別を度外視して、相互作用と統一体の混成体を「社会」とみなすならば、ジンメルのいう「社会」に、次のような「何か」が含まれているといえる。すなわち、その「何か」とは、一方で、観察者による認識以前に、諸個人を担い手（当事者）として生み出されており、他方、「観察者」によって認識された後には、「社会」と呼ばれうるような「何か」である。ジンメルの論述の「行間」からは、このような「何か」を見出すことが可能なのである。

この「何か」とは、まさに、――本章第一節および本節第一項で言及しておいた――「社会」と名付けられる以前にすでに生成しており、なおかつ、事後的に「社会」と呼ばれうるような、そうした「何か」である。この独特の両義性を有する「何か」は、観察者による「社会」としての認識がなされるときには、「社会」と呼ばれる可能性が十分にあるけれども、日常生活世界において生成している段階では、「社会」として認識されていない。この意味で、その「何か」は、「社会」というよりも、むしろ「社会と呼ばれうるもの」と表現することができるだろう。

われわれは、ジンメルによる「相互作用」と「統一体」の区別をいったん度外視することによって、彼の議論における「社会」に、「社会と呼ばれうるもの」が含まれていることを見出した。このことを踏まえて、「社会はいかにして可能か」という問いに立ち戻ってみると、この問いにおける「社会」にも、「社会と呼ばれうるもの」が含まれているのではないかと考えることができる。だとすれば、「社会はいかにして可能か」という問いには、「〈社会と呼ばれうるもの〉はいかにして可能か」という問いが含まれているといってよい。また、観察者による認識以前に生成しているのが「社会と呼ばれうるもの」であるのに対して、観察者による認識以後に、それが「社会」とみなされるとすれば、次のようにも考えられる。すなわち、ジンメルが提起した「社会はいかにして可能か」という問いには、じつは、観察者による認識以後の「社会」がいかにして可能かという問いと、観察者による認識以前の「社会」である「社会と呼ばれうるもの」がいかにして可能かという問いが、ともに含まれているのである。

ここまで考察を進めたことによって、「社会はいかにして可能か」という問いを再定式化するための基礎となる知見のひとつは明示することができた。そこで、次節では、先ほど、いったん考慮から外しておいた「相互作用」と「統一体」の区別を、あらためて導入することにしたい。前述の「社会」と「社会と呼ばれうるもの」の区別を踏まえることによって、「相互作用」という位相と「統一体」という位相について、より適切に分節化することが可能となり、さらには、それらの位相のあいだのきわめて複雑な関係を、より丁寧に論じることも可能となる。それらの作業を進めることは、「社会はいかにして可能か」という問いを、今後の社会学にとってもっとも意義あるかたちで「再定式化」することにつながっていくだろう。

第四節「相互作用と呼ばれうるもの」と「統一体と呼ばれうるもの」

「相互作用」および「統一体」の生成において不可欠である諸個人とは、「相互作用」および「統一体」の生成に直接的に関与している「当事者」である。この意味で、「相互作用」も「統一体」も、そうした「当事者」がいない場合には生成することはない。もちろん、「当事者」が、生成した「相互作用」あるいは「統一体」の「観察者」である場合もあるのだが、以下で「当事者」という語を用いるときには、――論点をできるだけ限定して議論するために――原則として、「観察者」となってはいない「当事者」を指すことにしたい。この意味で、「相互作用」および「統一体」が生成するための共通の必要条件となっているのは、「当事者」たちの存在である。

(1) 相互作用と呼ばれうるもの

ジンメルが、しばしば社会的な「糸」(Simmel 1890: 36-7= 1998: 41-2; [1908] 1922: 15= 1994: 上30) と表現する「相互作用」とは、「瞬間的であろうと永続的であろうと、意識されていようと意識されないままであろうと、また一時的であろうと影響の多いものであろうと」、人びとを「結びつける」(Simmel [1908] 1922: 15= 1994: 上30) ものである。彼が、「人びとがたがいにまなざしを交わし」あうことや、「ある者が他者に道を尋ね」ること (Simmel [1908] 1922: 15= 1994: 上29) を例に挙げているように、個人と個人のあいだに結ばれる「糸」は、たとえ一本であっても「相互作用」(あるいは「相互作用としての社会」) にほかならない。

この社会的な「糸」としての「相互作用」は、かりに「観察者」がいなくとも、日常生活世界において、「当事者」たちのみによって生み出される。だが、この表現には誤解を招きかねない点もある。より精確にいえば、たとえ「観察者」がおらず、さらには「当事者」のすべてが「相互作用」という概念を知らず、「相互作用」概念を用いて認識しうる者が誰もいない場合であっても、日常生活世界において、その「当事者」たちは、「相互作用」と呼ばれうる「何か」を生み出すことが可能なのである。以下では、その「相互作用」と呼ばれうる「何か」について述べるときには、前節の「社会と呼ばれうるもの」に倣って、「相互作用と呼ばれうるもの」という語を用いることにしたい。そして、事例を用いることによって、「相互作用」と「相互作用と呼ばれうるもの」の区別を明示しておきたい。

ここで、例として、複数の幼児どうしが、公園で相互に何らかのやりとりをしながら一緒に遊んでいる状況について考えてみよう。このとき、その幼児たち全員が、「相互作用」概念をまったく知らないとしても不思議はない。けれども、そこでの「やりとり」は、その幼児たちを「当事者」としてたしかに生成しており、その（「やりとり」という）経験が、その幼児たちの記憶に何らかの痕跡を残しうると想像できる。日常生活世界におけるこの「やりとり」は、観察者による認識がなされていない場合でも、のちに「相互作用」と呼ばれうるものとして、実現している。そして、かりにその公園に幼児の親などの当事者以外の人間がいて、その「やりとり」を認識した場合には、または、そうした当事者以外の人間が公園にいなくとも、（当事者である）その幼児たちが成長して「相互作用」という語を知ることになり、そののちに、幼少時に公園でなされたその当時の「やりとり」を想起したときには、実際にそれは、疑問の余地なく「相互作用」とみなすことができるに違いない。

このように考えれば、日常生活世界において、相互作用としての認識がなされる以前に、「相互作用と呼ばれうるもの」が、まさに当事者たちのみによって生じることが理解できる。また、もう一点指摘できるのは、その当事者たちは、「相互作用と呼ばれうるもの」が生成しているかどうかについて、かりに「相互作用」という概念を知らないとしても、前述定的レヴェルではっきりと気づいているということである。そして、当事者であろうと、当事者以外の第三者であろうと、「観察者」の観点から「相互作用」概念を用いて認識する者がいるときには、その「相互作用と呼ばれうるもの」は、「相互作用」と呼ぶことができるのである。それに加えて、「相互作用と呼ばれうるもの」と「相互作用」の関係については、一見、ごく当たり前のようにも思えるが、よく考えると非常に興味深い特徴が見出しうる。それは、「相互作用と呼ばれうるもの」をいかなる意味でも含まない「何か」を、観察者が「相互作用」として認識することはできないということである。つまり、「相互作用」としての認識が成立するときには必ず、それよりも時間的に先行するかたちで、日常生活世界において、当事者たちによって「相互作用と呼ばれうるもの」が生み出されているのである。

あらためて確認すれば、観察者による認識が一切なくとも、日常生活世界において、「相互作用と呼ばれうるもの」は、当事者たちのみによって実際に生じているのである。そして、「相互作用」認識の文脈でいえば、「相互作用」としての認識が成立可能な場合には、それに先行してつねに、当事者たちによって、すでに「相互作用と呼ばれうるもの」は生成している。ここで強調したいのは、「相互作用」としての社会について語るときには、「相互作用と呼ばれうるもの」(the interactional)と「相互作用」(interaction)とを区別する必要がある、ということである。「相互作用と呼ばれうるもの」は、「相互作用」としての認識とはおよそ無関係に、日常生活世界における当事者たちによって生じており、それは前述定的レヴェルではっきりと気づかれている。そしてこの「相互作用と呼ばれうるもの」の生成をあくまで前提として、観察者の観点から、反省的認識として、「相互作用」としての認識が可能となるのである。いったん「相互作用」としての認識が成立したのちには、「相互作用と呼ばれうるもの」は、「相互作用」として指し示すことができる。それゆえ、観察者の観点から認識される限りでの「相互作用」ばかりに意識が向けられると、認識以後の「相互作用」に包摂されるかたちで、「相互作用と呼ばれうるもの」は、手元からすり抜けてしまう。しかしながら、日常生活世界における当事者たちによって――観察者による認識とは無関係に――生み出されているのは、この「相互作用と呼ばれうるもの」なのである。「相互作用」としての社会について語るときには、この「相互作用と呼ばれうるもの」と「相互作用」を区別する必要がある、というのが私の考えである。

（2）統一体と呼ばれうるもの

「相互作用」と「相互作用と呼ばれうるもの」の区別を踏まえれば、超個人的な形象である「統一体」としての社会について語るときにも、「統一体」（unity）と「統一体と呼ばれうるもの」（the unified）の区別が可能であると想定できるだろう。つまり、「相互作用と呼ばれうるもの」についての議論に対応するかたちで、観察者による「統一体」としての認識以前に、日常生活世界において当事者たちによって、「統一体と呼ばれうるもの」が生成していると想像することができるのである。だが、注意すべきなのは、「統一体と呼ばれうるもの」については、「相互作用と呼ばれうるもの」とまったく同様の意味で、もっぱら「当事者」のみによって生成しうるとはみなし難い点があるということである。

「統一体」および「統一体と呼ばれうるもの」についても、その生成には「当事者」である諸個人の存在が必要条件となっているといってよい。ただし、この諸個人が、まったく何の関わりもなくたんに離れ離れに存在しているにすぎない場合は、その諸個人を特定の「統一体」あるいは「統一体と呼ばれうるもの」を生成する「当事者」と呼ぶことはできないだろう。諸個人を「当事者」と呼びうるのは、各々の個人が、当の「統一体（と呼ばれうるもの）」の生成に、実際に関与しているとみなしうるからである。

さらにいえば、「統一体（と呼ばれうるもの）」の生成に関与している「当事者」どうしのあいだでは、少なくとも何らかの――顕在的あるいは潜在的な――「やりとり」がなされているとみてよい。いかなる「やりとり」もなされていないとすれば、諸個人は、何の関わりもなく離れ離れに存在しているだけだということになるからである。この意味で、当事者のあいだの「やりとり」こそが、「統一体（と呼ばれうるもの）」の生成につながっていると考えられる。

前項で論じたように、この「やりとり」は、一方で、観察者による認識を通じて、「相互作用」とみなされうる。だが他方、この「やりとり」は、観察者の観点からの「相互作用」認識とは無関係に、当事者たちによって、「相互作用と呼ばれうるもの」として生成しているといえる。だとすれば、当事者たちが生成する「相互作用と呼ばれうるもの」こそが、「統一体（と呼ばれうるもの）」の生成の必要条件となっていると解釈できるだろう。そして、その「統一体」と呼ばれうる「何か」は、観察者によって（「統一体」として）認識された場合には「統一体」とみなされ、観察者による認識がなされていない場合には、「統一体と呼ばれうるもの」として生成しているといったん仮定しうる。「相互作用と呼ばれうるもの」と「統一体と呼ばれうるもの」はともに、「観察者」による認識に先行して、かりに「観察者」による認識がなされていない場合でも、日常生活世界においてもっぱら「当事者」たちによって生じていると考えられる。そして、「観察者」によって認識された場合には、「相互作用と呼ばれうるもの」は「相互作用」として、「統一体と呼ばれうるもの」は「統一体」としてみなすことが可能となる。しかしながら、「相互作用と呼ばれうるもの」と「統一体と呼ばれうるもの」とのあいだには、「当事者」および「観察者」の観点を慎重に区別する立場からみれば、決して等閑に付すことのできない相違点がある。

前項で指摘しておいたように、「相互作用と呼ばれうるもの」については、それが生成しているかどうかについて、かりに「相互作用」という概念を知らないとしても、当事者たちは前述定的レヴェルで気づくことができる。このことは、日常生活において、「相互作用」概念を知らない幼児たちのあいだでも、或る「相互作用と呼ばれうるもの」の生成ののちに、それを踏まえたべつの「相互作用と呼ばれうるもの」が生成するということが頻繁にみられることからも理解できる。しかしながら、「統一体と呼ばれうるもの」にかんしては、それが生成しているかどうかについて、おそらく――「相互作用と呼ばれうるもの」のように――当事者たちが前述定的レヴェルで気づくことはできない。

それはなぜだろうか。

「相互作用と呼ばれうるもの」とは、観察者によって認識される以前に、日常生活において当事者間で実現している「やりとり」と重ねてみることができる。そうした「やりとり」としての「相互作用と呼ばれうるもの」が生成しているることを必要条件として、「統一体と呼ばれうるもの」は生じている。しかしながら、「統一体と呼ばれうるもの」

には、「相互作用と呼ばれうるもの」とは異なる特徴がある。「相互作用」としての認識以前に生成している「やりとり」は、個々の「やりとり」としてみても、それは「相互作用と呼ばれうるもの」だといえる。これに対して、「統一体と呼ばれうるもの」は、あくまで複数の「やりとり」(「相互作用と呼ばれうるもの」)の綜合として生成している。「統一体と呼ばれうるもの」は、単独のそれぞれの「相互作用と呼ばれうるもの」の生成を必要条件としながら、さらに、「相互作用と呼ばれうるもの」が複数実現しており、何らかの「まとまり」をなすとみなしうるときに、見出されると考えられる。議論を先取りしていえば、「統一体と呼ばれうるもの」は、複数の「相互作用と呼ばれうるもの」からなる「まとまり」であり、それを認識するためには、複数の「相互作用と呼ばれうるもの」のあいだの関係についての述定的判断を必要とするのである。それゆえ、「統一体と呼ばれうるもの」が生成しているかどうかについて、「当事者」たちが前述定的レヴェルで気づくことはできないのである。

「統一体と呼ばれうるもの」は、「当事者」たちによって生成される「相互作用と呼ばれうるもの」を必要条件として生じており、この点で、「相互作用と呼ばれうるもの」と「統一体と呼ばれうるもの」のあいだには、連続性(あるいは関連性)があることはたしかである。だが、「相互作用と呼ばれうるもの」に何が加わるときに、あるいは、いかなる「相互作用と呼ばれうるもの」が(複数)組み合わさることによって、「統一体と呼ばれうるもの」が生成するといえるのだろうか。(8) 先に論じたように、「相互作用と呼ばれうるもの」は、つねに「相互作用」としての認識に先行して、日常生活世界において生成しており、「当事者」たちはそのことに前述定的レヴェルで気づいている。しかしながら、「統一体と呼ばれうるもの」の生成に気づくためには、特定の「統一体」概念に依拠した「統一体」としての認識が先に成立する必要がある。

先に挙げた、公園で遊ぶ幼児の例で考えてみよう。その公園で幼児たちは、「相互作用」概念を知らずとも、一緒に遊んでいる。幼児どうしで何らかの「やりとり」が相互になされていることに「当事者」である幼児たちが気づいていなければ、幼児たちのあいだの「やりとり」が継続していくことはない。この意味で、その幼児たちは、「相互作用」として認識していなくとも、「相互作用と呼ばれうるもの」を生成しており、かつそれに気づいている。では、この例で、幼児たちを当事者とする「統一体（と呼ばれうるもの）」を見出すことは可能だろうか。

もし幼児たちが「鬼ごっこ」をして遊んでいたとすれば、「鬼ごっこ」をして遊ぶ幼児たちの集団は、一見、超個人的な形象としての「統一体（と呼ばれうるもの）」を生成しているといって差し支えないようにも思える。では、幼児どうしが「追いかけっこ」をしている状態や、公園の芝生で寝転んで「じゃれ合い」をしている状態においては、「統一体（と呼ばれうるもの）」は生じているといえるだろうか。「鬼ごっこ」「追いかけっこ」「じゃれ合い」の状態のそれぞれにおいて、「当事者」である幼児たちによって「相互作用と呼ばれうるもの」が生じていることはたしかである。このそれぞれの場合で、「相互作用」として認識されていない「やりとり」(「相互作用と呼ばれうるもの」)が、幼児たちのあいだで継続的に実現している。しかしながら、「鬼ごっこ」「追いかけっこ」「じゃれ合い」がなされている状態のそれぞれで、「統一体（と呼ばれうるもの）」が生成しているかどうかを即座に判断することは難しい。それを判断するためには、「統一体」とは何かを先に定義しなければならず、「統一体」をどのように規定するかに応じて、その判断は異なってくるからである。

「統一体」の定義によっては、「鬼ごっこ」「追いかけっこ」「じゃれ合い」という状態のすべてが「統一体（と呼ばれうるもの）」であると判断することも可能だろうし、まったく逆に、それらのすべては「統一体（と呼ばれうるもの）」ではないと判断することもありうるだろう。あるいは、たとえば「鬼ごっこ」をしている状態のみを「統一体（と呼ばれうるもの）」と呼び、それ以外の「追いかけっこ」や「じゃれ合い」の状態は「統一体（と呼ばれうるもの）」ではないとみなすことなどもありうる。つまり、これらの状態においてなされている幼児たちによる「やりとり」（複数の「相互作用と呼ばれうるもの」）は、特定の「統一体」概念を適用して認識されるときにのみ、「統一体（と呼ばれうるもの）」として見出されるのである。だとすれば、当事者たちによって生み出されている「何か」を「統一体と呼ばれうるもの」とみなしうるかどうかは、もっぱら「統一体」概念の定義によるということになる。

この事例を踏まえて、「相互作用と呼ばれうるもの」と「統一体と呼ばれうるもの」の相違点を整理してみよう。幼児たちによってなされる「鬼ごっこ」「追いかけっこ」「じゃれ合い」という状態のすべてにおいて、「相互作用と呼ばれうるもの」は生成しており、それが生成していることに、「当事者」である幼児たちは前述定的レヴェルで気づいている。これに対して、これらの状態のそれぞれにおいて「統一体と呼ばれうるもの」が生成しているといえるかどうかは、「統一体」概念の定義によって異なる。ここから、次の知見が導かれるといってよい。すなわち、「統一体と呼ばれうるもの」は、日常生活世界において、「相互作用と呼ばれうるもの」のいわば延長線上（あるいは連続線上）で、「当事者」たちによって生じていると仮定されるのだが、実際にそれを見出すことができるのは、特定の「統一体」概念の定義に応じて「統一体」としての認識が成立した後なのである。そして、特定の「統一体」概念の定義に依拠した認識が必要である以上、「統一体と呼ばれうるもの」に気づき、それを見出しうる立場にあるのは、「当事者」ではなく、特定の「統一体」概念の定義を用いて「統一体」認識を行なう「観察者」にほかならない。つまり、「当事者」は、自らが「統一体」認識を行なう「観察者」とならない限り、「統一体と呼ばれうるもの」の生成に気づくことはできないのである。

「相互作用と呼ばれうるもの」は、「観察者」による認識を必要とせずに、「当事者」たちのみによって生成しており、「相互作用と呼ばれうるもの」が生成しているかどうかは、「当事者」の観点から前述定的レヴェルで気づくことができる。そしてそれは、（事後的に）「観察者」が「相互作用」概念を用いることで、「相互作用」として認識されうる。つまり、「相互作用と呼ばれうるもの」は、「観察者」による「相互作用」としての認識よりも、つねに先行するかたちで「当事者」たちによって生じており、また、気づかれている。この意味で、「相互作用と呼ばれうるもの」は、「当事者」たちによって、そして「当事者」たちにとって生成している。これに対して、「統一体と呼ばれうるもの」は、「当事者」たちによる複数の「相互作用と呼ばれうるもの」からなる「まとまり」であるがゆえに、「当事者」たちによって生じているはずではあるのだが、「観察者」による「統一体」認識がなされていない場合には、実際に見出されることはない。「統一体と呼ばれうるもの」が生成しているかどうかは、「観察者」によって、特定の「統一体」概念の定義に依拠した「統一体」としての認識がなされた後に判断されるのである。

第五節　相互作用と統一体の関係をめぐる整合的解釈

前節では、「当事者」の観点と「観察者」の観点の相違に慎重に注意を払いながら、「相互作用と呼ばれうるもの」と「相互作用」の関係、および「統一体と呼ばれうるもの」と「統一体」の関係を明らかにした。その議論を活用することによって、第三節で、「区別」されると同時に「連続」するという意味で「複合的で入り組んだ関係」としか述べることのできなかった、「相互作用」と「統一体」の関係をめぐるジンメルの論述を、より明瞭に整理することができる。

「相互作用」と「統一体」をめぐるジンメルの論述を解釈する場合の困難は、おもに次の二点に由来する。第一は、彼が、「相互作用」としての社会と「統一体」としての社会を区別したうえで、「相互作用」にこそ自らの研究の視点を定めようとするにもかかわらず、「統一体」とは「相互作用」にほかならない（Simmel［1908］1922: 4＝1994: 上15）と述べている点である。第二は、「統一体」について彼が、「固定化され実体化された」ものであるとも、たんなる「虚構」であるとも述べている点である。

この二つは、しばしばジンメルの論述の特徴といわれる「両義性」という語を用いて表現すれば、「相互作用」と「統一体」の関係をめぐる、「区別」されると同時に「連続」しているという「両義性」（第一点）と、「統一体」の性格をめぐる、「固定化され実体化された」ものであると同時に「虚構」でもあるという「両義性」（第二点）と言い換えることができる。率直にいえば、これらの二点のそれぞれについて、いわば表面的に理解することはさほど難しくない。しかしながら、これらについての整合的な解釈を提示することは、ジンメルの議論の内在的読解に依拠する限り、きわめて難しいのである。そこで以下では、前節で分節化した、「相互作用と呼ばれうるもの」および「統一体と呼ばれうるもの」という語を活用することにしたい。このことによって、「相互作用」と「統一体」の関係の両義性についても、「統一体」の性格の両義性についても、より分かりやすく論じることが可能になり、ひいては、それらを整合的に解釈することも可能となるからである。

第三節で言及したように、観察者による認識とは無関係に、諸個人による「社会的な結合」が生成しているという洞察は、自然の統一と社会的統一（結合）のあいだの「決定的差異」を指摘するジンメルの議論における眼目であるといえる。そしてこの洞察は、「相互作用」としての社会と「統一体」としての社会を区別したうえで「相互作用」としての社会を重視する、彼の社会学的研究を支える礎石となっている。

しかしながら、ここには誤解を招く余地が残っている。というのは、ジンメルの用いる「相互作用」には、いかなる意味でも観察者を必要とせず、まさに当事者たちのみによって生成している「相互作用と呼ばれうるもの」と、観察者が「相互作用」概念を適用して認識した対象である「相互作用」とが、区別されずに混同されたまま、ともに含まれているからである。この点で彼は、自らが見出したはずの、「いかなる観察者をも必要とはしない」(Simmel [1908] 1922: 22＝1994: 上39）といえる「社会的結合」について、的確に表現するに至っていない。そして、おそらくこの的確な表現を欠いていることが、「相互作用」と「統一体」の関係をめぐる彼の論述が、曖昧で難解な印象を与えてしまう理由だと考えられる。

ジンメルが、「いかなる観察者をも必要とはしない社会的結合」として指し示そうとしていたのは、前節でわれわれが分節化した「相互作用と呼ばれうるもの」だというのが私の考えである。そして、「相互作用と呼ばれうるもの」と連続する「統一体と呼ばれうるもの」も、彼の「統一体」をめぐる論述に含まれているように思われる。そこで、「相互作用と呼ばれうるもの」と「相互作用」との区別と、「統一体と呼ばれうるもの」と「統一体」との区別を踏まえながら、「相互作用」と「統一体」の関係をめぐる彼の議論を整理することにしたい。

表1-1　社会の4つの位相

	個々のやりとり	「まとまり」として捉えうる複数のやりとり
当事者による生成の位相	相互作用と呼ばれうるもの ↓	統一体と呼ばれうるもの ↑
観察者による認識の位相	相互作用	統一体

まずは、前節の議論から得られた知見を簡潔に確認しよう。「相互作用と呼ばれうるもの」と「統一体と呼ばれうるもの」はともに、日常生活世界において、「観察者」による認識を必要とせずに、「当事者」たちによって生成していると想定される。しかしながら、「相互作用と呼ばれうるもの」が生成しているかどうかが、「当事者」の観点から前述定的レヴェルで気づかれているのに対して、「統一体と呼ばれうるもの」が生成しているかどうかは、「当事者」が前述定的レヴェルで気づくことはできない。「統一体と呼ばれうるもの」は、「観察者」による認識以前に「当事者」たちによって生じているはずではあるのだが、「観察者」による「統一体」認識がなされた後に、はじめて見出されるという特徴を有しているからである。したがって、ジンメルが「いかなる観察者をも必要とはしない」(Simmel [1908] 1922: 22= 1994: 上39：強調点は筆者による) ものとして特徴づけていた「社会的な統一あるいは結合」とは、「相互作用と呼ばれうるもの」を指していると考えられる。

「相互作用と呼ばれうるもの」は、「相互作用」概念をすでに知っている「観察者」の観点から「相互作用」として認識されうるが、その認識が成立する以前に、すでに「当事者」たちは、それが日常生活世界において生成していることに、前述定的レヴェルで気づいている。他方、「統一体と呼ばれうるもの」は、「統一体」概念をすでに知っている「観察者」の観点からみて「統一体」認識が成立した後に、じつはそれが、その「統一体」としての認識がなされる前に「当事者」たちによって生成されているはずであったことが見出される。「相互作用と呼ばれうるもの」「相互作用」「統一体と呼ばれうるもの」「統一体」の関係は、表1-1のように示すことができるだろう。

上の表では、「個々のやりとり」の系に、「相互作用と呼ばれうるもの」と「相互作用」を、そして「(「まとまり」として捉えうる)複数のやりとり」の系には、「統一体と呼ばれうるもの」と「統一体」を配している。この「個々のやりとり」の系と「複数のやりとり」の系は、それぞれ、ジンメルのいう「相互作用」としての社会と「統一体」としての社会に概ね該当する。前節第一項の冒頭で言及した「(社会的な)糸」という表現を用いていえば、個々の「糸」が「相互作用」としての社会であり、複数の「糸」の「まとまり」が「統一体」としての社会である。この意味で彼が述べている「相互作用」および「統一体」を、当事者による「生成の文脈」と観察者による「認識の文脈」に応じて区別することによって、「相互作用と呼ばれうるもの」「相互作用」「統一体と呼ばれうるもの」「統一体」という社会の四つの位相を見分けることができるのである。

また、表中の二つの「矢印」は、「個々のやりとり」の系と「(「まとまり」として捉えうる)複数のやりとり」の系のそれぞれにおいて、「生成の文脈」と「認識の文脈」の区別のもとで、当の現象が、実際に気づかれたり見出されたりする順序を示している。すなわち、「個々のやりとり」の系では、当事者たちによって「相互作用と呼ばれうるもの」が生成され、前述定的レヴェルで気づかれた後に、その「相互作用と呼ばれうるもの」が観察者によって「相互作用」として認識される。これに対して、「複数のやりとり」の系では、観察者による「統一体」認識の後に、「統一体と呼ばれうるもの」が見出されるのである。

さらに、この表で示しているのは、「相互作用と呼ばれうるもの」以外の三つが見出されるには、観察者による認識を必要とするということである。「相互作用」と「統一体」は、観察者による認識の位相において成立しており、「統一体と呼ばれうるもの」は、あくまで観察者による「統一体」認識が成立した後に、見出される。したがって、「相互作用と呼ばれうるもの」「相互作用」「統一体と呼ばれうるもの」「統一体」のうち、厳密な意味で、いかなる観察者をも必要とせずに、当事者によって、そして当事者にとって生成している社会的結合とは、「相互作用と呼ばれうるもの」のみなのである。ジンメルが、社会学において、「相互作用」としての社会と「統一体」としての社会を区別し、「相互作用」としての社会を重視すべきだと主張するときに念頭にあったのは、この「相互作用と呼ばれうるもの」である、と私が考える根拠はここにある。

以上の整理から、ジンメルが「相互作用」と「統一体」の区別を主張した理由をより適切に表現し直せば、次のように言い換えられる。すなわちそれは、彼が、自らの社会学的研究において、いかなる観察者をも必要としない社会的結合としての、「相互作用と呼ばれうるもの」に視点を定めようとしていたからなのである。では、彼が、「相互作用」と「統一体」の区別を主張するばかりでなく、「相互作用」と「統一体」の連続性についても言及している理由は、どのように解釈することができるだろうか。この「相互作用」と「統一体」の連続性をめぐるロジックは、先に、本節冒頭で指摘しておいた、「相互作用」と「統一体」の関係をめぐるジンメルの論述の解釈における第二の難点である、「統一体」の性格をめぐる両義性について議論しておくことによって、よりわかりやすく説明することが可能となる。

あらためて確認すれば、「統一体」の性格の両義性とは、ジンメルが「統一体」について、「虚構」であるとも、「固定化され実体化された」ものであるとも述べていることの簡潔な表現である。彼にとって「統一体」とは、一方で、究極的には「相互作用」そのものに還元しうるような、たんなる「観念的な存在」あるいは「虚構」である。だが、「相互作用と呼ばれうるもの」と「相互作用」を区別するわれわれの立場からいえば、彼がそこで用いている「相互作用」は、「相互作用と呼ばれうるもの」と言い直すほうがより適切だろう。すなわち、「統一体」とは、一方で、究極的には「相互作用と呼ばれうるもの」に還元しうるような、たんなる「虚構」だということになる。表1-1を用いて確認したように、「相互作用と呼ばれうるもの」こそが、いかなる観察者をも必要としない、当事者たちのみによって生成している社会的結合である。これに対して、「統一体」は、観察者による認識によってはじめて成立し、「統一体と呼ばれうるもの」は、観察者による「統一体」認識の後に見出される。したがって、「いかなる観察者をも必要としない」ことが「社会的結合」の根本的特徴だという立場からみれば、「統一体」は「虚構」だといいうるのである。

他方、「統一体」が、「固定化され実体化された」ものであるという表現は、どのように解釈すればよいのだろうか。

一見すると、「統一体」が、「虚構」であると同時に「固定化され実体化された」ものでもあるという言明は、明らかな矛盾であるようにも思われる。「統一体」が、「固定化され実体化された」ものでもあるといいうる事情を理解するためには、「統一体」が認識される場合と、「統一体と呼ばれうるもの」が見出される場合とのそれぞれにおいて、特定の「統一体」概念が果たす役割に注目する必要がある。

「統一体と呼ばれうるもの」は、「相互作用と呼ばれうるもの」と同様に、当事者たちによって生み出され（ている）はずだと想定される。しかしながら、「相互作用と呼ばれうるもの」とは異なり、「統一体と呼ばれうるもの」には、あくまで観察者による「統一体」としての認識の後にしか、実際に見出されることはないという特徴がある。「統一体」が、「統一体」概念の定義を知る観察者によってのみ認識されるように、「統一体と呼ばれうるもの」は、「統一体」を認識するその観察者によって、見出されるのである。このことは、特定の「統一体」概念を前提としてはじめて、「統一体」が認識され、また、「統一体と呼ばれうるもの」が見出されるということを意味する。つまり、「統一体」が認識される場合にも、「統一体と呼ばれうるもの」が見出される場合にも、あらかじめ規定された特定の「統一体」概念が、「プロクルステスの寝台」のように、（社会的）現実を切り取る役割を担っているのである。[9] このとき、認識される「統一体（と呼ばれうるもの）」は、特定の「統一体」概念に即したかたちで切断されるがゆえに、「固定化」されることになる。そして、実際に認識された「統一体（と呼ばれうるもの）」は、たんに特定の「統一体」概念に合わせて切り取られたものにすぎないにもかかわらず、あたかも「実体」として存在するかのようにみなされることになるのである。ジンメルが、「統一体」を「固定化され実体化された」ものだと述べるのは、「統一体」としての認識が、あらかじめ規定された「統一体」概念に依拠することによってのみ、成立するからだと解釈することができる。

「統一体」の性格の両義性について、あらためて確認しよう。自然の統一とは異なる、社会的結合ないし統一に固有の特徴は、いかなる観察者をも必要とせず、当事者たちのみによって生成しうる点にある。この特徴を備える社会的結合は、「相互作用と呼ばれうるもの」のみであり、それゆえ、「当事者による生成」という点に注目すれば、一方で「統一体（と呼ばれうるもの）」は「虚構」だとみなされる。他方、この意味で「虚構」である「統一体（と呼ばれうるもの）」は、特定の「統一体」概念を前提とすることによって、その認識が可能となる。だが、この「統一体」の認識が意味しているのは、あくまで特定の「統一体」概念に応じて、社会的現実を切り取るという作用である。それゆえ、「観察者による認識」の文脈において成立する「統一体」は、「固定化され実体化された」ものだといわれるのである。約言すれば、ジンメルの論じる「統一体」は、当事者による生成の位相において「虚構」であり、また、観察者による認識の位相においては、特定の「統一体」概念に即して「固定化され実体化された」ものだといえるのである。そして、このことを踏まえることによって、彼の論述における「相互作用」と「統一体」の連続性について、より適切な解釈を提示することが可能になる。

「相互作用」と「統一体」の連続性をめぐるロジックを明らかにするうえで、まず留意すべきなのは、観察者の観点からみて、あくまで特定の「統一体」概念に依拠するかたちで「統一体」としての認識が成立するとしても、そのとき日常生活世界において、何も生成していないわけではないということである。たしかに、「統一体」認識は、特定の「統一体」概念を必要条件として成立する。だが、人間が誰ひとりとして存在せず、諸個人の「やりとり」（あるいは「やりとり」の痕跡）が一切みられないところに、「統一体」としての社会を認識することはできないだろう。**表1-1**を用いて示したように、「統一体」認識の後に、日常生活世界における「統一体と呼ばれうるもの」が見出される。この「統一体と呼ばれうるもの」は、分析すれば、日常生活世界における「相互作用」として認識されていない個々の「やりとり」から、すなわち、「相互作用と呼ばれうるもの」からなっている。急いで補足すれば、当事者たちの生成の位相において、「統一体と呼ばれうるもの」は「虚構」である。この点で、当事者たちによって、そして当事者たちにとって生成している複数の「相互作用と呼ばれうるもの」と、「虚構」である「統一体と呼ばれうるもの」とは、決して同義だとはいえない。しかしながら、「統一体と呼ばれうるもの」が見出される場合には、必ず複数の「相互作用と呼ばれうるもの」が生じていることは、たしかなのである。

端的にいえば、当事者たちによって生み出されている複数の「相互作用と呼ばれうるもの」のうち、観察者による特定の「統一体」概念に依拠した「統一体」としての認識を介して、「まとまり」として見出される部分が、「統一体と呼ばれうるもの」だとみてよい。もちろん、複数の「相互作用と呼ばれうるもの」と「統一体と呼ばれうるもの」とのあいだには、質的差異がありうる。しかしながら、それを除けば、かりに、特定の「統一体と呼ばれうるもの」に含まれる複数の「相互作用と呼ばれうるもの」を、すべて列挙できるとすれば、実質的にはそれらは、当の「統一体と呼ばれうるもの」そのものだとみなすことができる可能性もある。ジンメルの述べる「相互作用」と「統一体」の連続性とは、じつは、当事者による生成の文脈における、複数の「相互作用と呼ばれうるもの」と「統一体と呼ばれうるもの」の連続性を指している、というのが私の考えである。

第六節　「社会的なるもの」はいかにして可能かという問い

(1)「社会はいかにして可能か」に含まれる四つの問い

ここであらためて、本章の議論の問題意識を再確認しよう。われわれが、「相互作用と呼ばれうるもの」と「統一体と呼ばれうるもの」という語を導入して「社会」について慎重に分節化し、「相互作用」と「統一体」をめぐるジンメルの論述の整合的解釈を進めてきたのは、「社会はいかにして可能か」という問いを、より適切に再定式化するためである。

「社会はいかにして可能か」という問いの探究にあたって、おそらく多くの社会学者がそうしてきたように、もし最初に「社会」を一義的に規定するならば、「同語反復的陥穽」と「特権的観察者視点の陥穽」という二つの陥穽に陥ることになってしまう。これらの陥穽を回避するためには、「社会」を一義的に規定することなく、「社会はいかにして可能か」という問いを探究する方途を見出す必要がある。そして、この方途を見出すための鍵は、日常生活世界

表1－2　「社会はいかにして可能か」に含まれる4つの問い

	個々のやりとり	「まとまり」として捉えうる複数のやりとり
当事者による生成の位相	相互作用と呼ばれうるものはいかにして可能か	統一体と呼ばれうるものはいかにして可能か
観察者による認識の位相	相互作用はいかにして可能か	統一体はいかにして可能か

において、「社会」として認識される以前にすでに生成しており、なおかつ、事後的に「社会」と呼ばれうるような「何か」があるという洞察にある。

「社会はいかにして可能か」という問いを提起したジンメルが論じる「社会」には、「相互作用」としての社会と「統一体」としての社会がある。だが、彼が「相互作用」および「統一体」について語るときには、観察者による認識とは無関係に当事者によって実現されている「何か」と、観察者によって認識された「対象」とが、混同されたまま論じられており、それゆえに「相互作用」と「統一体」の関係についての整合的な解釈が難しくなってしまっていた。そこでわれわれは、当事者による生成の位相と観察者による認識の位相とを区別したうえで、（ジンメルの想定していた）「社会」には、「相互作用と呼ばれうるもの」「相互作用」「統一体と呼ばれうるもの」「統一体」の四つが含まれていると考えられることを明らかにし、ジンメルによる「相互作用」および「統一体」としての「社会」をめぐる議論を整理したのである。これらの四つが「社会」に含まれているという見方を踏まえれば、「社会はいかにして可能か」という問いは、このそれぞれに対応するかたちで、区別して定式化しなければならない。

こうして立てられた四つの問いのうち、「相互作用（としての社会）はいかにして可能か」および「統一体（としての社会）はいかにして可能か」という二つの問いは、観察者によって認識される「相互作用（としての社会）」あるいは「統一体（としての社会）」を扱うものであり、「社会」概念（「相互作用としての社会」あるいは「統一体としての社会」）を前もって定義しなければ、「いかにして可能か」の探究に進めない問いだといってよい。したがって、実際にこれらの問いを探究しようとすると、第二節で示した「同語反復的陥穽」と「特権的観察者視点の陥穽」に陥ってしまうことになる。

これらに対して、「相互作用と呼ばれうるものはいかにして可能か」という問いは、特定の「相互作用（としての社会）」の定義を前提とすることなく、探究されうる問いである。(10) この問いでは、観察者の観点から「相互作用」としての認識がなされる以前に、当事者たちによって生み出されている「何か」に焦点が合わせられており、その「何か」が、当事者たちにとって「いかにして可能か」が問われることになる。また、この問いは、「相互作用（としての社会）」を一義的に規定せずに探究することができる点で、「同語反復的陥穽」と「特権的観察者視点の陥穽」を回避可能な問いになっている。

「統一体と呼ばれうるものはいかにして可能か」という問いは、一方で、「相互作用と呼ばれうるものはいかにして可能か」と同様に、当事者たちによって生成されているはずの、あるいは生成されるはずの「何か」に照準する問いである。だが他方、前節で表1-1（三五頁参照）を示しながら確認したように、「統一体と呼ばれうるもの」が見出されるのは、「統一体」認識の後である点で、一筋縄でいかない、より複雑な問いでもある。「統一体と呼ばれうるもの」は、複数の「相互作用と呼ばれうるもの」からなっており、この点で、たしかにそれは当事者たちによって生じ（てい）るはずである。だがそれが、複数の「相互作用と呼ばれうるもの」としてではなく、「統一体と呼ばれうるもの」として見出されるのであれば、その際には特定の「統一体」概念を参照する判断が必要とされる。「統一体と呼ばれうるものはいかにして可能か」という問いがより複雑であるのは、この問いが、「統一体」概念を一義的に規定しない探究と特定の「統一体」概念を前提とする探究とが、ともに必要とされる問いだからである。

本章の冒頭で言及したように、「社会はいかにして可能か」という問いは、この問いに取り組む社会学者が、「社会とは何か」をすでに知っている立場を採り、そこに足場を固めるとき、解くことのできない難問となる。「同語反復的陥穽」と「特権的観察者視点の陥穽」に陥ってしまうからである。「社会はいかにして可能か」をさらに区別した**表1-2**の四つの問いのうち、観察者による「認識の位相」に該当する二つの問い（「相互作用はいかにして可能か」「統一体はいかにして可能か」）の探究では、やはり「同語反復的陥穽」と「特権的観察者視点の陥穽」は避けられない。しかしながら、ここまでの考察を通じてわれわれは、それらの二つの陥穽を回避しうる、「社会はいかにして可能か」という問いの問い方を見出すことができた。それは、「相互作用と呼ばれうるものはいかにして可能か」という問いを探究するという方途である。

とはいえ、ここでかりに、「社会はいかにして可能か」という問いが、「相互作用と呼ばれうるものはいかにして可能か」という問いに還元できると即断してしまうとすれば、社会学（的研究）として、べつの種類の難題に直面することになる。というのは、「相互作用と呼ばれうるものはいかにして可能か」という問いについて適切に探究することができた場合でも、その探究の成果は、たとえば国家や経済制度、地域共同体のような、一般的には「マクロな社会」ともいわれる「社会」の考察に適用する場合には、おそらく不十分だろうと考えられるからである。

そうした「社会」は、社会学がこれまでも研究を重ねてきている対象であり、ジンメルの表現を借りるなら、「統一体（としての社会）」といえる。もちろん、当事者たちのあいだで「相互作用と呼ばれうるもの」が生成していることは、「統一体」が成立するための必要条件である。だが、「相互作用と呼ばれうるもの」がさまざまな個人のあいだで生じており、当事者であるそうした諸個人がその生成に気づいているとしても、その複数の「相互作用と呼ばれうるもの」が、ただちに「統一体」であるとはいえない。そこで、「社会はいかにして可能か」をまさに社会学の根本問題として再定式化するうえでは、「相互作用と呼ばれうるものはいかにして可能か」という最重要の問いと併せて、「統一体と呼ばれうるものはいかにして可能か」という問いも含めるべきだろう。

「相互作用と呼ばれうるもの」は、たとえ観察者による認識がなされていないとしても、あるいは、その生成に関与している当事者たちのすべてが「相互作用」という概念を知らなかったとしても、日常生活世界において、たしかに生成する。そして、それが生成しているかどうかについて、その生成に直接的に関与する当事者は前述定的レヴェルで気づいている。この意味で、「相互作用と呼ばれうるもの」は、観察者による「相互作用」としての認識以前に、事後的に「相互作用」として認識される可能性を有する「何か」として、当事者たちによって、そして当事者たちにとって生成しているのである。したがって、「相互作用と呼ばれうるものはいかにして可能か」という問いは、当事者の観点に立って、より精確にいえば、当事者に内属する観点に立って、探究を進めることが必要となる。

「統一体と呼ばれうるもの」は、当事者たちによって生じ（てい）るはずではあるが、複数の「相互作用と呼ばれうるもの」が、「統一体と呼ばれうるもの」として見出されるのは、観察者による「統一体」認識の後である。これらのことを踏まえると、「統一体と呼ばれうるものはいかにして可能か」という問いは、次の問いとして言い換えることができる。それはすなわち、複数の「相互作用と呼ばれうるもの」が「統一体と呼ばれうるもの」となることは、いかにして可能かという問いである。この問いは、かりに観察者の観点からのみ一面的に探究するとすれば、結局のところ、「統一体」の定義の問題となり、「同語反復的陥穽」および「特権的観察者視点の陥穽」に陥ってしまうことになるだろう。しかしながら、当事者による「生成の位相」に焦点を合わせ、「相互作用と呼ばれうるものはいかにして可能か」という問いの探究の成果を踏まえる立場から考察するならば、いかにして、複数の「相互作用と呼ばれうるもの」が「統一体と呼ばれうるもの」になりうるのかについて、当事者に内属する観点から探究しうる可能性がある。このとき、前述の二つの陥穽に単純に陥ることのない問い方で、「統一体と呼ばれうるものはいかにして可能か」という問いが探究されうる。

（2）社会的なるもの

第三節の末尾で述べたように、「社会」としての認識がなされるときには「社会」と呼ばれる可能性が十分にあるものの、たんに日常生活世界において諸個人によって生み出されている段階では「社会」として認識されていない「何か」について、われわれは、「社会と呼ばれうるもの」として言及してきた。この「社会と呼ばれうるもの」は、前節の**表1-1**（三五頁参照）を参考にしていえば、「相互作用と呼ばれうるもの」と「統一体と呼ばれうるもの」とからなるとみなしうる。この見方を「社会はいかにして可能か」という問いに適用すれば、表1-2（四一頁参照）における「相互作用と呼ばれうるものはいかにして可能か」という問いと「統一体と呼ばれうるものはいかにして可能か」という問いは、ともに「社会と呼ばれうるものはいかにして可能か」という問いに含まれると考えることができる。

「社会と呼ばれうるもの」「相互作用と呼ばれうるもの」「統一体と呼ばれうるもの」の三つは、「社会はいかにして可能か」という問いを社会学においてもっとも意義あるかたちで探究するために、本書で新しく導入した語である。ただし、このうち「社会と呼ばれうるもの」については、これまでの社会学で用いられてきた或る術語と重なりのあるものとして想定している。「社会と呼ばれうるもの」と重なるその術語とは、「社会的なるもの（the social）」である。

「社会」という語が、日本で古くから用いられていたわけではなく、一八七〇年代半ば以降から、society, société, gesellschaft 等の邦訳として次第に定着した言葉だということは、よく知られている。とはいえ、この「社会」という語が定訳となるまでには若干の経緯があり、当初はきわめて多様な訳語が充てられていた[11]。そののち、「社会」「会社」「交際」「世態」が残ることになり（林 一九五三：二六七―八）、これらの訳語が並行して用いられる時期を経て、結局、「社《やしろ》の会合」の意で構成され、また、「人と土地との結合」という意味と「人と人との結合」という意味とが含まれる（蔵内 一九五三：二―三）言葉である「社会」が、定訳となったのである。このことは、society, société, gesellschaft 等によって名指されている「何か」を日本語で表現するうえで、「社会」という言葉がもっとも、あるいはより適切だという合意が、次第に形成されていった様子を物語る。他方で、このことから推測しうるのは、「社会」という訳語が広く普及する以前からすでに、のちに「社会」と名付けても差し支えないような「何か」が、日本という地で生きている人びとによって体験されていた、ということである。その「何か」の体験についての各々の識者のイメージがさまざまであったがゆえに、当初、それは多様な訳語によって表現されていたのである。

蔵内数太は、社会学は「〈社会的なもの〉とは何かの考察を含む」（蔵内 一九五三：五〇）と述べ、「社会的なもの」

とは、「体験的事実であり、吾々は社会生活を生きていることに於て根元的にそれをとらえている」(蔵内 一九五三：九三)と指摘している。この蔵内の著書の公刊とほぼ同時期の日本の社会学では、「社会的なるもの」(武田 一九五一：六二：高田 一九六〇：九) という言葉も使用されており、その後も、「社会的なるもの」と「社会的なもの」は、とくに区別されずに互換可能なものとして用いられてきたといってよい。この「社会的なるもの」は、かりに、society, société, gesellschaft 等の訳語として、「世態」が定着していたとすれば、「世態的なるもの」と表現されたはずであるから、この意味で、あくまで「社会」という語との関係のもとではじめて意味をなす。だが他方、かりに、「社会」と「社会的なるもの」が、まったく同一の意味であれば、それらの語を区別して用いる必要はないから、「社会的なるもの」は、「社会」から区別されうる「何か」を指していると考えられる。しかしながら、「社会」との関係のもとで捉えられ、なおかつ「社会」とは区別されるべき「何か」としての、この「社会的なるもの」とは何なのかについては、これまでの社会学で主題的に問われることがなく、それゆえに、明確な回答が与えられることはなかった。「社会的なるもの」という語は、「社会的」なる何ものか、あるいは「社会との関係にある」何ものかすべてを指しうるような、漠然としたイメージの言葉として、使用され続けている。

われわれは、本章で、「社会」としての認識がなされるときには「社会」と呼ばれる可能性が十分にあるものの、当事者による生成の位相においては「社会」として認識されていない「何か」について、「社会と呼ばれうるもの」として言及してきた。これは、事後的に「社会」と呼ばれる可能性を有する、「社会」とは区別される「何か」である。私は、この「社会と呼ばれうるもの」こそが、これまでの社会学で漠然とイメージされている「社会的なるもの」の核心であるに違いないと考えている。さらにいえば、従来の社会学において言及されてきた「社会的なるもの」と本章で述べてきた「社会と呼ばれうるもの」とを重ねて捉え、社会学の研究対象が、当事者による生成の位相における「社会的なるもの」(「社会と呼ばれうるもの」) であることを明確に自覚するとき、これまでに蓄積された社会学的研究の成果を最大限に活かしながら、新たな社会学を切り拓くことが可能となる、というのが私の考えである。以後、本論文では、「社会と呼ばれうるもの」と「社会的なるもの」は、同一の現象を指す語だとみなし、誤解を招かないと思われる限り、「社会的なるもの」という語を用いることにしたい。

ところで、近年、「社会的」という概念を特定の意味で捉え直し、それをさまざまな政治問題・社会問題に適用しようとする試み（市野川・宇城編 二〇一三）がなされており、そうした試みの発端は、市野川容孝の「社会的」概念をめぐる論考（市野川 二〇〇六）にある。そして、彼らはしばしば、「社会的」概念について、「社会的なもの」とも表記している。しかしながら、本論文における「社会的なるもの」（＝「社会と呼ばれうるもの」）と、彼らのいう「社会的」概念あるいは「社会的なもの」とは、決して同義ではない。それゆえ、彼（ら）の立場についての私の考えを、若干、述べておく必要があるだろう。

簡潔にいえば、市野川は、「社会的」という概念をドイツやフランスの憲法における用法に倣うかたちで捉え、福祉国家と関係づけられた政治的理念として、限定的な意味で使用することを提唱している。一方で、かりに、彼が提起する「社会的」という概念・理念を社会学で採用するならば、その長所としては、これまで曖昧に用いられてきた傾向のある「社会的」という言葉を、明確な意味で使用することが可能になる点が挙げられる。だが他方、彼の提案をそのまま採用する場合には、おそらく決定的な短所があり、それは、社会学的研究における「社会的」という言葉が、すべて、彼の想定する「政治的理念」との関係でのみ、解釈されることになりかねない点である。たとえば、「社会的行為」は、社会学の基礎概念のひとつである。だが、彼の見解にすべての社会学者が従うならば、これまで社会的行為と呼ばれてきた行為のうち、今後も「社会的行為」として言及することができるのは、彼の想定する「理念」と関係にあるものだけであり、それ以外は、「社会的行為」ではないということになってしまう。これでは、社会学の矮小化にもつながりかねない。

おそらく、市野川の意図を汲み取るならば、彼が「社会的」という言葉で表現しようとしている概念については、たとえば「社会福祉的（なもの）」という語を使用し、「社会的」とは区別して語るのが最善であるように思われる。

そうすれば、これまでの社会学的研究の成果を無に帰すことなく、なおかつ、「社会的」という言葉に含まれる、彼が重要とみなす位相に光を当てることができる。私は、彼のいう「社会的」概念は、その言葉の特殊に制限された用法が無用の混乱を招きかねないがゆえに、「社会的」あるいは「社会的なもの」と表現することは適当ではないと考えている。(12)

(3)「社会的なるもの」はいかにして可能かという問い

「社会はいかにして可能か」という問いは、一方で、永らく社会学の根本問題だとみなされてきたが、他方、その問いの核心が掴みづらい難問でもあり続けてきた。これが難問であった理由は、この問いにおける「社会」を、観察者の観点から認識される対象としての「社会」と解する立場から探究するとき、最初に「社会」を定義しなければならないがゆえに、「同語反復的陥穽」と「特権的観察者視点の陥穽」に陥ることになるからである。これらの陥穽を回避するためには、まず、「社会」生成の位相と「社会」認識の位相とを自覚的に区別することが肝要である。そして、「社会」を一義的に規定することなく、観察者による認識以前に当事者たちの関与によって生成しており、なおかつ事後的には「社会」と呼ばれる可能性を有する「何か」に照準し、それが「いかにして可能か」という問いを探究する方途が必要になる。再確認すれば、この「何か」とは、当事者による「生成の位相」における「社会的なるもの（the social）」（＝「社会と呼ばれうるもの」）である。

「社会的なるもの」には、「相互作用と呼ばれうるもの」と「統一体と呼ばれうるもの」が含まれる。これらについては、それぞれ「相互作用と呼ばれうるものはいかにして可能か」および「統一体と呼ばれうるものはいかにして可能か」という問いを立て、探究することができる。そして、これらの問いの総称が、「〈社会的なるもの〉はいかにして可能か」という問いである。

「社会はいかにして可能か」という難問とされてきた問いは、「〈社会的なるもの〉はいかにして可能か」という問いとして再定式化することによって、よりその核心が掴みやすい社会学の根本問題となる、というのが私の考えである。この問いの探究を進めるうえでは、当事者による「社会」生成の位相と観察者による「社会」認識の位相とを区別したうえで、まず、その生成に関与する当事者にとって「相互作用と呼ばれうるものはいかにして可能か」を問うことが、最重要の課題となるだろう。そして、その探究の成果を踏まえることで、当事者にとって「統一体と呼ばれうるものはいかにして可能か」という問いをより適切に探究することができる。

「社会（的なるもの）」についてのこのような問い方は、おそらく、社会学以外の社会科学においてはなされることはないと思われる。本章第二節第一項で確認したように、社会学以外の社会科学一般では、「社会」といえば、一七世紀から一八世紀の西欧に淵源をもつ「社会」概念に依拠した、国家と同じ広がりをもつものとして捉えられているからである。「社会」にまなざしを向けるとき、あらかじめ特定の「社会」概念を前提として認識しようとするならば、「社会的なるもの」への注意は疎かになり、容易に「特権的観察者視点の陥穽」に嵌ることになる。だが、裏返していえば、もし社会学が、「〈社会的なるもの〉はいかにして可能か」という問いに対する探究の有用な成果を提示し、「社会的なるもの」に適切にまなざしを向けるための足場を築くならば、それは、さまざまな「社会」を研究するための「土台」となる理論知として、社会学だけではなく、「社会」を扱う諸科学すべてに対する貢献ともなりうるに違いない。

「相互作用と呼ばれうるもの」は、観察者による認識とは無関係に、当事者たちによって、そして当事者たちにとって生成している。したがって、これが「いかにして可能か」を問ううえでは、当事者にとっての体験・経験や現われについて「当事者に内属する観点」から探究していくことが必要になる。こうした「観点」は、社会学では一般的に、当事者（行為者）の「主観的観点」あるいは「当事者（行為者）自身の観点」と呼ばれることが多い。だが、それらの用語には、たとえば「主観主義」と「客観主義」の対立を想起させてしまう難点がある[13]。本書では、そうした誤解を回避するために、「当事者に内属する観点」という語を用いる。かりに、当の「社会」の生成——精確にいえば当の「社会的なるもの」の生成――に関与している「当事者に内属する観点」に立った研究が不可能だとすると、「社会」(「社会的なるもの」)とはまったくの「虚構」だということになり、「社会」を扱う諸科学すべての存立基盤は揺らぐことになる。「当事者に内属する観点」に立った研究を行なうことができてはじめて、「社会」(「社会的なるもの」)が存立可能であるためのたしかな基礎が日常生活世界のなかに見出されることが明らかとなる。

「当事者に内属する観点」がいかなる観点であるのかについては、第二・三・四章の考察を通じて繰り返し述べる。だが、のちの議論を先取りしてもっとも重要な点をひとつだけ指摘しておきたい。それは、当事者自身による見方について、「当事者に内属する観点」からの記述・分析を行なうときには、「当事者」であれ当事者以外の「観察者」であれ、誰かが「最終完結的な答え」を知っているという前提には決して立たない[14]ということである。「当事者に内属する観点」とは、「当事者」に特有の「みえ方」を記述するための観点であり、そこには「最終完結的な答え」を一元的に判断するような基準は含まれない。

「相互作用と呼ばれうるもの」がいかにして可能かを探究するうえでは、もう一点、きわめて重要な留意点がある。「相互作用と呼ばれうるもの」とは、観察者による認識とは無関係に、日常生活世界における当事者たちによって、そして当事者たちにとって生成する「何か」であるが、この「何か」が生成しているかどうかについて、当事者たちは前述定的レヴェルで気づいている[15]。このことは、当事者たちが、「相互作用と呼ばれうるもの」を「自明のもの」として体験・経験していることを意味する。

日常生活を生きている人びとは、自らが「いま―ここ」で体験・経験していることがらがいったいいかなるものであるのかを自覚的に認識していない場合でも、さまざまな体験・経験を重ねている。このときその人びとは、反省的認識を行なわずとも、たしかに「何か」を体験・経験している。このことを別言すれば、それが具体的にいかなるものかが自覚されずとも、たしかに人びとによって、前述定的レヴェルで「自明のもの」として体験・経験されている「何か」があるということである。「相互作用と呼ばれうるもの」は、人びとによって、「自明のもの」として体験・

経験されている「何か」であり、「相互作用と呼ばれうるもの」がいかにして可能かという問いを探究するうえでは、「自明性」を主題的に考察することが重要な鍵になってくると考えられるのである。

これまでの社会学においても、日常生活を生きる人びとによる「自明視」と「社会」の成立の関係性について言及されることはあった。しかしながら、「自明性（自明視）」と「社会」の生成・成立が、どのようなロジックでつながりうるのかについては、まったく明らかにされていないといってよい。おそらくその一因は、「社会」をめぐる分節化が欠けていたことにある。つまり、観察者による「認識の位相」における「社会」と、「自然的態度」において生きている人びとによる「生成の位相」における「社会」、すなわち「社会的なるもの」（＝「社会と呼ばれうるもの」）とを区別し、その「社会的なるもの」に含まれる「相互作用と呼ばれうるもの」と「統一体と呼ばれうるもの」を分節化しなければ、人びとによって「自明なもの」として体験・経験される「社会」とはいかなるものかについて、見当をつけることができないのである。その見当がつかなければ、「自明性（自明視）」と「社会」の生成・成立の関係を問うことはおよそ不可能である。

これらのことから、「相互作用と呼ばれうるものはいかにして可能か」という問いに取り組むうえでは、①「自明性」を主題的に考察する視点と、②「当事者に内属する観点」から探究する視点とが、必要になると結論づけることができる。そして、「統一体と呼ばれうるものはいかにして可能か」という問いが、実質的には、いかにして複数の「相互作用と呼ばれうるもの」が「統一体と呼ばれうるもの」になるのか、という問いであったことを想起すれば、この問いの探究においても、これらの二つの視点を踏まえた探究が不可欠となる。これらの二つの視点に共通するのは、「社会的なるもの」が当事者たちによって生み出され体験・経験されるものであるという見方である。したがって、本書では、当事者たちによって生み出され体験・経験されている「社会的なるもの」がいかにして可能かについて、これらの二つの視点をもとに明らかにしていく。

次章以降では、第二章で、――「自明性」を「自明視作用」の有り様と解したうえで――行為・行動にかんする「自明視作用」を検討し、第三・四章で、「対象の知覚」および「状況の知覚」にかんする「自明視作用」を解明する。そののち、第五章では、社会学における「社会的行為」概念を分節化し、整理する。そして、第二章から第五章までの議論で準備した、「社会的なるもの」の生成を「当事者に内属する観点」から記述・分析しうるための道具立てを活用し、第六章で、「相互作用と呼ばれうるものはいかにして可能か」という問いを、第七章で、「統一体と呼ばれうるものはいかにして可能か」という問いを探究していく。

第二章　行動をめぐる自明視――行為と行動の循環的関係――

「社会はいかにして可能か」という問いをはじめて立てたのはジンメルであった。しかしながら、この問いの核心を明確にするべく再定式化した、「社会的なるものはいかにして可能か」という問いを探究するうえでは、彼の理論の枠内にとどまることはできない。「社会的なるもの」にアプローチするためには、観察者による「認識の位相」と当事者による「生成の位相」を明確に区別し、より適切な道具立てを活用して「当事者に内属する観点」から記述・分析を進める必要があるからである。

前章末尾で指摘したように、「社会的なるものはいかにして可能か」という問いに取り組むうえでは、①日常生活を生きる人びとの「自明性」[16]を主題的に考察する視点と、②「当事者に内属する観点」から探究する視点とが必要になる。しかしながら、「自明性」とはいかなるものなのかについては、これまでの社会学的研究のなかで十分な知見が提示されているわけではない。

第一節　自明視作用と行為理論

「自明性」あるいは「自明視」という語は、これまでの社会学においてもしばしば言及されてきた。それはおそらく、日常生活の「自明性」が、何らかのかたちで「社会」の生成・成立につながっているということを、多くの社会学者が——少なくとも暗黙裡に——受け容れてきたからではないだろうか。だが他方、「自明性」とは何か、あるいは、「自明性」(「自明視」)と「社会」の生成・成立との関係については、決して十分な議論がなされてきたわけではない。この点で、「自明性」あるいは「自明視」という語の社会学における用いられ方は、前章で述べた「社会的なるもの」という語の社会学における用いられ方と類似する面がある。

端的にいえば、「自明性」とは、自明視の有り様(ないしその性質)であり、「自明視」とは、人が何かを自明のものとみなす作用だといえる。この意味で、「自明性」について問うときには、「人が—何かを—自明のものとみなす」作用としての「自明視作用」の有り様が主題となるのだが、この「自明視作用」に目を向けるということは、「自明視している作用」と「自明視していない作用」とが分析的に区別できることを前提として、可能となる。もし両者のあいだの区別が不可能であれば、「自明視」について研究することはできない。したがって、はじめに、「自明視している作用」と「自明視していない作用」との区別について考察していく。

「自明性」は、われわれが営む日常生活を根本的に特徴づけるものだといわれてきた。われわれは、「いつもどおり」のものとして日常生活を自明視している。たとえば会社員や学生であれば、休日以外のほぼ毎朝、「いつもどおり」のこととして起床して身支度をし、朝食を摂り、通勤や通学のために家を出るかもしれない。このとき、ほとんどの日常的活動は、とくに意識することなく、きわめて「当たり前(自明)」のこととして行なわれている。たとえば、洗面所で蛇口をひねる前に、蛇口のひねり方について思案に暮れることはなく、自明のこととして蛇口をひねるだろうし、自宅を出る際、玄関のドアをどのように開けるかについてとくに意識を向けることもないだろう。そればかりではない。朝、或る人が通勤や通学のために支度をするのは、その人が、朝になれば太陽が昇るということ、通うべき会社や学校が存在し、定まった時刻までにその場所に行く必要があるということ、さらには世界が存在し、自分が人間として多くの人びととの多様なやりとりのなかで生活を送っていることなど、数えきれないほどの多くのことがらを自明視しているからだといいえる。

では、それらの「自明視している作用」は、いかなる点で、「自明視していない作用」と区別されるのだろうか。この区別について考察するうえでは、無数にある「自明視作用」のうち、まずどれに焦点を合わせるかがひとつのポイントとなる。そこで前述の事例をもう一度振り返ってみると、いくつか気づく点がある。そのうちのひとつは、自明視作用には、たとえば洗面所で蛇口をひねることを自明視しているときのように、外的行動が伴う場合もあるし、朝になれば太陽が昇ることを自明視しているときのように、外的行動が伴わない場合もあるという点である。では、外的行動を伴う場合と伴わない場合とでは、どちらのほうが、より考えやすいだろうか。個々の自明視作用において、何が自明視されているのかがより分かりやすいのは、おそらく外的行動を伴う自明視作用のほうだろう。その外的行動を手がかりとして、当の自明視作用について記述・分析することが可能となるからである。これに対して、外的行動を伴わない自明視作用には、そうした手がかりがなく、当の作用において何が自明視されているのかを論じることが、より難しくなる。したがって、以下では、「自明視している作用」と「自明視していない作用」との区別を考察するために、外的行動を伴う自明視作用に焦点を定めたい。

外的行動を伴う自明視作用については、まず、その作用において当の「外的行動」が自明視されている可能性を想定することができる。そして、特定の外的行動が自明視されている作用に目を向けるためには、その前提として、われわれの日常生活において、何らかの「活動（activity）」が自明視されている場合と、それが自明視されていない場合とが区別できている必要がある。では、この二つの場合はいかなる点で区別できるのだろうか。

社会学においては、人間の「活動」について厳密に考察するとき、概念定義上、「活動」にともに含まれる「行動」と「行為」が区別される。そして、この「行動」および「行為」をめぐる理論、あるいは、「行動」から区別される「行為」にかんする理論は、行為理論とよばれてきた。したがって、社会学の行為理論においては、最初に、行動と行為を区別する基準に言及されたり、その基準自体が検討課題とされたりすることが一般的である。M・ウェーバーは、社会学における行為理論の嚆矢ともいわれる著作のなかで、行為者が当の活動において、「意味づけをしている」のか、あるいはそうではないのかを基準とし、行動一般と行為を区別している（Weber［1921］1960）。これは、「主観的意味の付与」を基準とする行為の定義として広く知られており、行為とは、「主観的意味が付与された人間行動」であり、それ以外の活動は行動一般とみなされることになる。

行為理論における「行為」概念の定義にかんする議論は、自明視されている活動と自明視されていない活動とを区別する基準を考えるうえで、参考となる。「自明視されている活動」は、とくに意識することなく「自明のもの」とみなされている以上、行為者の主観的意味は付与されていないといってよい。また、「主観的意味を付与された」人間行動としての「行為」は、意識的に意味づけられているがゆえに「自明視されていない活動」だといってよいだろう。そこで、自明視されている活動と自明視されていない活動との相違を考察するために、行為理論を参考にすることにしたい。

第二節　シュッツによる行為概念の彫琢

先にも述べたようにウェーバーは、行為者自身による「主観的意味の付与」を基準として「行為」概念を定義した。だが、行動と行為を区別する基準としての、この「主観的意味」概念が、その曖昧さゆえに批判されてきたことは周知のとおりである。シュッツは、行為における「主観的意味」に注目するウェーバーの洞察をきわめて高く評価するがゆえに、この「主観的意味」概念の分節化の不十分さを批判し、この概念を彫琢しようとした。のちの議論を先取りして簡潔にいえば、シュッツは、ウェーバーのいう「主観的意味の付与」という基準を、「企図の選択」という、より厳密な基準へと展開し、「行為の企図の理論」としての行為理論を提示したのである。

今日的観点から、シュッツによる行為理論の批判的展開をめぐる、社会学者による認識を一瞥すると、シュッツのウェーバー批判自体はよく知られている一方で、シュッツによる「彫琢」の社会学における意義は、かなり限定的に

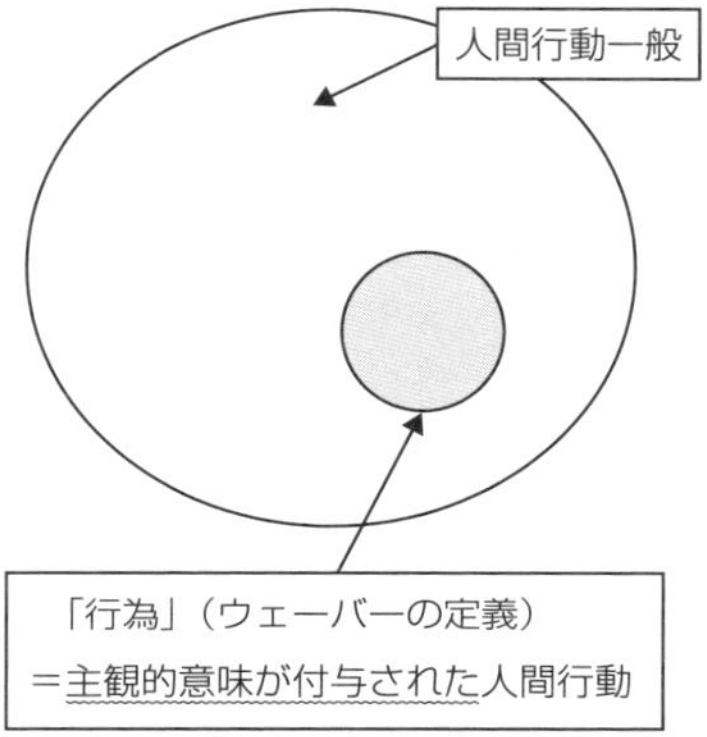

図２－１　ウェーバーの「行為」概念

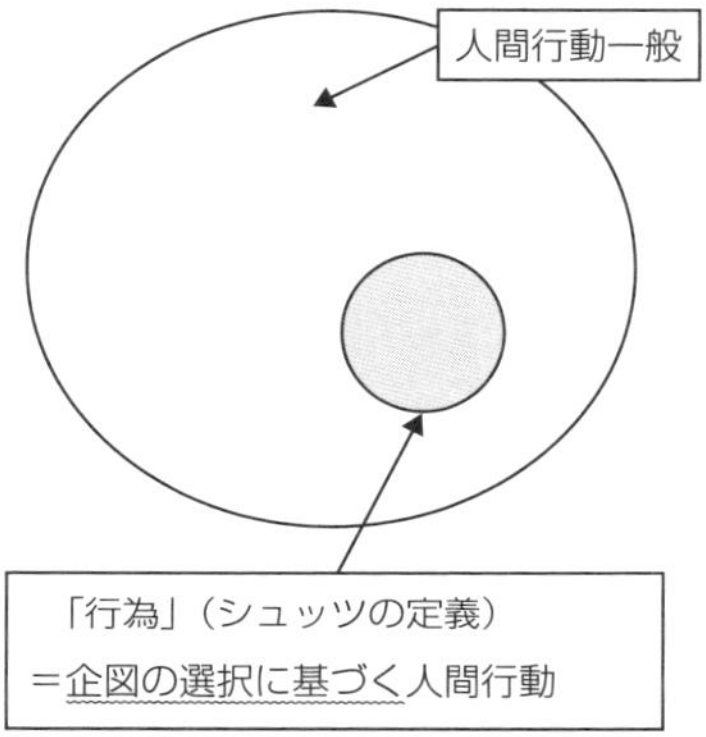

図２－２　シュッツの「行為」概念

しか理解されていないようにも思われる。しかしながら、シュッツが「彫琢」した行為理論は、「外的行動を伴う自明視作用」を分析するうえできわめて有用な知見を提供してくれる。つまり、シュッツの行為理論には、「自明性」（「自明視」）の謎に切り込むための理論的道具立てが含まれており、このことは、これまでに明示的に指摘されてはいないものの、社会学において彼の行為理論が有する重要な意義のひとつなのである。では、シュッツの行為理論は、いかなる点で「外的行動を伴う自明視作用」の分析に役立つのか。

　シュッツは、行為者自身による「企図の選択」がなされているかどうかが、「行動一般」と「行為」を区別する基準であると論じる。ウェーバーが主張する「主観的意味の付与」という基準を、行為者自身の「企図の選択」として解釈するならば、その基準の曖昧さは払拭され、厳密に「行為」概念を定義することが可能になる。しばしば現象学的基礎づけともよばれる、この「行為」概念の厳密な分析こそが、「自明視作用」を解明するためのいわば「補助線」ともなる理論的道具立てを提供してくれる。

　シュッツの「行為の企図の理論」の基礎には、「体験」と「経験」の区別にかんする洞察がある（Schütz 1932: 29-41, 72-93）。彼は、「反省的なまなざし」を向けられることによって、（ほかの体験から）際立たせられた体験のことを、「経験」とよんで体験一般から区別する。そして、この「反省的なまなざし」を向けられた体験としての「経験」においてこそ、個々人は、その体験に「意味」を結びつけていると洞察する。つまり、或る体験に「反省的なまなざし」が向けられてそれが有意味なものとなるときに、「経験」が生じるのである。この「経験」は、のちにあらためて「反省的なまなざし」が向けられることがない限り、「意識の流れ」に沈澱していく。シュッツは、この「体験」と「経験」の区別にかんする洞察を、ウェーバーが行動一般と行為を区別するときに用いた「主観的意味の付与」という基準に援用し、それによって「行為」概念を彫琢しようとする。

シュッツは、「行為の企図の選択」と題する論文において、「行為（action）」とは、「前もって考えられた企図に基づいている進行中の過程としての人間の行動（conduct）」（Schutz［1951］1962: 67＝1983: 135）であると定義する。ここで言及されている、「前もって考えられた企図」とは、行為者によって空想的に想像された複数の企図のうちから「選択」(17)された「企図」を指す（Schutz［1951］1962: 68, 78＝1983: 137, 149-50）。彼は、「反省的なまなざし」が向けられているか否かを基準として、「体験一般」と「経験」を区別していた。その知見は、行動一般と行為を区別するために、「企図の選択」に基づいているか否かという基準として、援用されているといってよい。つまり、「行為」概念の定義の文脈においては、「体験一般」と「経験」を区別する基準である「反省的なまなざし」は、「企図の選択」として言い換えることができるのである。シュッツの行為理論が行為の企図の理論であるというのは、もっとも端的に言えば、こうした分析を通した「行為」概念の洗練に由来する。

では、行為の企図の理論は、いかなる意味で「外的行動を伴う自明視作用」の解明のための補助線となりうるのか。これを明らかにしていくためには、「行為」がかたちづくられていく過程について、詳細に分析しておく必要がある。「行為」の文脈における「反省的なまなざし」としての、「企図の選択」がなされる過程を分析することで、「外的行動を伴う自明視作用」において、いったい何が自明視されているのかを理解するための糸口が得られるからである。

シュッツの「行為」概念の定義においては、諸々の行動一般のうち、「企図の選択」に基づいているものが「行為」として定義される。この定義のロジックは、**図2-1**とならべて**図2-2**で示しておいたように、「主観的意味」が付与された行動を「行為」と定義するウェーバーのロジックと同様である。ところで、このロジックで定義される「行為」について考察するときには、あらかじめ留意しておくべき点がある。それは、当の「行為」の行為者自身の観点あるいは行為者に内属する観点と、その行為者本人以外の観点との相違に関係する。かりに行為者本人以外の観点、たとえば「観察者」の観点から、前述の「行為」の定義のロジックに依拠して特定の「行為」を認識するときには、それは、「行動一般」から明らかに区別される「行為」として、認識されることになるだろう。しかしながら、日常生活を生きている、当の「行為」の行為者自身の観点からは、当の「行為」は、自らによる何らかのべつの「行動」と、密接に「関連」していたり、「連続」していたりする。この留意点について、議論を先に進める前に、例を挙げて確認しておきたい。

この例としては、「見ること」と「凝視すること」の関係で考えてみると、おそらくイメージがしやすい。たとえば、街中で散歩中にビルの看板を「見ること」と、自宅の部屋で裁縫をしていて針の穴を「凝視すること」のあいだには、何の関係もなく、それらはまったくべつものだといえる。だがもし、駅で偶然、旧来の友人に似た人を「見ること」があり、それがその友人であるかどうかを確認しようと、その人の後ろ姿等を「凝視すること」があったとすれば、これらの「見ること」と「凝視すること」とのあいだには連続性がある。またこのとき、「凝視すること」には、「見ること」が時間的に先行している。概念定義上は、「見ること」と「凝視すること」は、「行動一般」と「行為」の区別と同様のロジックで、「見ること」一般のうち、「凝視すること」が、或る対象に集中して意識を向けて目を凝らすという点で区別される関係にある。しかしながら、日常生活においては、「凝視」は、つねに何らかの「見ること」の後に、それとの「関連性」あるいは「連続性」のもとで、行なわれているのである。このことは、「行動一般」と「行為」の関係にもあてはまる。そして、日常生活における、（何らかの）「行動」と「行為」のあいだの「連続性」や「関連性」を念頭に置いておくことは、シュッツの行為理論の知見を「自明視作用」の分析に活用するうえでの布石となる。

第三節　熟慮という経験の諸位相

（1）熟慮という経験

シュッツが行動一般と行為を区別する基準である「企図の選択」は、いくつかの位相からなる動態的な作用である。「企図の選択」には、たとえば、諸々の企図が選定され、その諸企図のうちから或る企図が選択（・決断）され、実際に行為がなされる、そうした分析的に区別しうる位相が含まれる。そして、このそれぞれの位相は、相互に関係づけられながら、段階的にかたちづくられていく。つまり、連続するこれらの段階（位相）からなる、ひとまとまりの経験こそが、「企図の選択」だといえる。

シュッツは、「企図の選択」の過程について分析するうえで、「見事なまでに適切な表現」と述べつつ、J・デューイによる「熟慮」をめぐる記述に言及している（Schutz［1951］1962: 78＝1983: 149）。だがシュッツは、たんにデューイの知見を高く評価して参考にしたというわけではない。むしろ、彼は、デューイの「熟慮」概念に潜在的に含まれている着想に注目し、その着想を分節化したうえで、自らの行為理論で活用していると考えるほうが、より適切である。

シュッツは、「自明視されている客観的に所与の全体から、当面の目的にとって関連《レリヴァント》がある要素を主観的に規定して選定することは、全く新しい経験、つまり懐疑、疑問視、選択と決断、一言でいえば熟慮という経験をひき起こす」（Schutz［1951］1962: 77＝1983: 148）と述べている。彼にとって、「熟慮という経験」とは、「懐疑、疑問視、選択と決断」という諸位相からなる経験である。また彼は、諸論稿のなかで「熟慮」概念に言及するときには、それがデューイによって定式化された概念であることをつねに示している。だが、デューイ自身の定式化を確認すれば、「熟慮」とは、「行為の、競い合っているさまざまな可能な方向を、想像のうえでドラマティックに試演してみること」（Dewey

1922: 190）だと簡潔に定義されている。ここから気づくことは、シュッツとデューイには、「熟慮」について考察するときに、強調点の相違があるということである。つまり、シュッツが「熟慮」に言及するときには、それが、「選定、懐疑、疑問視、選択、決断」という一連の経験である点に重きが置かれている。これに対して、デューイにとっては、「熟慮」について語るときのポイントは、シュッツのいう「選択」の位相にあたる「ドラマティックな試演」にあり、シュッツが述べる一連の「熟慮という経験」のうちのそのほかの位相は、視野に入っており言及はされるものの、いわば相対的に後景に退いているのである。

ここから解釈しうるのは、シュッツにとっては、デューイの「熟慮」概念は、きわめて示唆的ではあるものの、シュッツの想定する「企図の選択」の過程を記述するうえでは十分ではなかったのではないか、ということである。実際、シュッツは、デューイの「熟慮」をめぐる分析への賛同を示したのちに、「だが、デューイによって論じられた問題の背後には、もうひとつの問題が現われてくる」（Schutz［1951］1962: 78＝1983: 149）と述べている。その問題とは、行為の諸企図間での「選択」における「選択肢」は、どのようにしてかたちづくられたり与えられたりするのか、という問題である。これは、デューイの述べる「ドラマティックな試演」という「選択」がなされる以前の位相に関係する問題だといえるだろう。

以下では、シュッツが述べていた、選定、懐疑、疑問視、選択、決断という「一連の経験」としての熟慮については、「広義の熟慮」あるいは「熟慮という経験」と呼び、「選択」あるいは「ドラマティックな試演」としての熟慮を指す場合は「狭義の熟慮」あるいはたんに「熟慮」と表現し、それらを区別したうえで、「熟慮という経験」（＝「広義の熟慮」）の諸位相を分節化していきたい。

「熟慮という経験」（＝「広義の熟慮」）とは、「選定、懐疑、疑問視、選択、決断」からなる継起的な経験だといえるが、この核となっているのは、やはり「選択」（＝「狭義の熟慮」）だろう。この意味で、「ドラマティックな試演」（＝「選択」）によって「熟慮」を定義しようとしたデューイは、――シュッツも指摘していたように――要点を衝いているといってよい。しかしながら、これをべつの角度からみれば、「選択」という「(狭義の)熟慮」を核としつつ、それに欠かせないその前後の位相を合わせた継起的な経験こそが、「熟慮という経験」(「広義の熟慮」)だともいえる。このことを踏まえて、「熟慮という経験」の諸位相を整理すれば、「熟慮がひき起こされる位相」「熟慮の位相」「熟慮の終息の位相」の三つに分けることができるだろう。

以下では、この三つの位相をそれぞれ記述していくのだが、議論の見通しをよくするために、先に、このそれぞれがいかなる位相であるのかについて、ごく簡潔に述べておきたい。「熟慮がひき起こされる位相」とは、まったく疑問視されていない状況(「自明視された状況」)が、なんらかの理由で懐疑、疑問視され、「問題的状況」となる位相のことである。そして、「熟慮の位相」とは、問題的状況に対処するために、選定された諸企図が比較衡量され、そのうちのひとつの選択肢が選択されていく位相のことであり、「熟慮の終息の位相」とは、最終的に或る企図が選択され、その行為の実行が決断される位相のことである。この「熟慮という経験」(「広義の熟慮」)の諸位相を以下で分節化しておくことは、おそらく、「自明視された活動」と「自明視されていない活動」との相違を理解するための、貴重な補助線となるだろう。

(2) 熟慮がひき起こされる位相

「熟慮がひき起こされる」のは、「疑問視されていない状況」が「問題的状況」となるときであるが、このとき或る状況を「疑問視していない」のも、また、何かのきっかけでその状況を「問題的」とみなすのも、ともに行為者自身である。だとすれば、行為者自身による「状況」についての認識の変化が、「熟慮」をひき起こすといってよいだろう。では、この「認識の変化」はどのようにして生じるのだろうか。これを考察するには、まず、疑問視されていない状況と問題的状況のあいだの相違点を確認するのがよいだろう。この相違点は、「選定」と「選択」の区別を踏まえることでよりよく理解できる。したがって、これらを区別したうえで、とりわけ――誤解の生じがちな――「選定」とはどのようなものなのかみていきたい。

「選定（selection）」と「選択（choice）」は、混同して用いられることが多いが、とりわけ行為理論の文脈では明確に区別する必要がある。簡潔にいえば、「選定」とは、複数の選択肢間の比較を行なうことなく、選択肢をただ単に選び出す活動であるのに対して、「選択」とは、複数の選択肢を比較衡量し、そのなかでより望ましいと思われるひとつの選択肢を選び出す活動である（Schutz［1943］1964: 77-8＝1991: 114-6）。「選定」と「選択」は、ともに何かを「選び出す」活動なのだが、これらを区別する基準は、複数の選択肢のあいだで「比較衡量」がなされるかどうかだといってよい。

「選定」は、われわれの「関心」ときわめて密接な関係がある。「関心」とは、つねに「何かへの関心」である。「関心」という概念には、関心が向けられる「何か」との関係があらかじめ含意されているのである[18]。つまり、「関心をもっている」ということは、その「関心」に関連する「何か」を「選定すること」を意味しているのであり、このとき選定される「何か」は、関心に従って——複数の選択肢間の比較衡量なしに——ただ単に行為者自身に与えられるのである。

ところで、われわれの日常生活は、それを意識しているかいないかにかかわらず、われわれの現勢的な関心（prevailing interest）——精確にいえば、「現勢的な諸関心のシステム」（Schutz［1951］1962: 76＝1983: 147）——に従って進んでいく。日常生活では、そうした諸関心のシステムとの相関のもとで、つねに「選定」という作用がなされ続けているのである。たとえば、朝、通勤ないし通学前、洗顔のために洗面所に行ったとすれば、とくに意識することなく、蛇口をひねって水を出すだろう。このとき、洗面所には、洗面台を掃除するためのクレンザーやスポンジなども置いてあるかもしれないが、洗顔をしながら、それらに意識を向けることはおそらくない。そして洗顔後には、いつもどおりの場所にあるタオルで顔を拭うのである。この例においては、「いつもどおりに洗顔すること」をめぐるプラグマティックな関心[19]（および「当面の目的」）に従って、疑問の余地なく、蛇口をひねる行動が選定されており――クレンザーやスポンジは、洗顔に関連がないものとみなされ――、洗顔後には、続いていつもどおりの場所にあるタオルで顔を拭うという行動が選定されているのである。このとき、複数の選択肢のあいだでの比較衡量は生じていない。このように、日常生活の多くの状況において、われわれは、疑問の余地なく、諸関心のシステムに従って「選定」し続けているのである。したがって、日常生活における「疑問視されていない状況」とは、もっぱら「選定」作用のみがなされ続けている状況だということができる。

では、この「疑問視されていない状況」が「問題的状況」となるのはどのような場合か。日常生活においては、いつもどおりの行動をするつもりだったにもかかわらず、それが何らかの理由で妨げられることがある。たとえば、たったいま述べた洗顔の事例で、蛇口をひねっても水が出てこない場合を想像してみよう。このとき、いつもどおりに洗顔することはできなくなる。断水の可能性や水道機器の故障の可能性が頭に浮かぶかもしれないが、どちらにせよ洗顔できないのはたしかである。家族と同居していれば、すぐに家族の誰かにそのことを伝えるかもしれないし、独り暮らしであれば、台所に行って蛇口をひねり、水が出るかどうか確認するかもしれない。しかし、結果として何をするにしても、水が出ない洗面所で、いつもどおりの行ないは妨げられている。つまり、「連続していた行ないが断ち切られ、しかも問題という形で現われたその分断によって、その問題に直面していた過去の経験が示している複数の選択肢……を立ち止まって試演せざるをえなくなった」（Schutz［1943］1964: 77= 1991: 114）のである。疑問の余地のないものとして「連続して」なされていた行ない――「選定」作用――が、何らかの問題に直面したために「分断」され、立ち止まって考えざるをえないこの状況、これが「問題的状況」である。直面する問題はさまざまだろうけれども、「疑問視されていない状況」は、いつもどおりの行ないを妨げる何らかの「問題」に直面することで、「問題的状況」となるのである。

問題的状況においては、いつもどおりの行ないが妨げられ、中断している。行為者は、その状況に対処するため、「行為の、競い合っているさまざまな可能な方向を、想像のうえでドラマティックに試演」し、そうした選択肢間の比較衡量を通じて「選択」する。これがまさに「（狭義の）熟慮」なのだが、「熟慮がひき起こされる」のは、疑問視されていない状況が問題的状況へと変わるときなのである。但し、日常生活でいつもどおりの行ないが妨げられた場合のすべてが、「熟慮」をひき起こすわけではない。たとえば、自宅の机で書類に必要事項を記入しているとき、使っていたボールペンのインクが切れてしまった場合を考えてみよう。この場合、たしかに連続していた行ないは中断を余儀なくされる。だが、手元にインクの切れていないボールペンがほかにあれば、とくに意識することなくそのインクの切れていないボールペンに持ち替えて、問題なく書類への記入を続けることができる。この例においては、行ないは中断されていても、「熟慮」はひき起こされていない。この一連の過程のなかで、「複数の選択肢間の比較衡量」はなされていないのである。この「比較衡量」が、「選定」と「選択」を区別する基準であることはすでに述べた。端的に定義すれば、「問題的状況」とは、何らかの問題が生じる諸々の場合のうち、それに続いて「熟慮」がなされる状況であり、「選定」作用がなされ続けている「疑問視されていない状況」が「問題的状況」に変わるとき、「熟慮」がひき起こされるのである。

（3）熟慮の位相[20]

「熟慮」における複数の選択肢間の比較衡量は、どのようになされていくのだろうか。この比較衡量は「選択」にいたる過程だといえるが、この「選択」の過程を考察するうえでは、われわれが行為の諸々の「企図」間で比較衡量し選択する場合と、諸々の「対象」間で比較衡量し選択する場合との相違に留意する必要がある。これらは、「選択肢のつくられ方」に違いがあるからである。

等しく「到達可能な範囲内」にある、複数の対象間で選択しなければならない場合、まず、そうした諸対象が選択肢として「選定」される。たとえば、一本のペットボトル飲料を買おうとして、コンビニエンスストアの飲料コーナーの前にいるとしよう。そこでは、多様な種類の飲料が視界に入っているはずだが、店舗によっては百種類ほどあるすべての飲料についてひとつずつ順に確認していくわけではない。そこでは、自分の好みに応じて、そのうちのいくつかの飲料が購入の候補として浮かびあがってくるのである。このとき、——詳細な銘柄の違いは省略して——「オレンジジュース・ミネラルウォーター・紅茶」の三つのうちのどれかを買いたいと思っているとすれば、これらの三つの対象は、一本のペットボトル飲料を購入するという関心に従って、ひとまとまりの選択肢として「選定」されている。そして、その選択肢としての三つの飲料（対象）が、「選択」に付されているのである。この諸対象間の選択において特徴的なのは、「選択」に付される「オレンジジュース・ミネラルウォーター・紅茶」という選択肢はすでにできあがっており、輪郭がはっきりしていることである。こうした「すでにできあがっている」選択肢間で、比較衡量が進んでいくのだが、この選択肢が「すでにできあがっている」と表現しうるのは、これらの対象を比較衡量するなかで、諸対象自体は変化しないからである。この点は、行為の諸企図間の選択の場合と対比することで、より明瞭になる。

諸企図間での選択の場合は、直面している「問題的状況」に対処するために、諸企図が「（空想的に）想像」される。企図が「想像」だというのは、それが、その想像の時点においてはいまだ何も確定していない未来の行動を予想する経験だからである。そして「想像」を通じて見出された諸々の——未来の「行為経路」としての——諸企図が、選択に付されるのである。諸対象間の選択の場合と比べてみれば、選択肢としての諸企図は、決して「すでにできあがっている」わけではない。前述の洗顔の事例をもとに考えてみよう。

朝、通勤前ないし通学前の洗顔の際に蛇口から水が出ないというのが先の事例だったが、よりポイントを明確にするために、行為者は独り暮らしだと仮定する。洗面台の蛇口から水が出ない場合、すぐに思いつくのは、台所や風呂場に行って蛇口から水が出れば、そこでとりあえず洗顔等を済ませるということかもしれない。だが、もし自宅にある台所や風呂場などのほかの蛇口のすべてから水が出なければ、それは明らかに「問題的状況」となる。水道水が使用できないということは、洗顔・歯磨き等のいつもどおりの朝の身支度に著しく支障が生じるということである。また、そのトラブルの原因（水道機器の故障や断水など）を究明し、対処することも必要になってくる。そこで、「行為の、競い合っているさまざまな可能な方向を、想像のうえでドラマティックに試演してみる」のである。簡単に想像してみても、いくつかの行為経路（企図）がありうるだろう。たとえば、自宅にミネラルウォーターが常備してあれば、とりあえずそれで代用してその朝は急場をしのぐか（「企図A」）、とにかく早めに家を出て、通勤ないし通学途中の公共施設（公園など）で洗顔や歯磨きをするか（「企図B」）、あるいは水道局などに電話して確認し、そのトラブルへの対処が急を要するものであれば、会社や学校などに連絡して事情を説明するか（「企図C」）、などである。競合するこれらの企図が、その企図に基づいた未来の行為の結果も含めて「ドラマティックに試演」され、比較衡量されるのである。

この選択肢としての諸企図は、諸対象が選択肢だった場合と異なり、「すでにできあがっている」わけではない。というのは、この諸企図は、問題的状況にある当の行為者が、過去の経験に基づいて、「想像」[21]によって徐々にかたちづくるものだからである。たとえば、「企図A」が想像されているとき、まだ「企図B」や「企図C」は思い浮かべられていない。そして、ミネラルウォーターの代用（「企図A」）は、自宅にミネラルウォーターが常備してある場合には選択肢のひとつとして徐々にかたちづくられるだろうが、いつも水道水を飲むことを好んでいて自宅にミネラルウォーターがないことがはっきりしていれば、選択肢として実行可能でないがゆえに想像されることもない。この意味で、選択肢としての諸企図は、あくまで行為者が、自身の過去の経験に基づいて、実行可能性のある選択肢として、「想像」によって徐々にかたちづくるものであって、諸対象間の選択の場合のように、熟慮し始めた時点で、ひとまとまりの選択肢が与えられるわけではないのである。

さらに、諸企図間の選択の場合には、諸企図が想像によって「徐々にかたちづくられる」なかで、そしてそれらが「比較衡量」されるなかで、選択肢としての諸企図自体の意味(内容)が変わっていくという特徴もある。前述の例で、「企図A」から「企図B」、そして「企図C」の順に選択肢が想像され、「企図C」に基づく行為の結果までが「試演」

されたとする。そののちに、再び「企図A」に立ち戻ったとしても、そのとき「企図A」には、はじめに想像されたときとは異なる意味が加わっているのである。具体的にいえば、「企図C」においては、「トラブルへの対処の緊急性の確認」が想像されていた。ということは、そのトラブルの原因が、近隣住民にも被害が及ぶような重大なものである可能性にまで考えが及んだということである。かりに自宅ないし自宅近辺で水道管が破裂していれば、自身の朝の身支度などよりも、そのトラブルへの迅速な対処こそが必要になってくる。だとすれば、「企図C」を想像した後には、「企図A」や「企図B」という選択肢にもう一度目を向ける場合も、新たに「トラブルへの迅速な対処の必要性」という事情を念頭に置くことになるのである。

整理すれば、諸対象間での選択と諸企図間での選択のあいだの相違とは、「選択肢の与えられ方」についての相違だといえる。つまり、諸対象間の選択においては、選択肢は、いわば「外的時間」において同時に存在しているのに対して、諸企図間の選択の場合は、選択肢は、「内的時間」において継起的につくり出されるのである。諸対象間の選択においては、先の例でいえば、オレンジジュースから目をそらし、紅茶に目を向け、もう一度オレンジジュースに目を向けても、オレンジジュースはもとのままであり変化していない。この意味で、諸対象は外的時間において同時に存在している。これに対して、諸企図間での選択においては、或る企図に目を向けていたひとつの意識状態から、その企図を捨て去り、それに続く意識状態に移行し、もう一度最初の意識状態へと戻るときには、行為者があらためて目を向ける企図は、新たな事情が加わっているという意味で、もはや行為者が捨て去った企図と同一ではないのである。この意味で、未来の諸行為のいくつかの企図は、諸対象のように外的時間において同時に存在してはおらず、内的時間において継起的かつ動態的に創出されるのである。

(4) 熟慮の終息の位相

或る問題的状況における「熟慮」は、ずっと続くわけではない。問題的状況には、時間的制約も含まれており、その制約のなかで、熟慮を通じた選択・決断がなされる必要がある。「選択」とは、――「選定」とは異なり――「比較衡量」を通じて、競合している諸々の好み（選択肢）の中から、ひとつの統合された好みが際立ってくることであり、「熟慮の終息の位相」とは、この選択・決断がなされる位相のことである。もう一度、先の蛇口から水が出ない事例を引き合いに出そう。その事例においては、会社や学校の始業時刻という制約があるなかで、その「問題的状況」に対処するための企図を選択・決断しなければならない。かりに、「企図A（ミネラルウォーターの代用）」「企図B（公園等の公共施設の洗面台を利用）」「企図C（水道局などに電話確認）」の三つを比較衡量したのち、「企図C（水道局などに電話確認）」を選択したとする。それによって熟慮は終息するのだが、その選択された企図は、その実行が決断されることで「外的行為」がなされることになる。

「熟慮の終息の位相」においては、諸企図のなかから或る企図が選択され、その「選択された企図」に基づく行為が決断・実行される。ここで、シュッツが「企図の選択」を基準として行動一般と行為を区別するロジックが、「反省的なまなざし」を基準として体験一般と経験を区別するロジックを踏まえたものだったことを思い起こそう。「体験」と「経験」とが区別され、かつ連関しているその有り様が、「熟慮の終息の位相」における或る特徴を示唆しているからである。

意識の流れにおいて、或る体験に「反省的なまなざし」が向けられ縁取られることによって、それは「経験」となる。その「経験」は、決してそののち消失してしまうわけではなく、意識の流れに「沈澱」する。「経験が沈澱する」と表現しうるのは、「経験」は、たとえその後しばらくその「経験」に目が向けられることはなくても、意識の流れにおいて保持されているからである。それゆえ、ふたたび目を向けようとしたときには、それは縁取られた経験として記憶から呼び起こされる。これと同様に、「企図の選択」に基づいてなされた行為も、ひとつの「経験」として意識の流れに沈澱していくのである。そしてその「経験」は、それ以降、状況に応じて記憶から呼び起こされるという意味で、将来のその人の行動および行為に関係していくことになる。

朝の洗顔の際に蛇口から水が出ないという先の事例で、ひき続き確認しておこう。「熟慮の終息の位相」において、三つの企図のうち、「企図C（水道局などに電話確認）」が選択され、水道局への電話が「行為」として実行されていた。このとき、もし実際に自宅近辺で水道管が破裂していたとすれば、迅速な通報は、被害を最小限に食い止めることにつながるだろう。この「経験」は、その行為者の意識の流れに「沈澱」することになる。一般的にいえば、水道管の破裂事故に直面することはきわめて少ないし、そもそも、整備やシステム化の進んだ昨今の水道事情では、事前に伝えられた断水等の場合を除き、いつもどおり使用している自宅の蛇口から水が出ないという状況もほとんどない。したがって、それ以後、行為者がその「行為」について思い起こすことはないかもしれない。しかしながら、その行為者が、もう一度「自宅の蛇口から水が出ない」という状況に直面したとしたら、どうだろうか。そのときは、「熟慮」することなく、あたかもインクの切れたボールペンをほかのボールペンに持ち替えるのと同じように、ほぼ反射的に「水道局に電話する」かもしれない。この意味で、「経験」として意識の流れに沈澱する、過去になされた行為は、それ以後のその人の活動を規定するのである。

第四節　行為と行動の循環的関係——行動の自明視——

ここまで、シュッツの行為理論をもとに、具体例を用いながら、「熟慮がひき起こされる位相」「熟慮の位相」「熟慮の終息の位相」のそれぞれを確認してきた。「熟慮がひき起こされる位相」とは、「選定」作用がなされ続けている「疑問視されていない状況」が、「熟慮」につながる「問題的状況」に変わる位相のことである。また、「熟慮の位相」とは、「問題的状況」に対処するため、選択肢としての諸々の（行為の）企図が、内的時間において継起的かつ動態的に創出され、そうした諸企図が比較衡量される位相のことであり、「熟慮の終息の位相」とは、比較衡量された諸企図のうちのひとつが「選択」され、その企図に基づく行為が決断・実行される位相のことである。そして、実行された「行為」は、「反省的なまなざし」をとおして縁取られた「経験」として、意識の流れに沈澱していく。

シュッツが行動一般と行為を区別する基準は、「企図の選択」であった。そこには、行動一般のうちで、「企図の選択」に基づく行動が「行為」と呼ばれるというロジックがある。「熟慮がひき起こされる位相」「熟慮の位相」「熟慮の終息の位相」にかんする前節の考察を踏まえれば、この三つの位相とは、「行為」を行動一般から区別する基準である「企図」が、行為者自身によって一歩ずつ構築され、「選択」される過程をまさに示しているといえる。つまり、それらの連続する三つの位相とは、「行為」の過程について、行為者に内属する観点に立って記述・分析するときに分節化しうる位相なのである。

「行為」概念を彫琢するなかで、シュッツが、「進行中の過程の行為」(action) と「その結果としての行為」(act) との区別を重視していたことは、よく知られている。彼がこの区別を繰り返し強調した理由のひとつは、ウェーバーが行為を定義する基準である「主観的意味の付与」について、「観察者にとっての意味」と「行為者自身にとっての意味」が、明らかに異なる点に注意を喚起することにあった[22]。シュッツは、観察者が無自覚に、(観察者)自身の用意した「プロテクルスの寝台」に合わせて行為者自身の「主観的意味」を切断してしまうことの危険性に警鐘を鳴らそうとしたのである。それゆえ彼は、「進行中の過程の行為」(action) が、行為者自身にとってかたちづくられる有り様を記述することを通じて、「行為」を研究する社会学者が、行為者自身の主観的観点――行為者(行為の当事者)に内属する観点――を扱うための土台を提供しようとした。「熟慮がひき起こされる位相」「熟慮の位相」「熟慮の終息の位相」とは、行為者自身にとって、「進行中の過程の行為」(action) がかたちづくられるときの諸位相を示している。つまり、ウェーバーが想定していた、行為者による「主観的意味の付与」とは、行為者自身の観点からいえば、これらの三つの位相を段階的に経由することによってなされる「企図の選択」であり、「企図の選択」がなされることの過程があるかどうかが、行動一般と行為を区別する基準となるのである。シュッツの行為理論が「行為の企図の理論」とよばれるのは、この意味で、「行為」概念の定義における行動一般と行為を区別する基準が、「企図の選択」であることを示し、その有り様を詳細に記述しているからなのである。

今日、社会学者のなかで、「観察者にとっての意味」と「行為者自身の意味」との相違をまったく考慮しないような研究者はいないだろう。この意味で、シュッツが鳴らした警鐘は、大いに意義があったといえる。だが他方、次のような「問い」が投げかけられることがあるのもたしかである。すなわち、観察者の観点と行為者自身の観点の区別を踏まえたうえで、シュッツの「行為の企図の理論」は、いかなる意味で社会学的研究一般に活かすことが可能なのか、という「問い」である。この問いに応えるための鍵が、「行為の企図の理論」を踏まえた「自明性」(「自明視作用」)の分析にある。

行動一般と行為は、「企図の選択」に基づいているか否かによって区別されるが、行為者自身の観点に立てば、行動と行為のあいだには二種類の「連続性」がある。第一の種類の連続性は、第二節の末尾で述べた、「見ること」と「凝視すること」のあいだにみられるような連続性である。第二の種類の連続性は、或る「経験」が「意識の流れ」に沈澱し、その後、何らかの状況において、その経験にふたたび「反省的なまなざし」が向けられる場合の、「体験」と「経験」の連関によく似ている。前節の議論を踏まえて、この点を明らかにしてみよう。

日常生活においては、何らかの問題に直面し、「問題的状況」が生じるまで、人は何ら疑問視することなく、さまざまな行動を続けている。そうした諸々の行動は、比較衡量なしに、諸関心(のシステム)に従って選び出されているという意味で、「選定」されているといってよい。しかしながら、或る状況において選定される特定の行動をめぐって何らかの問題が生じ、その状況が「問題的状況」に変わるとき、その問題的状況に対処するための「熟慮」がひき起こされる。この熟慮がひき起こされるときが、「進行中の過程の行為」(action)が始まるときである。この意味で、行為者自身の内的時間においては、「問題的状況」が生じる直前の行動と、その「問題的状況」に対処するために始まった「進行中の過程の行為」(action)は、その「問題的状況」を介して「連続」している。これが第一の連続性である。また、「熟慮」がひき起こされた場合には、その後、諸企図が「想像」され、諸企図間の比較衡量を通じて

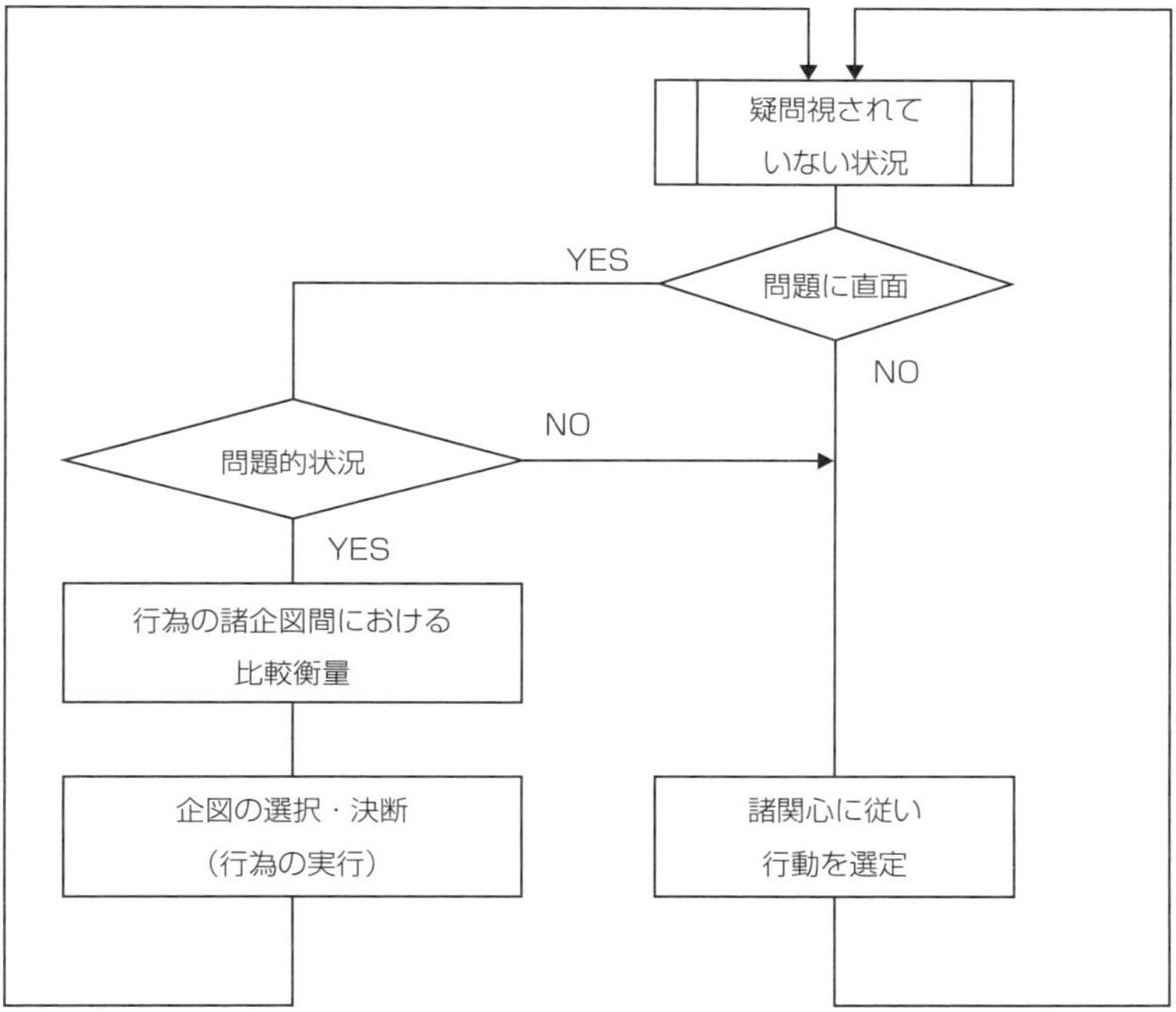

図2－3　行為と行動の循環的関係

或る企図に基づく行為が選択・決断されるのだが、実行された「行為」は、「経験」として、「意識の流れ」に沈澱していく。そして、その「経験」としての「行為」は、未来において、その「行為」が選択された「問題的状況」と類型的に類似する状況に直面したとき、選定される「行動」になりうる。これが、第二の種類の連続性である。

　このように、行為者自身にとっての内的時間における「進行中の過程の行為」（action）の有り様の分析を踏まえれば、「行動」と「行為」のあいだに、前記の二種類の「連続性」があることはすぐさまみてとれる。だがそればかりではない。この記述を踏まえれば、行為者の内的時間においては、「行動」と「行為」のあいだに、或る種の「循環的関係」を見出すことができるのである。これをより明確にイメージするために、**図2-3**にこの「循環的関係」のフローチャートを示してみよう。

　前節で、「熟慮がひき起こされる位相」とは、

「疑問視されていない状況」が「問題的状況」に変わる位相であることを確認した。それを踏まえれば、「行動」と「行為」の分岐点が、問題に直面しているか否か、さらにはそれが「問題的状況」なのか否かにあることはたしかである。但し、かりに問題に直面しても、それが「問題的状況」をひき起こさなければ、問題に直面していない場合と同様に、或る行動が「選定」される。ということは、日常生活においては、「問題的状況」が生じない限り、「疑問視されていない状況」における「行動」の「選定」が連続していくのである。[23]

図2-3で循環によって示されている、「行動の選定」の連続が分岐する（中断される）のは、行為者の状況認識が変わるときである。「疑問視されていない状況」か「問題的状況」かにかんする状況認識が、いわば転轍機の役割を果たしており、「疑問視されていない状況」であれば「行動」に、そして「問題的状況」であれば「（進行中の過程の）行為」に、進むことになる。「問題的状況」が生じた場合は、「熟慮」がひき起こされ、諸企図間の比較衡量ののち、或る企図に基づく行為が選択され、実行が決断される。そこで「進行中の過程の行為」は完遂されるが、そののちには、或る行動が「選定」された場合と同様に、またつぎの（疑問視されていない）状況に意識は向かう。したがって、「行動」と「行為」は、分岐する一方で、連続する諸々の状況を認識するなかで、循環し、連続しているのである。そして、なされた「行為」は、「経験」として意識の流れに沈澱していくのである。[24]

「行為」と「行動」の「循環的関係」にかんする知見は、「外的行動を伴う自明視作用」の分析にきわめて有用な示唆を与えてくれる。われわれは、日常生活の「疑問視されていない状況」において、特定の外的行動を行なっている。「外的行動を伴う自明視作用」とは、或る状況において特定の外的行動を行なうことを自明視している作用のことだといってよい。行為と行動の「循環的関係」を踏まえれば、「特定の外的行動を行なうことを自明視している作用」とは、いったいいかなるものなのかが明らかになる。

「特定の外的行動を行なうことを自明視している」という言明には、当の外的行動を行なうことを自明視している場合と自明視していない場合とがあることが含意されている。行為と行動の「循環的関係」の図をもとに考えれば、当の外的行動を行なうことを自明視している場合とは、諸関心（のシステム）に従って、或る外的行動を「選定」している場合とみなすことができる。或る外的行動が選定されるのは、「疑問視されていない状況」である。「疑問視されていない状況」とは、その状況が「疑問視されていない」のであり、この意味で、「自明視されている状況」だといってよい。この「自明視されている状況」（＝「疑問視されていない状況」）において、或る外的行動が比較衡量なしに選定されており、このとき、それを選定している行為者自身は、当の外的行動を行なうことを自明視しているのである。これに対して、「疑問視されていない状況」が「問題的状況」に変わるときには、「熟慮」がひき起こされ、「進行中の過程の行為（action）」が始まる。そして諸企図間の比較衡量ののちに、或る企図の選択に基づく行為が選択され、決断・実行されるのだが、「企図の選択に基づく行為」が行なわれるときには、その行為者自身は、決して当の外的行為を行なうことを自明視しているわけではない。

以上の考察を踏まえれば、行為者自身が「特定の外的行動を行なうことを自明視している」のは、第一に、状況が自明視されており（疑問視されておらず）、なおかつ第二に、当の外的行動が比較衡量を通じたものではなく、諸関心（のシステム）に従って「選定」されている場合だといえる。つまり、「外的行動を伴う自明視作用」とは、自明視された状況における特定の外的行動の「選定」作用のことなのである。このとき、当の外的行動は「選定」されているがゆえに、それを行なうことは自明視されている。これに対して、図2-3における、「問題的状況」「諸企図間の比較衡量」「企図の選択・決断」という一連の過程からなる「行為」においては、事情は異なっている。状況は自明視されておらず、「問題的」なものとみなされており、最終的に選択・決断される企図は、あくまでほかの諸企図とのあいだで比較衡量されたものである。したがって、この意味で、この「行為」が行なわれることは、決して自明視されていない。だとすれば、行動と行為の「循環的関係」は、「（特定の）行動の選定」という「自明視作用」と「行為」という「自明視していない作用」の循環的関係をも示しているといえるのである。

本章では、「自明視している作用」と「自明視していない作用」とがいかなる点で区別されるのかを明らかにするため、外的行動を伴う自明視作用について考察した。外的行動を行なうことを自明視している作用と、自明視していない作用との関係は、行為理論における行動と行為の区別およびその関係に準拠して考えることができる。通時的にみた場合、或る類型的行動と或る類型的行為とのあいだに循環的関係があるのと同様に、外的行動を行なうことを自明視している作用と自明視していない作用とのあいだにも、循環的関係を想定しうるのである。この循環的関係を踏まえれば、或る個人の生活史において、「自明視している作用」には、時間的に——行為理論の文脈における「行為」のような——「自明視していない作用」が先行していることがわかる。この意味で、自明視作用には、過去の経験の沈澱が深くかかわっているのである。次章では、自明視作用に、どのような意味で過去の経験の沈澱がかかわってくるのか、また、自明視作用に関係する諸位相とはどのようなものかについて明らかにするため、対象の知覚をとりあげる。

第三章　対象の知覚と自明視作用

前章では、外的行動を伴う自明視作用、すなわち「特定の外的行動を行なうことを自明視している作用」とは、行為と行動の循環的関係における「行動の選定」だといえることが明らかになった。このことは、「自明視作用」が、行為者自身の――自明視されていない作用としてなされた――過去の「経験」を前提として、またそうした「経験」と関係づけられることによって、成立していることを意味する。これを踏まえれば、外的行動を伴う自明視に限らず、「人が―何かを―自明のものとみなす」作用としての「自明視作用」はすべて、その本人の過去の「経験」に遡ることによって、その記述・分析が可能となる面があると考えられる。

本章では、「自明視作用」のさらなる解明を進めるために、(物的) 対象の「知覚」を主題とすることにしたい。(物的) 対象の「知覚 (作用)」がいかにして成立しているのかを探り、その考察から得られた知見を参考にすることによって、「自明視作用」の諸々の位相を明らかにすることができる。また、それを通じて、「当事者に内属する観点」からの記述・分析とは、いったいいかなるものなのかを示すことも可能となる。

自明視作用の解明という文脈のもと、本章で――自明視作用の範例として――対象の「知覚」を考察するにあたって、あらかじめ述べておきたいことがある。それは、社会学の観点から、日常生活世界においてなされる自明視作用としてのこの「知覚」に目を向けるうえでの両義的な立場にかかわる。

自明視作用とは、「人が―何かを―自明のものとみなす」作用だととりあえずはいいうる。自明視作用において、自明のものとみなされる「何か」はさまざまでありうるのだが、それを物理的な基体をもつ「何か」だとして考えると、この作用は、「人（主観）が—物理的事物（客観）を—自明のものとみなす」作用であり、知覚にかんしていえば、「人（主観）が-物理的事物（客観）を-知覚する」ということになる。ここには、いわゆる「主観-客観」図式が潜んでいる。つまり、――写像理論や真理の対応説、素朴実在論にみられるような――独立した対象（客観）が「実在」しており、それを人（主観）が認識するという図式である。しかしながら、この図式を前提とすると、知覚にかんする自明視作用の解明は断念しなければならなくなる。独立した対象が「実在」しているのであれば、それについての知覚とは、その実在する対象のたんなる「写像」だということになる。その場合には、そのあらかじめ実在する「対象」を「正しく」知覚しているかどうかだけが問われ、知覚作用そのものに目を向け、知覚にかんする自明視作用の諸位相を「解明」する余地はなくなる。

社会学において自明視作用を主題的に考察する最大の意義は、その考察が、日常生活を生きる人びとによって生み出され体験・経験されている「社会的なるもの」――あるいは「社会的なるもの」を含む社会学の研究対象――がいかにして可能かを明らかにするための重要な鍵を握っている点にある、というのが本書の立場である。この考察を進めるためには、自明視作用について、「主観—客観」図式を採用する素朴実在論等とは異なる観点から、すなわち、独立した対象の「実在」の想定を否定する観点から、この作用の諸位相を解明していく必要がある。だが、誤解を避けるために前もって付言しておけば、ここでの私の意図は、社会学における素朴実在論の立場を全面的に否定することにはない。自明視作用を適切に主題化するうえでは、①自然的態度における素朴実在論的想定を臆見（ドクサ）として貶めることなく適切に評価しつつ、それと同時に、②独立した対象の「実在」の想定を否定する観点から自明視作用を解明することが肝要だというのが私の考えである。[25] この二つはおそらく、表面上は矛盾しているようにみえるに違いない。一方は、独立した対象の「実在」の想定を認める見方であり、他方は、そうした「実在」の想定を否定する見解だからである。だが、自明視作用を明らかにするには、これらの二つの見方を「あれか、これか」という問題としていずれかの立場を採用し、他方を拒否するのではなく、ともに保持しつつ考察していく必要がある。

第一節　同一化作用としての知覚

（1）知覚に目を向けることの意義

フッサールは、われわれの知や認識から独立に事物や世界といった実在物が存在するとする実在論を一切拒否し、超越論的現象学を展開した。独立した対象の「実在」を想定し、それらを認識可能だとみなす実在論は、「物自体」の認識が不可能であるにもかかわらず、いわば「神の視点」から認識と実在物の一致を保証できるという見解に足場を置いてしまう。彼は、人間には原理上到達できない究極的審級（神の視点）を設定せざるをえない実在論を批判し、あくまで人間の経験に内属する視点から超越論的現象学的記述を行なう。その成果が、フッサール現象学の中心に位置する志向性理論（ないし志向的相関理論）だといえる。そして、彼の志向的分析の典型例として挙げられるのが、外的な「知覚」である。

「知覚」を典型例とするフッサールの志向的分析は、自明視作用の解明に多くの示唆を与えてくれる。自明視作用とは、端的にいえば「人が―何かを―自明のものとみなす」作用であった。フッサールは、「意識とはつねに何ものかについての意識である」という洞察のもと、現象学的に還元された領野において、いわゆるノエシス（志向作用）―ノエマ（志向対象）の相関関係を記述・分析していく。そこでは、独特の仕方で「主観―客観」図式の超克が目指され、対象の「実在」を想定せずに、志向される対象が、意識主観にとって、どのような仕方で現出者として与えられるのかが明らかにされるのである。

自明視作用の解明のために「知覚（作用）」を考察する本章で、フッサールの志向性理論を参考にする最大の理由は、彼が、独立した対象が意識の外部に「実在」するとはみなさず、あくまで「内属」的観点から志向的体験を分析・記述することによって、志向的体験の諸々の位相や項を解明することに成功していると考えられるからである。かりに実在論の立場を採った場合には、意識と対象を二元論的にとらえる「主観―客観」図式のうち、後者の独立した「対象（客観）」の側に真理があることが先取りされ、その「対象」の有り様の説明や分析が課題となる。この実在論の立場では、その独立した「できあがった対象」の側にもっぱら関心が寄せられるがゆえに、その認識作用がどのようにしてなされているのかという問いは、後景に退く。したがって、もっぱら「対象」の側に照準する実在論の立場では、自明視作用の「解明」に役立てうる知見は、まったく得ることができなくなる。

社会学において、「社会的なるもの」を含む研究対象と日常生活を生きる人びとの自明視との関係は、これまでにもさまざまなかたちで言及されてきており、或る程度共有された見解だといってよいだろう。しかしながら、この「自明視作用」自体がいかにして成立するのかは、その回路が、いわば「ブラックボックス」に入れられたままでほとんど問われてこなかった。それが問われなかった理由には、社会学で、実在論的立場を採用する研究が比較的多いことも関係しているように思われる。

前述のとおり、自明視作用を適切に主題化し考察するためには、①自然的態度における素朴実在論的想定を適切に評価しつつ、それと同時に、②独立した対象の「実在」の想定を否定する観点から自明視作用を解明することが肝要である。その理由は、一方で、素朴実在論の立場のみでは、自明視作用は「ブラックボックス」とされてしまうからであり、他方、「実在」の想定を否定する立場に徹すれば、日常生活の自然的態度における諸作用の有り様の特徴を、見落とすことになってしまうからである。こうした難点を回避するためには、まず、実在論を否定する立場から、自明視作用の諸位相の解明に資する知見を導き出し、次いで、日常生活の自然的態度における作用を適切に評価していくのがよいだろう。本節では、「知覚」を範例とするフッサールの志向性理論を参考に、自明視作用を解明していく。

(2) フッサールの志向性理論[26]

フッサールの志向性理論は、「意識とはつねに何ものかについての意識である」という根本的洞察のもと展開される。この洞察は、デカルトが「コギト」という表現で総括した、顕在的な意識体験としてのコギタチオとコギタートゥムとが不可分であるという着想を踏まえ、その「コギト」を潜在的な意識体験にも拡張したものである。このとき、意識体験は、もっとも低次の能動性といわれる受動的綜合の次元でも「何かの方に立ち向かって」おり、この意味で志向的体験とよばれる。フッサールの志向性理論では、現象学的に還元を通じて見出される、志向的体験における、何かに向かう意識作用と、その作用が向かっている、その作用とは不可分の何かとの関係が、「ノエシス―ノエマ」の相関関係として記述・分析されるのである。

ノエシス（志向作用）とノエマ（志向対象）の相関関係に視点を定めることと、「学」として、独立した対象の「実在」の想定を徹底的に否定する立場とは相即的である。フッサールは、諸々の対象の存在のみならず、世界の存在についても、独立した真なる実在としての地位を与えなかった[27]。それらは、あくまで志向的体験に実的に（reell）含まれたものとして、志向的相関関係の観点から記述・分析しうるのであり、この意味で「構成」されるものである。したがって、たとえ自然的態度において、あたかも諸々の対象および世界が独立に「実在」しているように思えたとしても、「学」としてはそうした独立した「実在」の想定を徹底的に否定し、志向的体験の構造を解明するのがフッサールの立場である。

自明視作用の解明という関心からみて、まず注目に値するのは、フッサールの志向性理論における「対象」概念の独自性である。ここまで繰り返し述べてきたように、独立した対象の「実在」を想定しないのがフッサールの立場であるが、彼は、外的世界のすべてを謎のままにしてしまうような懐疑主義は否定し、（志向される）対象への回路は保持しているといってよい。では、「対象」が外界に実在すると想定する立場を採用しないとすれば、フッサールはどのように――「ノエシス―ノエマ」の相関関係において――「（志向的）対象」を扱ったのか。

一般的には、「対象」とは「主観―客観」図式でいうところの客観の側にあるものとみなされる。ごく簡略化していえば、このとき、対象と物自体が同一視される場合には、外界に独立した「対象」が実在することを認める実在論の立場につながる。フッサール超越論的現象学の志向性理論にあっては、「対象」は外界に実在するものとはみなされない。彼は、外界の実在として対象を捉えるのではなく、「超越論的―現象学的還元」を通じて、徹頭徹尾、人間の経験に内属する、意識に現われるものとしての「現象」の領野に議論の足場を置き、あくまで志向的体験において「対象」が現出すると考えている。このとき、「対象」とは、個体（個物）として特定の時間-空間的位置を占めているという意味での「実在」ではない。そうではなく、「対象」とは、志向的体験のなかで、「同一化作用（ないし同一化的綜合）」によって成立するものであり、この同一化作用が「反復」されうるがゆえに、「対象」が現前すると考えられているのである。(28)「同一化作用」については、のちに事例を用いて確認するが、そこでは、知覚作用と対象の関係の見方について、根本的「転回」がなされている。この「転回」は、フッサールが志向的体験に徹底して内属する立場を採ったがゆえに可能となったといえる。また、そればかりでなく、この「転回」のもとでフッサールが見出した諸々の知見が、自明視作用を解明するための重要な鍵のひとつになってくる。

外界の独立した実在物を想定しないフッサール現象学の立場では、「対象」も「ノエシス―ノエマ」の志向的相関関係のなかに見出される。先に、「意識とはつねに何かについての意識である」という意識の志向性にかんする根本的洞察に言及したが、志向的体験におけるこの「何か」のうちのひとつが「対象」であると、ひとまずはいってよいだろう。このとき、意識はその「何か」に対向しており、その「何か」を相関者として「同一化作用」がなされているのである。但し、注意が必要なのは、フッサールによれば、「同一化作用」の相関者としての「何か」は、あらかじめ「対象」として存在しているわけではなく、「同一化作用」を通じてはじめて、「何か」が「対象」たりうると考えられている点である。つまり、フッサール超越論的現象学の立場においては、「同一化作用」なしに「対象」はありえないのである。フッサールに独特のこのロジックについては、知覚を範例とした具体的事例を用いつつ敷衍して確認しておくことにしたい。

前章で扱った、朝の洗顔の事例でいえば、水道の蛇口は「水道の蛇口として」みられている。また、新たな例でいえば、暑さの厳しい日に入った喫茶店のテーブルで、コップ一杯の水がまず出されたら、迷いなくその水を飲むだろう。あるいは、スーパーマーケットで安く売られているバナナをみつけたら、すぐに購入して帰宅後に食べるかもしれない。これらの場合で、「水道の蛇口」「コップ1杯の水」「バナナ」は、あたかも独立した実在物としてそこにあるように思えるし、日常生活上問題が生じない限り、私たちはこれらを確固たる「実在」とみなしているといってよいだろう。だが、フッサールに倣っていえば、それらは、そこに実在していて、それを私たちが知覚しているのではなく、あくまで「同一化作用」とその作用の反復可能性によってこそ、それらは「対象」として現前しているのである。さらに別の例でみてみよう。

東京タワーは、一九五八年、東京都港区芝公園に三三三メートルの高さで完成した。この「東京タワー」の知覚を例として考えると、おそらくたったいま挙げた三つの例以上に、志向的体験の典型例としての知覚作用があくまで「同一化作用」だとされる事情と、「同一化作用」によってこそ「対象」が現前するというロジックを理解することができる。東京タワーは、完成以来二〇一〇年三月末まで、日本最大の高さの塔であった。かりにバナナであれば、それを手にとってさまざまな角度から見ることで、その全貌を確認することができる。だが、東京タワーの全貌を、バナナのように瞬時にさまざまな角度から見ることはできない。東京タワーにずっと目を向けながら場所を移動したとしても、見る角度の違いによって、また日中であれば雲の動きによっても、「みえ方」は時々刻々と変化している。このようにパースペクティヴに規定された、限定的な「みえ方」のことをフッサールは「射映（Abschattung）」とよぶ。つまり、東京タワーをその南側（A地点）から見るときには、東京タワーの南側は前面として私たちに「射映する」けれども、いわば裏面にあたる東京タワーの北側は見えていない。東京タワーをその北側（B地点）から見るときにも、射映する面が逆になるだけで事情は同様である。つまり、私たちがその塔に目を向けているときには、いかなるときにも、その塔の限定的な面しか射映していない。にもかかわらず、私たちはそれを「東京タワー」として見ているのである。

東京タワーは、夜間には――時間帯は日付によって多少異なるものの――ライトアップされる。このライトアップのされ方は、季節や日時によって多様に使い分けられていて、決していつも同じというわけではない。一般的には、オレンジと白を基調としたライトアップがもっともよく知られているだろうが、たとえば、二〇〇九年三月下旬には、野球の世界大会であるワールド・ベースボール・クラシックで日本チームが連覇を果たしたことを記念して、白と赤を基調とする――上部が白、中部が赤、下部が白という――特別なライトアップが点灯されたこともあった。だとすれば、夜間にライトアップされた東京タワーは、かりに同一の地点から眺めたとしても、日時が違えば「射映」はかなり異なる場合もありうるということである。にもかかわらず、私たちは、夜間に多様にライトアップされるその塔を、同じ「東京タワー」として見ることができる。

このように考えると、「東京タワー」の知覚が、たんに或る建設物にかんする特定の時点の「射映」のみによって可能となっているわけではないことがわかる。日中にA地点から見たときのその建設物の射映から、それを「東京タワー」として知覚するときも、夜間に特殊な色彩でライトアップされているその建設物の射映から、それを「東京タワー」として知覚するときも、ともに、特定の時点のその射映と「東京タワー」についての過去の諸々の経験とが、「東京タワー」を同一的統一点として同一化的に綜合されており、その「同一化的綜合（同一化作用）」を通じて、はじめて「東京タワー」という対象が現出し、その知覚が成立しているのである。

「同一化作用」を通じた「東京タワー」の知覚は、過去に何らかのかたちで「東京タワー」にかんする「経験」がある限りで可能だといえる。では、或る建設物にかんする過去の「経験」がない場合の知覚はどうなるのか、べつの例で考察してみよう。「東京タワー」の場合には、きわめてよく知られているがゆえに、この塔に実際に目を向けたとき、かなりの程度の人びとが一目で「東京タワー」として知覚できると想像しうる。だが、二〇〇八年夏に着工された後の、建設中の「東京スカイツリー」の知覚を例として考える場合には、おそらく東京タワーの知覚とは事情が随分異なってくる。「東京スカイツリー」は、二〇一〇年三月末に東京タワーの高さを越えた頃から各種メディアでの報道も増加したようである。だが、完成前の段階では、東京タワーと比較すれば、これを実際に目にしたことがある人の数も格段に少ないといえる。ポイントを明確にするために、約一〇〇メートルの高さまで建設工事が進んだ二〇〇九年八月の段階の「東京スカイツリー」について考えてみよう。

東京タワーの例では、実際にそれを目にするときには、多くの人がすぐに東京タワーとして知覚できると想定してもよいだろう。だが、かりに、約一〇〇メートルの高さの段階の建設工事中の「東京スカイツリー」を私たちがはじめて実際に目にしたとすると、はたしてその建設物を「東京スカイツリー」として知覚することは可能だろうか。これには、実際にそれを目にする地点や状況も大いに関係するかもしれない。建設中の東京スカイツリーを一度、目にしたいと思い、あらかじめその建設地を地図で調べてその地に向かったのであれば、「東京スカイツリー」を探すことはそれほど難しくないだろう。しかし、二〇〇九年八月に、偶然訪れた都内の高層ビルから（東京スカイツリー建設中の）東京都墨田区の方角に目を向けたとき、即座にいずれかの建設物を「東京スカイツリー」として知覚できるかどうかは疑わしい。先の東京タワーの知覚を例とする考察を踏まえれば、このとき、――べつの建物の陰に隠れているのでなければ――たしかに東京スカイツリーの「射映」は視界に入っているはずである。けれども、建設中の（約一〇〇メートルの高さの）段階の東京スカイツリーにかんする過去の経験がない限り、「東京スカイツリー」を同一的統一点とする「同一化作用」が生じることはない。言い換えれば、その建設物は、「対象」として「対向」されえない。それゆえ、東京スカイツリーの「射映」は、視界に入っているはずであるにもかかわらず、「東京スカイツリー」を知覚することはできないのである。

以上を踏まえれば、何らかの対象の知覚は、その「何か」の射映が視界に入っているだけで成立しているわけでないことが理解できる。「何か」の知覚とは、その「何か」を同一的統一点とする、過去の経験と現在の射映との「同一化作用」を通じて、その「対象」としての「何か」に「対向」しうる限りで可能だといえるのである。

或る対象を知覚するということは、「何か」を或る対象として知覚するということであり、或る対象としての「何か」に対向しているということである。このとき、或る対象についての過去の経験と、「何か」についての現在の射映とが、「或る対象＝何か」を同一的統一点として綜合されている。つまり、過去の経験と現在の射映とは、関連のないものとして分析的に区別しうるのだが、それらが同一的統一点で重なり合い、同一化的綜合（同一化作用）がなされることによって、たとえば「対象」としての「東京タワー」が成立するのである。このとき、「東京タワー」は、「対象」として知覚されることになる。意識から独立して実在する「対象」が知覚されるのではなく、同一化作用によって、あるいは同一化作用の成立と同時に「対象」が現前するとみるフッサールは、「知覚」の考察における、独特の「転回」を示しているのである。

実在論の見方では、独立した「対象」が何であるか、そして知覚がそれに「対応」しているかどうかを判断しうる——いわば「神の視点」のような——特権的な視点を必要とする。だが、原理的に不可能であるそうした特権的視点を想定しないフッサールは、「知覚」について、あくまで知覚する者の知覚作用に「内属する観点」から記述した。そしてそれによって、志向的体験の典型例としての「知覚作用」の諸位相を解明する道を開いたのである。では、フッサールの「転回」[29]によって、日常生活の自然的態度における知覚作用の諸位相はどのように解明されうるのか。

第二節　利用可能な知識集積——知覚成立の条件——

ここまでの考察で、或る「対象」の知覚が、たんにその対象の「射映」のみによって可能となっているわけではないことが明らかになった。特定の時点での当の対象にかんする「射映」とその対象にかんするそれ以前の経験とが、その「対象」を同一的統一点として綜合されることによって、その対象の知覚は成立している。同一化作用としての知覚が成立するには過去の経験が不可欠なのであり、知覚は、過去の経験によって規定される位相を含んでいるのである。

では、「過去の経験」は、いかなる意味で知覚（作用）を規定するのであろうか。以下では、E・ルビンによって発表された「ルビンの壺（Rubin's Vase）」を用いながら、知覚作用を規定する「過去の経験」について分析していく。

「ルビンの壺」は、多義図形・トリックアート・だまし絵等としてよく知られており、図3-1のように、黒色の部分と白色の部分から構成される絵である。この絵のうち、黒い部分に注目すれば、向き合っている「二つの顔」として見ることができ、白い部分に注目すれば、「壺」として見えてくる。この絵は、ゲシュタルト心理学における「図─地」構造を踏まえて図地反転図形と呼ばれることもある。黒い部分からなる「二つの顔」が「図」として浮かび上がってきているときには、白い部分は「地」として背景に退くために図形としては把握されず、逆に、白い部分からなる「壺」に注目し、それが「図」として浮かび上がるときには、黒い部分は背景に退き、「地」となっている。この「ルビンの壺」を見るときには、黒い部分に注目するか白い部分に目を向けるかによって、「二つの顔」に見えたり「壺」に見えたりするが、まったく同時に「二つの顔」と「壺」を見ることはできない。

図3-1　ルビンの壺[30]

「ルビンの壺」から導出しうるひとつの知見は、同じこの「絵」を見たときにも、人によって、「何」として知覚するかが異なりうるということである。かりに、「ルビンの壺」を過去に見たことがない学生時代の友人2人（A氏とB氏）を自宅に招き、壁にかけてあるこの「ルビンの壺」の絵を見せ、何が描かれている絵だと思うか尋ねてみたとしよう。すると、A氏は「二つの顔」と答え、B氏は「壺」だと答えるかもしれない。このとき、「ルビンの壺」という絵は、A氏が見たときとB氏が見たときを比べても、物理的に変化が生じているわけではない。にもかかわらず、この意味で「同一の絵」が、A氏とB氏それぞれの見方に応じて、まったくべつのものとして――「二つの顔」として、あるいは「壺」として――見えることがありうるのである。

しかしながら、「ルビンの壺」を例として私が考えたいポイントはべつにある。上の例では、A氏は「二つの顔」として、B氏は「壺」としてこの絵を見たと答えたと仮定したが、この二人に、「ルビンの壺」について――黒い部分を見れば「二つの顔」であり、白い部分を見れば「壺」である絵として――説明すれば、おそらく二人ともそれを理解するだろう。つまり、「ルビンの壺」について、A氏もB氏もともに、黒い部分は「二つの顔」として、白い部分は「壺」として見ることができる。このことは、一見、当たり前のように思えるが、じつはそうではない。かりに、「壺」というものが自文化にない社会(31)で生まれ、書籍等でも「壺」を見たことがない、「壺」をまったく知らない人びとを想像してみれば、「壺」が見えることが当たり前ではないことが分かる。そうした人びとにとって、「ルビンの壺」の白い部分が「壺」として知覚されることは、(おそらく)ないだろうからである。社会が複数の人間からなるものである以上、人間の「顔」は、いずれの社会でも見る機会はある。だが、人工物である「壺」を見る(知る)機会にどの程度遭遇するかは、それぞれの社会によって異なり、そうした機会がまったくない社会があっても不思議ではない。「壺」をまったく知らずに生まれ育った人びとにとっては、「ルビンの壺」の絵は、「二つの顔」として見えることはあっても、「壺」として見えることはないといってよい。

この例において、「壺」を知らずに生まれ育った人びとが、「ルビンの壺」の白い部分をどのように見ているのかを明らかにすることは難しい。そのうちの誰かは、「ルビンの壺」の白い部分を、――形状の類似から――自らが過去に経験したことのある(壺以外の物体である)「何か」として知覚するかもしれない。たしかに、そうした可能性は無数にあるといいうる。だが、「ルビンの壺」の白い部分が、対象化可能な「何か」としては知覚できない可能性もある。その場合には、「ルビンの壺」の白い部分は、「何か」として知覚されることはなく、たんなる白い「背景」として現出するだけだろう。

「ルビンの壺」の知覚をめぐるここまでの考察から導き出せるのは、私たちが何らかの対象を知覚する際には、その対象にかんする、あるいはその対象に類型的に類似する対象にかんする以前の経験が深くかかわっているということである。私たちが、「ルビンの壺」の白い部分を「壺」として知覚できるとすれば、それは、私たちが以前に何らかのかたちで「壺」について、見たり聞いたり、あるいは本で知ったりするなかで経験しており、その経験が「意識の流れ」に沈澱して保持されているからなのである。では、対象にかんする経験とはいかなるものか。

まず、前章で言及しておいた「体験」および「経験」の定義をもとにすれば、対象にかんする「体験」と対象にかんする「経験」とを区別することができる。「経験」とは、意識の流れにおける「体験」のうちで、「反省的なまなざし」を向けられ縁取りされ、意味が付与されたものだった。誤解をおそれずにいえば、対象にかんする「経験」もまた、この意味での「経験」のひとつだと考えることができる。

対象にかんする経験についてさらに分析していくと、「何か」を「対象」として「対象化」する位相と、対象化されたその対象にかんする何らかの述定的「判断」の位相とを見出しうる。簡潔にいえば、「対象化」の位相とは、「何か」(「対象X」)が、何らかの意味規定を伴いうる「対象」として構成される位相であり、述定的「判断」の位相とは、対象化された「対象」を主語とし、「Sはpである」(たとえば、「東京タワーは三三三メートルの高さの塔である」)と述定的に判断がなされる位相である。この述定判断の(文法)構造から、時系列でみれば、対象化が述定判断に先行する論理が含まれていることに気づく。だが他方、厳密に考えれば、「対象化」(「何か」を或る「対象」としてみること)が可能であるためには、当の対象が、ほかの対象と区別可能な指標としての何らかの意味規定を伴うかたちで前もって認識されている必要がある。[32] たとえば、「何か」を「東京タワー」として「対象化」可能なのは、「東京タワー」とはどのようなものかが幾分かでも――それが動物や植物ではなく、人工的な建設物であるというレヴェルであっても――前もって知っているからである。この意味で、対象化の位相と述定判断の位相は、分離しえない相互規定的な関係にありながら、文法構造の観点から分析的に区別しうる位相だと考えられる。したがって、対象にかんする経験とは、相互規定的な関係にある「対象化」および述定「判断」を通じて、「何か」について、「反省的なまなざし」を向けることによって「対象」として認識する作用だと考えることができる。

対象にかんする経験を、このような認識作用とみなすとき、「経験」と「知（識）」の関係が前景化してくる。シュッツは、あらゆる「経験」の沈澱を「利用可能な知識集積」と呼ぶ。対象化および述定判断を通じた、或る対象にかんする「経験」は、それを経験した者の意識の流れに沈澱していく。この沈澱した経験は、その後の機会に参照しうるという意味で、――明示的であろうと暗黙的であろうと――利用可能な「知（識）」として保持されているといってよい。だとすれば、対象の知覚に関係する「過去の経験」とは、「利用可能な知識集積」だといって差し支えないだろう。

或る対象の知覚は、特定の時点での当の対象にかんする「射映」とその対象にかんするそれ以前の経験とが、その「対象」を同一的統一点として綜合されることによって可能となっていた。上の考察を踏まえれば、このときに当の対象にかんする「射映」と綜合されるのは、その対象にかんする「利用可能な知識集積」だということになる。より精確にいえば、一方で、或る対象にかんする「射映」があり、他方、意識の流れに沈澱して保持されている「利用可能な知識集積」におけるその「射映」に関連するとみられる部分が触発されて浮かび上がり、その「射映」と「利用可能な知識集積」から浮かび上がってきた知識とが、或る「対象」を同一的統一点として綜合される作用が、或る対象の知覚だと考えられるのである。

第三節　プラグマティックな関心――知覚成立を規定する基準――

あらためて確認すれば、前節では、意識から独立した「実在」を徹底的に否定するフッサールの立場に即して考察を進めた。そして、彼の「同一化作用」としての対象の知覚とは、決して、いわゆる実在論における「実在」する対象そのものの知覚ではない。では、或る対象の知覚をあくまで「同一化作用」としてみる立場と、それを独立した「実在物」の知覚とみる立場とを区別し、そのうえで前者を積極的に支持する理由はどこにあるのだろうか。かりに、これらの二つの立場のそれぞれを採用した場合に、帰結として、学問上それほどの重要な差異が生じないのであれば、これらの立場を明確に区別する意義はさほどないかもしれない。しかしながら、「社会はいかにして可能か」という問いを、当事者による「生成の位相」における「社会」を扱う問いだとみなし、それを「〈社会的なるもの〉はいかにして可能か」という問いとして再定式化したうえで、探究を進めようとしているわれわれにとっては、この区別はきわめて重要になる。なぜなら、「同一化作用」としての対象の知覚という見方からは、「社会的なるもの」(「社会と呼ばれうるもの」)の生成について、「当事者に内属する観点」から考察するための貴重な示唆を得ることができるからである。

或る対象の知覚を「実在物」の知覚としてみる立場を代表するのは、いわゆる「知覚の対応説」である。この立場は、「主観―客観」図式のもと、或る対象が客観的に「実在」し、それが主観的に知覚されるという構制をもつ。そこでは、或る対象の「(客観的)実在」は疑問の余地のない前提であり、当の知覚がその実在に対応していれば、その知覚は「正しい」知覚だとされ、そうでなければ、それは「誤った」知覚――錯視あるいは誤知覚――であるということになる。心理学でよく知られるミュラー・リヤーの錯視図を例とすると、その図における二本の線分の長さが異なって見えるとすれば、それは「錯視」であり、二本の線分の長さが等しいと見るのが、「正しい」知覚だということになる。当の知覚が、実在に対応しているかどうかを基準として、それが「正しい」知覚であるかどうかが判断されるのである。しかしながら、一見、妥当なようにも思われるこの「知覚の対応説」には、或る困難が含まれている。というのも、知覚の対応説における知覚の「正しさ」の基準は、「実在」との対応にあるが、「実在」とその知覚が対応しているかどうかについて語るためには、知覚される「何か」が、いかなる「対象」として「実在」しているのかについて、前もってつねに確定されていなければならないからである。だが、日常生活世界において、それをあらかじめ確定しうる立場にある人はいない。

前述の「ルビンの壺」の例で考えてみよう。「壺」を見る機会のない社会で生まれ育った人びとにとっては、図3-1（八七頁参照）のルビンの壺の白い部分は、「壺」として知覚されることはない。しかしながら、それが「正しくない」と断定することは決してできないだろう。図3-1のその白い部分を「壺」として知覚することが「正しい」という見方は、すべての人が「壺」を知っているということを——あるいは知っているべきであるということを——、暗黙のうちに前提としている。たしかに、「壺」を知っている人びとにとっては、その「白い部分」は、「壺」として知覚されることが「正しい」ように思えるかもしれない。だが、それが「正しい」ということに同意できるのは、「壺」を知っている人びとだけであり、決してすべての人にとって「正しい」わけではないのである。壺を見る機会のない社会で生まれ育った、壺をまったく知らない人びとにとっては、その「白い部分」を「壺」として知覚することは不可能である。彼らにとって、「壺」としての知覚が「正しい」知覚だという認識はない。それでもなお、それが「正しい」知覚だという主張が成立するためには、諸々の文化の相違があったとしても、それらの文化を貫く唯一の「正しさ」を前もって確定しうるような特権的立場を前提としなければならない[33]。

私たちの日常生活では、「何か」がいかなる対象として知覚されるのかについて、他者とのあいだで齟齬が生じ、問題化することは比較的少ないかもしれない。そのため、対象の知覚について、「知覚の対応説」を採用しても何ら問題はないように感じられるとしても、不思議ではない。しかしながら、厳密に考えれば、知覚の対応説は、「何か」

がいかなる対象として知覚されるべきなのかについて、あらかじめその「正答」が先取りされていなければ成り立たない点で問題がある。(34)

「ルビンの壺」を例として考察したように、「何か」がいかなる対象として知覚されるかは、それ以前の経験によって規定されており、ひとりひとりの生活史に相対的である。だとすれば、対象の知覚にかんする普遍的に妥当な「正答」を先取りすることは、本来不可能なのである。とはいえもちろん、知覚の対応説にも、この立場が成立するロジックを踏まえ、その限定性を自覚したうえで採用する場合には、それなりの利点はあるかもしれない。たとえば、物理的基体をもつ事物を研究対象とする自然科学および一部の社会科学においては、（研究対象の側の）その事物の「実在」を疑問の余地のないものとみなすことで、研究の進展がみられる場合もあるだろうからである。(35)また、日常生活においては、諸々の事物の「実在」が自明視される限りで、円滑なコミュニケーションが可能となる場合が多い。しかしながら、「物自体」に対応する認識を獲得することが不可能である以上、知覚される対象の「実在」に絶対的確実性を与えてしまう過誤は回避すべきだろう。フッサールが、意識から独立した「実在」を徹底的に否定する立場を採った主要な根拠は、おそらくここにある。知覚の対応説が陥りがちな難点の克服を意図して、彼は、「同一化作用（同一化的綜合）」としての知覚の見方（以下では、知覚の「同一化作用」論とする）を彫琢していったのである。

すでに前節で、知覚の「同一化作用」論を採ることによって、「利用可能な知識集積」が知覚作用の条件であることを示した。だが、そればかりではない。この見方を採用する最大の利点のひとつは、もっとも端的な志向的体験である知覚の成立に、――それ以外の体験や経験の多くにも共通する――或る基準が関係している論理を明らかにしうる点にある。

知覚の「同一化作用」論にあっては、独立した対象が「実在」するとみなすことはない。また、対象にかんする或る「射映」が、それ単独で或る対象の知覚を成立させるとみなすこともない。そうではなく、意識的にあるいは無意識的に、当の「射映」に関連しうる、あらゆる過去の経験の沈澱たる「利用可能な知識集積」が参照され、その「射映」と類型的に類似しうる、利用可能な知識集積に含まれている「知」とが、或る「対象」を同一的統一点として「綜合」されることで、その「対象」の知覚が成立するのである。ここで、或る「対象」が同一的統一点となりうるのは、綜合される「射映」と利用可能な知識集積に含まれている「知」との両方に、その「対象」が関係しているとみなされるからである。とはいえ、この「同一化作用（同一化的綜合）」の論理において、綜合される或る「射映」と或る「知」とを結びつける必然的根拠は含まれていない。したがって、このとき、或る「射映」と或る「知」とが、いかなる基準によって綜合されるのかが問われうる。

対象の知覚における、或る射映と或る知とが綜合される「基準」は、日常生活世界において、われわれが志向の充実や幻滅[36]（Enttäuschung）を経験している、そうした事例を具体的に考察してみることで、明らかにすることができる。この「基準」を示すことを念頭に置いて、東京駅で偶然、旧来の友人に似た人を見かけた事例について考えてみたい。

東京駅は、一日平均で四〇万人近くが利用するともいわれる。時間帯によって利用者数に多寡はあるだろうが、この駅ですれ違う人のすべてを逐一確認することはできないだろう。とはいえ、そこで偶然、友人・知人と出会う可能性はある。東京駅の改札を抜けると、少し離れた場所を歩いている人が、旧来の友人A氏によく似ていることにふと気づいたとしよう。顔や風貌、歩き方などからみて間違いないと確信すれば、その人に声をかけてみるかもしれない。声をかけて相手がそれに気づけば、その人がA氏かどうかはっきりするだろう。もしA氏であれば、暫時、旧交を温め合うかもしれないが、声をかけてみるとたんなる他人の空似だったということもありうる。他方、親しさの度合いやA氏の性格等を考慮したり、あるいは電車に乗り遅れてしまう可能性があったりすれば、A氏に似ているとは思いながらも、まったく声をかけない場合もあるだろう。

この事例のありうる帰結を大別すれば、①声をかけるとA氏だったケース、②声をかけると別人だったケース、③声をかけないケース、の三つが想定できる。また、時系列の観点からは、東京駅で見かけた誰かが旧来の友人A

氏に似ていると気づいた時点と、その後の段階とを区別することが、対象の知覚における或る「基準」を浮き彫りにするのに役立つ。「その後」の段階は、声をかけるかどうかの選択を経由して、上の三つのケースへと分岐する。

まず、その誰かがA氏に似ていると気づいた時点では、その人の顔や風貌、仕草等の「射映」と過去のA氏にかんする「知」の同一化的綜合が生じている。このとき、東京駅で見かけたその誰かは、A氏として、あるいはA氏に類型的に類似する人として知覚されているといえる。だが、それがA氏ではない可能性も残っており、志向の充実化が要求されうることを考慮すれば、これは「空虚」な志向でもある。そこで、声をかけてみれば、①のケースのように空虚な志向が「充実」するか、②のケースのように「幻滅（Enttäuschung）」するかのいずれかとなる。しかしながら、対象の知覚の「基準」を考察するうえで私が重視したいのは、③の声をかけないケースである。③のケースにあっては、東京駅で見かけたその人がA氏であるかもしれないというその空虚な志向が、「充実」することも「幻滅」することもない。このケースでは、その人は、A氏かもしれない人として、あるいはA氏に類型的に類似する人として知覚されているに過ぎない。だが見方を変えれば、このケースで「声をかけない」という選択がなされているのは、その人がA氏であるかどうかについて、それ以上の探究が必要と感じられていないからである。さらなる探究を要しないということは、それが明白とならず曖昧なままでも「問題ない」ということでもある。だとすれば、この状況においては、いわば曖昧な知覚で十分だと判断されているのであり、じつはここには、以下で述べるように、日常生活での対象の知覚における典型的特徴が示されている。③のケースの考察から見出されるのは、私たちの日常生活で諸々の対象を知覚するなかでは、必ずしも志向の「充実」か「幻滅」のいずれかがつねに要求されているわけではないということである。また、私たちの日常生活において「何か」が「射映」するとき、その「何か」を、いかなる「対象」として知覚すれば「正しい」のかが先取りされているわけでもない。状況によっては、「射映」する「何か」は、——③のケースのように——A氏かもしれない人として、あるいはA氏に類型的に類似する人として曖昧に知覚されることもあるが、日常生活ではそれで問題ない場合があるのである。ここから、対象の知覚には、それを「同一化作用」とみなすときに見出しうる、「知覚の対応説」には含まれない或る「基準」がかかわっていることが明らかになる。①のケースと②のケースにおいて「声をかけた」のは、意識的あるいは無意識的に、その人がA氏であるかどうかを確認したいという「関心」があったからである。これに対して、③のケースでは、①のケースや②のケースほどには、そうした「関心」はなかったとみてよい。それゆえ、曖昧な知覚でしかなくても、問題は生じなかったのである。つまり、対象の知覚には、知覚する人自身の「関心」（ないし「諸関心のシステム」）がかかわっており、その諸々の関心の程度に応じて、「何か」がいかなる対象として知覚されれば十分であり、「問題ない」とみなされるのかが規定されているのである。この日常生活における「関心」は、――前章で言及した――「プラグマティックな関心」と呼べるが、この「プラグマティックな関心」に照らして十分だという「基準」を満たす限りで、「同一化作用」としての知覚は成立しているのである。

先ほどの東京駅の事例を、べつの角度から考えてみよう。その例では、東京駅にいる多くの人のなかで、A氏に似ている人にだけ注意が向けられていた。その人以外の人たちは、すべて匿名的な東京駅の利用者・関係者（駅員や売店の店員等）として、知覚されていたといってよい。しかしながら、実際には注意が向けられていないそうした匿名的な人びとのなかに、知人・友人がひとりもいなかったかどうかは分からない。たんに気づかなかっただけで、じつは知人・友人とすれ違っていた可能性は排除できない。しかしながら、そのときの「関心」からは、実際に視野には入っている多くの人たちを匿名的な東京駅の利用者・関係者として知覚するだけで十分であり、それで何ら問題は生じていなかったのである。

かりに知覚の対応説に立つとすれば、もしそのとき東京駅にいた人びとのなかに知人・友人がいたにもかかわらず、それらの人すべてを見知らぬ（匿名的な）東京駅の利用者として知覚していた場合、それは「誤り」だということになる。「実在」と対応していないからである。しかしながら、実際のところ、それらの人びとのなかに知人・友人がいるかどうかについての「真理」を確証することは、ほとんど不可能である。すべての知人・友人を知っているのは、当の本人以外にいないが、その本人自身が、瞬時に、東京駅にいる人びと全員を確実に検証することが可能でなければ、その「真理」は知りえないからである。つまり、実際の日常生活において、「何か」がいかなる「対象」として知覚されるべきかの「正答」を得ることは不可能である。対象の知覚は、あくまで知覚する人自身に内属する観点において、成立しているのである。

以上の考察から明らかになったのは、日常生活において「何か」が「対象」として知覚される場合、その実在そのものが知覚されるわけではなく、「プラグマティックな関心」――精確にいえば「諸関心のシステム」――との相関関係で十分な限りで、何らかの「対象」として知覚されているということである。私たちの日常生活では、その折々で、さまざまなものを知覚している。そのなかには、意識的に注意を向けているものもあれば、とくに意識はしていないけれどもたしかに視野に入っているようなものもある。その諸々の「何か」の「射映」は、過去のあらゆる経験の沈澱たる「利用可能な知識集積」と同一化的に綜合されることによって、「対象」として知覚される。このとき、その「何か」を対象化しうる「知識集積」を保持していることが、当の対象を知覚しうるための条件となるが、その「何か」がいかなる「対象」として知覚されるのかは、それがいかなる対象として知覚されれば十分なのか（問題ないのか）に関係する、その時点の「プラグマティックな関心」によって規定されるのである。対象の知覚について、知覚の対応説ではなく、「同一化作用」としてみる立場を採る意義は、ここに見出される。つまり、対象の知覚にかんして決して無前提の「正しさ」を想定することなく、知覚する者自身の「利用可能な知識集積」および「プラグマティックな関心」（ないし「諸関心のシステム」）を考慮する立場を採ることによって、「内属」的立場から、人間の知覚作用の実態に即したアプローチが可能となるのである。

第四節　自然的態度のエポケー

本章の冒頭で、「知覚」を範例として、自明視作用を考察していくうえでは、①自然的態度における素朴実在論的想定を適切に評価しつつ、それと同時に、②独立した対象の「実在」の想定を否定する観点から、自明視作用を解明することが肝要だと述べておいた。とはいえ、ここまでの議論では、「自然的態度における素朴実在論的想定」を適切に評価しているようには思われないかもしれない。われわれはそれを、特権的視点(「神の視点」)に立つような、「正答」を先取りする見方として、繰り返し批判してきたからである。だが、そうした批判を通じて問題点を指摘しておくことは、素朴実在論を「適切に評価」するうえで必要である。その問題点を明確にし、そのうえで限定的にその妥当性を認めることこそが、適切な意味で素朴実在論を評価することにつながるからである。対象の知覚の文脈における素朴実在論(「知覚の対応説」)の長所のひとつは、「実在」そのものを知覚しているという想定が日常的な実感に近い見方であるがゆえに、おそらく一般的に理解されやすい点にある。だが、厳密に考えれば不可能なはずの「物自体」の認識を暗黙のうちに前提とし、その認識がいかにして可能なのかについての論理を示しえない点で問題がある。では、この「対象の知覚」の文脈で素朴実在論を適切に評価するには、どのように考えればよいのだろうか。

ここで、あらためて次のような「問い」を設定することができるだろう。「対象の知覚」において、厳密には物自体としての「実在」そのものを知覚することはできないにもかかわらず、なぜ日常生活においては、――素朴実在論的想定のように――「実在」そのものを知覚しているかのように思われているのか、という問いである。この問いに対しては、知覚の「同一化作用」論を敷衍することによって回答可能である。そして、その回答によって、①自然的態度における素朴実在論的想定を適切に評価することと、②独立した対象の「実在」の想定を否定する観点から自明視作用を解明することとが両立可能となる理路を示しうる。

知覚の「同一化作用」論では、「何か」にかんする「射映」と「利用可能な知識集積」とが、或る「対象」を同一的統一点として綜合されると考える。このとき、その「何か」は、或る「対象」として知覚されているといえるが、「何か」と「対象」が完全に一致することは想定されていない。というのも、射映するその「何か」は、何らかの物理的基体をもつ「対象X」として表現しうるが、それがいかなる「対象」として知覚（あるいは認識）されるべきなのかについての「最終完結的な答え」（普遍的に妥当する真理）は獲得しえないからである。それにもかかわらず、私たちの日常生活においては、実在する「対象」そのものを知覚しているという実感がある。

ここで考えるべきポイントは、一見すると相矛盾する、「（厳密には）対象そのものは知覚できない」という命題と「（日常生活では）対象そのものを知覚できる」という命題の関係にある。但し、この二つの命題のいずれか一方のみが正しく、他方が誤りだという考えは支持できない。かりに前者の命題（「対象そのものは知覚できない」）のみが正しいとすると、なぜそれにもかかわらず、日常生活では対象そのものを知覚できているという実感があるのかが不問に付され、また日常的な実感がドクサとして不当に貶められることにつながりうる。あるいは逆に、後者の命題（「対象そのものを知覚できる」）のみが正しいとすると、いったいいかなるロジックで対象そのものが知覚可能なのかは明らかにされないままで、素朴な実感に「正しさ」を与えることになってしまう。だとすれば、もっとも生産的な途のひとつは、両方の命題に一定の妥当性がありうると仮定したうえで、「（厳密には）対象そのものは知覚できない」にもかかわらず、いかにして「（日常生活では）対象そのものを知覚できている」ように思われるのか、その理路を解明していくことだろう。

あらためて確認すれば、知覚の「同一化作用」論では、「（厳密には）対象そのものは知覚できない」という立場が採られており、他方、素朴実在論ないし知覚の対応説は、「（日常生活では）対象そのものを知覚できる」ことを支持する立場だといえる。そうであれば、知覚の「同一化作用」論を保持しつつ、知覚の対応説ないし素朴実在論的想定の理路を解明することができるかどうかが課題だといえる。じつは、フッサール現象学から諸々の洞察を継承しつつ、

「日常生活世界」を主題的に問い続けたシュッツが、この問題（課題）に回答するための示唆を提供してくれている。(37)

シュッツは、日常生活においてわれわれが、自らが知覚する、眼の前に端的に現われている自存的対象を、その現われ以外のものであるかもしれないという可能性のすべてを「括弧に入れ」る作用を、「自然的態度のエポケー」(Schutz [1945] 1962: 229＝1985: 37) と呼ぶ。この自然的態度のエポケーによって、私たちは、日常生活における「プラグマティックな関心」が妨げられない限りで、その対象が別のものであるかもしれないという「疑念を停止」している。ここで「眼の前に端的に現われている自存的対象」とは、その「射映」によって或る「対象」として知覚されるものを指し、日常的な実感における「実在物」そのものだといえる。だが、対象の知覚を、「自然的態度のエポケー」を通して表現するときには、その「自存的対象」が、素朴実在論的想定にみられるような、たんなる独立した「実在物」ではないことが前提とされている。自然的態度のエポケーという作用は、自存的対象の現われが、それ以外のものであるかもしれないという可能性のすべてを「括弧に入れ」る。ここには、べつの角度からみれば、本来は、自存的対象の現われが、それ以外のものであるかもしれない可能性が示されているのである。(38)

「何か」にかんする或る「射映」は、その「何か」が或る「対象」として知覚されるための必要条件である。だが、知覚の「同一化作用」論では、あくまで、その「射映」と「利用可能な知識集積」とが同一化的に綜合されることによって、対象の知覚は成立することになる。換言すれば、或る「射映」は、それだけでは「対象の知覚」を成立させることはできず、その「射映」が「知識集積」のうちのどのような類型知と綜合されるかによって、いかなる「対象」を構成することになるのかは、さまざまでありうるのである。「何か」にかんする「射映」は、あくまでいくつかの「対象の知覚」が成立しうるための必要条件にすぎず、それ単独では、特定の「対象」の「実在」が信憑されることはありえない。

このことと、「実在」そのものを知覚しているという日常的実感とのあいだの懸隔を架橋するものが、「自然的態度のエポケー」だと私は考えている。すなわち、或る「射映」のみでは、いかなる「対象」の知覚となるのかは定まらない。その時点では、どのような「知」と綜合されるのかによって、いかなる「対象」として知覚されるかは、複数の可能性に開かれたままである。けれども、その時点の「プラグマティックな関心」との相関関係で十分な限りで、或る「対象」以外のものが同一的統一点——知覚される「対象」——となる可能性が「括弧に入れ」られる。[39]この「括弧入れ」(「自然的態度のエポケー」)によって、特定の「対象」を同一的統一点とした、当の「射映」とその「対象」にかんする「知」との同一化的綜合は、可能となる。こうして、本来はべつの「対象」として知覚される可能性があった「何か」が、当の「対象」以外のものではありえないかのように知覚されることになる。このとき、その「対象」を、その「対象」以外のものではありえないかのように知覚している者にとっては、その「対象」の「実在」が信憑されるに違いない。この実在の信憑が、「対象」そのものを知覚しているという日常的実感につながるのである。

以上を踏まえれば、素朴実在論的想定を適切に評価することが可能となる。厳密にいえば、「対象そのものは知覚できない」。だが、日常生活においては、自然的態度のエポケーによって、或る対象が、その「対象」以外のものではありえないかのように知覚され、それを知覚する者は、その対象の「実在」を信憑し、「対象そのものを知覚できる」という実感を抱いているのである。この「自然的態度のエポケー」は、人びとが支障のない円滑な日常生活を送るうえで、重要な役割を担っているといってよい。日常生活の折々で視野に入ってくる、さまざまな「何か」の「射映」は、厳密にいえば、つねに複数の「対象」として知覚しうる可能性に開かれている。しかしながら、かりに、「何か」が視野に入る度ごとに、それをいかなる「対象」として知覚するべきか、熟慮しなければならないとすれば、日常生活に支障をきたしてしまうだろう。日常生活を生きている人びとが、「自然的態度のエポケー」によって、諸々の「対象」の「実在」を素朴に信憑していることは、疑念なく円滑に日常生活を営むことを可能にしているのである。

シュッツは、「なんらかの事態に関するわれわれの知識が、さらなる気づきが生じるまでは、疑問視されずに信憑性があるとして受け容れられていること」を「自明視」と呼ぶ(Schutz [1955] 1962: 326＝1985: 160-1；強調点は筆者による)。「なんらかの事態にかんする知識」は、厳密には、疑問視されうるし、それ以外の知識のほうがより妥当である可能性に開かれているはずである。けれども、そうした別様の知識がより妥当する可能性を「自然的態度のエポケー」によって「括弧に入れ」るとき、「なんらかの事態にかんする知識」は、信憑される。この意味で、「自明視」は、「自然的態度のエポケー」によって可能になっている。だが、注意すべきなのは、「自明視（作用）」が何らかの妥当性をもちうるのは、「さらなる気づきが生じるまで」だということである。つまり、「自明視作用」はあくまで暫定的にのみ成立するのである。自明視されていることがらは、そののちの「さらなる気づき」によって、絶えず疑問に付される可能性がある。

「同一化作用」としての対象の知覚も、「自然的態度のエポケー」によって可能となり、また、あくまで暫定的に成立する。前述のとおり、対象の知覚は、「経験」として利用可能な知識集積に沈澱したのちも、「幻滅（Enttäuschung）」（Husserl 1939: 93-8）によって修整・訂正される可能性につねに開かれているという特徴を有するからである。このように考えてくれば、「同一化作用」としての対象の知覚が、まさに「自明視作用」の典型だということに、同意が得られるに違いない。フッサールが志向作用の範例とみなしていた「対象の知覚（作用）」は、それが、「同一化作用」として成立していることに配意するとき、「自明視作用」の典型として捉えることができるのである。

本章では、対象の知覚について、知覚する者に内属する観点から解明を進めてきた。議論を確認しよう。対象の知覚は、「同一化作用」として成立する。「何か」にかんする「射映」が、それ単独で特定の「対象」の知覚を成立させることはない。当の「射映」と、利用可能な知識集積に含まれている「知」とが、特定の「対象」を同一的統一点として、「プラグマティックな関心」との相関関係で十分な限りで同一化的に綜合されるとき、「同一化作用」としての対象の知覚が成立する。このとき、厳密には、当の「対象」以外の諸々の対象が「同一的統一点」となる可能性もあるのだが、そうした可能性は、「自然的態度のエポケー」によって「括弧に入れ」られる。これによって、当の対象は、その「対象」以外のものではありえないかのように知覚されるのである。対象の知覚は、「同一化作用」であるがゆえに、あくまで暫定的にのみ成立しているはずである。しかしながら、日常生活の自然的態度において「対象の知覚」

が成立するとき、それを知覚する者は、自らが知覚している対象の「実在」を信憑する。つまり、自然的態度において、或る「対象」を知覚する者は、その対象の「知覚」と同時に、その対象の「実在」を「自明のもの」とみなすことになっているのである。

第四章　状況の知覚と自明視作用

前章では、知覚する者に内属する観点から、「同一化作用」としての対象の知覚について解明した。日常生活の自然的態度において「同一化作用」としての対象の知覚が——厳密にいえばあくまで暫定的にのみ——なされるとき、その対象を知覚する者は、その対象の「実在」を自明のものとして信憑している。これが、対象の知覚をめぐる「自明視」である。しかしながら、そこでの議論では、対象の知覚に関係する或る重要な論点の考察に踏み込むことを意識的に回避していた。その論点とは、「対象」の周辺の諸対象を含む「状況」の知覚にかかわる論点である。「状況」は、じつは前章で扱った「対象の知覚」ばかりではなく、第二章で論じた「行動をめぐる自明視」にも深く関係している。本章では、知覚する者に内属する観点から「状況の知覚」の諸位相を解明していくのだが、それにアプローチするうえでは、「地平の現象学」の文脈で議論されてきた「対象—地平」構造を踏まえることが必要になってくる。

対象の知覚を主題として考察する際には、特定の対象への「対向」が前提とされる。だが、日常生活において、われわれは、必ずしもつねにいずれかの対象に対向しているというわけではない。自らの日常生活について考えてみても、数多くの事物が視野に入っているはずであるにもかかわらず、そのいずれにもとくに注意を向けてはいない場合がありうることは、すぐに想像できるだろう。日常生活においては、いずれの「対象」にも対向していないとき（「非—対向」）や、いずれかの対象に対向する以前の段階（「前—対向」）もありうるのである。

ところで、前章で対象の知覚を解明するうえで参考にしたフッサールの現象学には、「意識とはつねに何ものかについての意識である」という基本的見解がある。では、「非-対向」のときの意識や「前-対向」の段階の意識も、「何かについての意識」だといえるのだろうか。本章では、「自然的態度の構成的現象学」の立場から、特定の対象に対向していない場合に意識が向けられている「何か」について考察していく。のちの議論を先取りすれば、それは、「対象―地平」構造における「対象」とも「地平」とも言い切れない「何か」であり、その「何か」こそが「状況」である。

第一節　諸対象の統一的連関の知覚

（1）対象とその周辺の諸対象の知覚

「知覚」を主題とした研究では、しばしば、物理的基体をもつ或る「対象」の知覚に焦点が合わせられる。だが、私たちの普段の生活においては、特定の「対象」に長時間、目を向け続けることはほとんどない。そうしたケースはきわめて例外的だといってよい。日常生活では、「何か」に目を向け、或る「対象」として知覚したとしても、次の瞬間にはべつの「何か」に目が向けられていることも多いだろうし、また、諸々の対象として知覚しうるさまざまな物理的事物が視野には入っているものの、とくにいずれかの「対象」に目を向けているわけではないということもあるだろう。ここまで、第二章では、行為と行動の循環的関係のもとでの「行動をめぐる自明視」について、そして第三章では、「対象の知覚」をめぐる自明視について明らかにした。だが、日常生活においては、「行動」あるいは「対象の知覚」のいわば前提として、それらとは異なる或る「自明視」がすでになされていると考えられる。

フッサールはしばしば、特定の対象への志向性（「対象志向性」(40)）とは区別しうる、「地平志向性（Horizont-intentionalität）」について、多くの著作のなかで語っている（Husserl 1950b, 1954, 1962, 1974）。「知覚されるものはどれもみな、或る経験の背景を持って」おり、「顕在的な諸体験は、非顕在的な諸体験の〈庭〉によって取り囲まれている」(Husserl, 1950b: 77-9= 1979: 155-8)のである。「地平志向性」という概念には、何らかの対象に対向している顕在的な志向性(「対象志向性」)に対して、当の対象の背景としての「非顕在的な体験の〈庭〉」にも志向性が作動していることが含意されている。この「対象志向性」と「地平志向性」にかんする知見を踏まえつつ、それを、自然的態度における意識体験に適用して構成分析を行なうことによって、日常生活における自明視作用の或る位相を浮き彫りにすることが可能となる。

「黒板消し」の知覚を例として考えてみよう。大学等の教室で、黒板の下部の桟に「黒板消し」があるのを目にすれば、多くの人がすぐにそれを「黒板消し」として知覚できるだろう。だが、かりに自宅の洗面所の洗面台に(教室にあったものと同一の)「黒板消し」があったとすればどうだろうか。この二つのケースで、知覚される「対象(黒板消し)」の形状と色はまったく同じだと仮定すると、この個的物体の射映だけを考えれば、大きな違いがあるわけではない。前章の議論を踏まえれば、「黒板消し」を知っている人であれば、いずれのケースでも、その物体を「黒板消し」として知覚することができるといってよいだろう。しかしながら、自明視作用を主題的に考察する観点からみれば、それが教室の黒板の桟にあるケースと、洗面所の洗面台にあるケースとは、区別して考えるほうがよい。

黒板の桟に「黒板消し」があるケースはよくあることであり、いわば「いつもどおり」のこと(「当たり前」)だともいえる。おそらく、義務教育を受けている間に、ほぼすべての人がその光景を目にしたことがあるだろう。そして、この光景があまりにも「当たり前」であるがゆえに、「黒板消し」を実際に使用するときなどでなければ、かりに視野には入っていても、とくにそれに目を向けることすらないかもしれない。他方、自宅の洗面台に「黒板消し」があるケースは、一般的にいえば「当たり前」ではない。そのため、「いつもどおり」であるはずの洗面台の上に、普段とは異なる物体(「黒板消し」)があることに、何らかの「違和感」を抱く人が少なからずいる可能性がある。この場合、その違和感を抱いた人は、当の物体に目を向け、それがいったい何なのか、手にとって確認してみるかもしれない。

この「黒板消し」の知覚をめぐる二つのケースから確認できるのは、日常生活の自然的態度にある私たちが「何か」を「対象」として知覚するとき、決してその当の「何か」だけの射映が目に入っているわけではないということである。教室のケースにおいても、洗面所のケースにおいても、当の物体（「黒板消し」）だけを見ているわけではない。それは、あくまでその周辺にある諸々の対象とともに視野に入っているのである。特定の「何か」の「射映」とその周辺にある諸々の物体等の「射映」が同時に視界に入るとき、教室での「黒板消し」の知覚のケースのように、それらの射映相互の関係に違和感がなければ、視界の内にあるどれにもとくに注意を向けることなしに、それらをごく「当たり前」のものとして知覚することがありえる。日常生活の自然的態度においては、諸関心のシステムや当面の目的に照らして十分である——何ら問題がない——限りで、そうした諸関心等に対応したレヴェルで、視野に入る諸々の対象を、瞬時にまとめて知覚している場合があると考えられる。もう少し敷衍して確認してみよう。

たとえば或る日、その日は朝から教室の黒板の桟にある「黒板消し」には一度もとくに目を向けていないとしよう。だが、かりにそれに一度も対向していないとしても、それが視野に入ってさえいれば、その物体はすでに「黒板消し」として知覚されていると考えることができる。その日にその教室で、しばらく経ったのちに黒板の文字等を消す必要が生じたときには、視野に入っていた黒板の桟にあるその物体（「黒板消し」）に、なかば無意識的に手を伸ばすことが想像できるからである。このとき「黒板消し」は、それに手を伸ばす前の時点で、ただ視野に入っているだけのときでさえすでに、「自然的態度のエポケー」によって、「黒板消し」以外の何ものでもないものとして知覚することが可能になっていると考えられる。他方、自宅の洗面台にある「黒板消し」は、おそらく、教室の黒板の桟にあるケースと同様の意味で、視野に入っているだけで「黒板消し」として知覚されるということはないだろう。洗面所で視野に入ったその物体は、洗面所を利用しているその人に、何らかの違和感を抱かせる可能性が高い。このとき、それは、教室でのケースのように、とくに目を向けることがなくとも「黒板消し」以外の何ものでもないものとして知覚されているわけではない。洗面台にある当の物体が「黒板消し」として知覚されるのは、おそらく、それにとくに目を向けたり、手にとってみたりすることによって、それがたしかに「黒板消し」であることが確認されたのちである。

以上の二つのケースでは、視野に入っているだけで「黒板消し」として知覚されうるかどうかという点で違いがある。だが、べつの観点から考えれば、これらの二つのケースには、興味深い共通点も見出すことができる。それは、二つのケースのいずれにおいても、「黒板消し」という（個的）物体は、対向される以前に、たんに視野に入っている段階で、すでに何らかのかたちで知覚されているということである。教室のケースでは、視野に入るだけで、当の個物は「黒板消し」として知覚されていた。他方、洗面所のケースでも、視野に入ったその物体が何らかのかたちで知覚されていなければ、それが洗面台の上にあることに、「違和感」が抱かれることはない。この意味で、われわれが日常生活の自然的態度にあるときには、たんに視野に入っているだけの物体であっても、たしかにそれを知覚できている場合があるといえるのである。

そして、これらの二つのケースの考察から確認できるのは、やはり、個物である「何か」を「対象」として知覚する場合には――特定の対象の知覚の場合には――、その「何か」だけが単独で知覚されているわけではないということである。もし、その「何か」だけが単独で知覚されているのだとすると、教室のケースでも洗面所のケースでも、「黒板消し」の知覚には何ら違いはないはずである。だが、上で確認したように、この二つのケースでは、形状も色も同じ物体（「黒板消し」）の知覚には、「違い」が生じていた。それが教室の黒板の桟にあるときには、視野に入るだけで「黒板消し」として知覚されているといいうるのに対して、洗面所の洗面台でそれが視野に入るときには、「違和感」のある「何か」として知覚されているとみられるからである。この「違い」は、これらのケースの両方で、或る物体（「黒板消し」）が、それ単独ではなく、その周辺にある諸々の対象とともに知覚されているからこそ、生じていると考えられる。この意味で、日常生活の自然的態度において或る対象の知覚がなされるときには、その対象だけではなく、その周辺にある諸々の対象も、同時にまとめて、知覚されているのである。

(2) 統一的連関の知覚

「黒板消し」の知覚にかんする前項の二つのケースでは、その両方で、或る対象(「黒板消し」)とその周辺の諸対象が、「まとまり」として同時に知覚されていると考えられる。この「まとまり」を「統一的連関」と呼べば、どちらのケースにおいても、或る対象(「黒板消し」)とその周辺の諸対象とが「統一的連関」のもとで、視野に入っただけで知覚されているのである。そしてそのうえで、教室のケースとは異なり、洗面所のケースでは、違和感のある「何か」としての「黒板消し」への(能動的)「対向」が生じている。ここには、日常生活を生きている人びとによる自明視作用を明らかにするための、きわめて重要な示唆が含まれている。

フッサール(Husserl 1939, 1966)によれば、受動的綜合の段階から、触発を経て能動的対向に移行した段階で、最低次の能動性が作動する。[41] この彼の見解を、「黒板消し」の知覚の二つのケースにそのまま適用すれば、教室のケースでのその知覚は「受動性」に属し、洗面所のケースでのその知覚は「能動性」の段階に移行しているということになるだろう。付言すれば、前章では、或る対象の知覚作用を、同一化作用として解明を進めたのだが、そこでは、「能動的対向」に基づく知覚を扱ったのである。他方、先述した、日常生活における、或る対象とその周辺の諸対象の「統一的連関」の知覚作用についてよく考えてみると、それが「受動性」に属するのか、あるいは「能動性」に属するのかは、即座に判断できるような簡単な問いではおそらくない。もちろん、教室のケースにおける、視野に入っただけでなされていた「黒板消し」の知覚が受動的綜合だとすれば、「統一的連関」の知覚も「受動性」に属すると考えられるかもしれない。しかしながら、「統一的連関」の知覚には、受動的綜合とは言い切れない位相が含まれているように思われる。

或る対象とその周辺の諸対象の「統一的連関」の知覚作用は、フッサール現象学の「地平」概念や「地平志向性」概念に深く関係する。洗面所での「黒板消し」の知覚のケースでいえば、「対象」として対向されている「黒板消し」に対して、背景としてその周辺にある(洗面所の)諸対象が、「地平」にあるとみなされる。「地平」概念は、対象として浮かび上がっている図に対する「地」ないし「背景」という意味も有するが、この意味だけに限定されるわけではない点には注意が必要である。「地平」概念にあっては、内的地平と外的地平が区別され、このうち「内的地平」は、一般的な意味での「地」ないし「背景」とはいえないからである。たとえば、「黒板消し」を基体とすれば、スポンジ（部分）やプラスチックカバー、帯などの各部品が、「黒板消し」の内的地平にある「解明項」として見出される。この解明項として見出された「スポンジ（部分）」は、これを基体とみなしてさらにその内的地平（生地や形状等）を解明していくこともできるが、そうした解明項は、「内的地平」として解明されるのである。また、「外的地平」としては、教室のケースでは、「黒板消し」の周囲の黒板や教壇等に、また洗面所であれば洗面台や蛇口、ハンドソープ等が該当する。

先に述べたように、「対象」に主題的に関わる志向性としての「対象志向性」に対して、「非顕在的な諸体験の〈庭〉」としての「地平」に非主題的に関わる志向性は、「地平志向性」と呼ばれる。たとえば、洗面所で「黒板消し」に能動的に対向したとすれば、「黒板消し」に関わる志向性が「対象志向性」であり、その周辺の諸対象に関わる志向性が「地平志向性」だといえる。では、或る対象とその周辺の諸対象の「統一的連関」の知覚については、対象志向性と地平志向性のうち、どちらが深く関係しているといえるのだろうか。

じつは、フッサールによる「対象-地平」構造にかんする叙述に依拠すれば、この問いに回答することは容易ではない。『危機』書において彼は、「事物や対象」は、「原理的に物として、つまり世界地平のうちにある対象として意識されるという仕方」でのみ与えられているが、「地平は、存在する対象に対する地平としてのみ意識されており、とくに意識された対象なしには現実的に存在しえない」(Husserl 1954: 146= 1974: 200) と述べているからである。この見方をそのまま「黒板消し」の知覚の例に適用すれば、「黒板消し」という対象がとくに意識され、対向される限りにおいて、その地平として（教室のケースにおける）黒板・黒板の桟・教壇や、（洗面所のケースにおける）洗面台・蛇口・ハンドソープ等が現実的に存在する、ということになる。もちろんフッサールは、「志向的含蓄

(intentionale Implikation)」概念について述べる際、「対象志向性」と「地平志向性」の相互補完的関係を示唆しており (Husserl 1974: 215-6; 1959: 124)、決して「対象志向性」と「地平志向性」を厳密な二元論で捉えているわけではない。しかしながら、日常生活の自然的態度において、特定の「何か」に対向する以前のレヴェルでなされている、或る対象およびその周辺の諸々の対象の「統一的連関」の知覚に焦点を合わせるとき、フッサールに依拠した「対象志向性」と「地平志向性」という概念を用いると、とりわけ日常生活における自明視作用を明らかにするうえで、非常に重要な位相がすり抜けてしまう。

対象志向性と地平志向性は、分析的には区別しうる概念である[42]。だが、教室のケースで、視野に入っているだけで「黒板消し」が知覚されていたことを考慮に入れると、はたしてそのとき「黒板消し」は、「対象志向性」と相関関係にあるのか、あるいは「地平志向性」と相関関係にあるのか。また、第二章で挙げた洗顔の例であらためて考えれば、そのとき「蛇口」は「対象」として知覚されていたといえるのだろうか。私たちの日常生活においては、とくに注意を向けているわけではなくとも、たしかにその「何か」を知覚している場合が多々ある。洗面所で洗顔する際、かりに睡眠不足のまま起床したばかりで、半ば目を瞑った状態であったとしても、洗顔する場合のいつもどおりの場所に立ててさえいれば、おそらく間違いなく蛇口をひねることができる。このとき、洗面台にあるべつの何かにではなく、たしかに蛇口に手を伸ばすことができているのは、かりに半ば目を瞑った状態であっても、洗面所における、蛇口を含む諸々の対象の位置関係が知覚できているからである[43]。特定の「対象」に注意を向けることのないままに、視野に入る諸対象を把握できている、こうした日常生活の自然的態度における知覚作用の有り様が、その対象とその周辺の諸対象の「統一的連関」の知覚について明らかにするための鍵を提供する。

先に、「黒板消し」の知覚を基体として、さらに「黒板消し」の内的地平を解明しうることに言及しておいた。普段の生活では、「黒板消し」を端的な「対象」として知覚することはあっても、「黒板消し」の諸部分 (スポンジやプラスチックカバー等) のいずれかに、端的な対象としてとくに注意を向けることはほとんどないだろう。だが、もし何らかの関心をもって目を向けようとすれば、「黒板消し」の「断片」(44)である「スポンジ」にも、「対象」として対向しうる。このことが示唆するのは、特定の「対象」が諸断片に分割しうるのであれば、その「対象」は、そうした諸断片が結合したものとみなしうるということである。つまり、特定の「対象」を知覚する際には、一方で、複定立的に（多光線的に）断片である諸対象（スポンジやプラスチックカバー等）を把握することが可能であり、他方、それらの諸対象（断片）を、「結合」あるいは「統一的連関」のもとでみれば、「黒板消し」として単定立的に（単一光線的に）知覚することもできるのである。

このように考えれば、「黒板消し」という「対象」に能動的に対向する知覚作用と、（教室のケースにおける）「黒板消し」とその周辺の諸々の対象とが「統一的連関」のもとで知覚される作用とのあいだにひとつの類似点を見出すことができる。これらの作用ではともに、複定立的（多光線的）に部分としての諸々の対象に対向することが可能であると同時に、「統一的連関」のもとでひとつのまとまりとして、単定立的に（単一光線的に）知覚することも可能なのである。但し、急いで付け加えれば、これらの二つの作用には重要な相違点もある。前者（「対象」の知覚作用）では、当の「対象」は、その内的地平に含まれる諸々の解明項の「基体」という性格をもつものとして、たとえば「黒板消し」のように、「名辞化」されている。これに対して、後者（対象とその周辺の諸対象の「統一的連関」の知覚作用）にあっては、諸対象の「統一的連関」は、「基体」とはいえず、「対象」と同様な意味で「名指し」することはできないからである。以下では、議論を明確にするために、「個物」としての対象（「黒板消し」等）に能動的に対向する知覚作用を「対象の知覚」と呼び、或る対象およびその周辺の諸対象を「ひとつのまとまり」として知覚する作用を、「統一的連関の知覚」と呼ぶことにしたい。

第二節　統一的連関の知覚の解明

個物としての対象の知覚と統一的連関の知覚とは、「何か」を単定立的に知覚する作用である点では類似している。[45] だが、対象の知覚では、「名指し」可能な「対象」に能動的に対向しているのに対して、統一的連関の知覚にあっては、――「対象」への対向のような意味で――その「統一的連関」に能動的に対向しているわけではない。統一的連関の知覚は、この意味で「受動性」に属するといえる一方で、他方、その「統一的連関」に含まれる諸々の対象を「ひとつのまとまり」として綜合しているという点では、能動的綜合といえる面がある。[46]

前章で明らかにしたように、日常生活における「対象の知覚」とは「同一化作用」である。それゆえ、それがいかなる「対象」として知覚されるべきであるのかについては、その唯一の「最終完結的な答え」があらかじめ確定されているわけではない。このことは、「統一的連関」の知覚の場合にもあてはまる。知覚される当の「統一的連関」の「最終完結的な答え」が、あらかじめ確定しているとはいえないからである。この点で、「統一的連関」の知覚を考察するうえで、「内属的」観点を採用する同一化作用としての（対象の）知覚の見方（知覚の「同一化作用」論）が参考になると推測しても、的外れにはならないだろう。また、知覚されるのが、諸々の対象の「統一的連関」である以上、「統一的連関の知覚」には、部分―全体の関係を前提とする、いわゆる「解釈学的循環」があてはまるといえる。つまり、「統一的連関」の全体の意味の理解は諸部分の解釈によって、そして翻って、諸部分の解釈は全体の意味によって導かれるのである。だとすれば、次に考察すべき課題は、いかなる「基準」によって、諸部分の解釈と全体の意味との相互規定からなる「統一的連関」が知覚されるのかを明らかにすることになる。

前章で、日常生活における対象の知覚には、知覚する者自身の「プラグマティックな関心」（ないし「諸関心のシステム」[47]）がかかわっており、その諸々の関心に応じて、「何か」がいかなる対象として知覚されれば「問題ない」のか、そしてこの意味で「十分」であるのかが規定されていることを明らかにした。この「プラグマティックな関心」に照らして十分だという「基準」を満たす限りで、「同一化作用」としての知覚は成立している。このことを踏まえれば、対象の知覚の場合と同様に、「統一的連関」の知覚も、「プラグマティックな関心」に照らして十分だという「基準」が関係していないのかどうかについて、検討してみる価値がある。前節で挙げた、教室のケースと洗面所のケースの「黒板消し」の知覚の例で確認してみよう。

教室のケースでも洗面所のケースでも、「黒板消し」と、その周辺の諸対象の「統一的連関」が知覚されていた。教室のケースでは、黒板の桟に「黒板消し」があることは当然のこととみなされうる。このケースでは、知覚される「黒板消し」とその周辺の諸対象は、「統一的連関」の観点からみて適合的であり、何ら問題のないものとみなされている。これに対して、洗面所のケースでは、洗面台の上に「黒板消し」があることは、洗面所を利用している人に違和感を抱かせている。それゆえ、その人の自我が触発され、能動的対向が生じている。このケースでは、「黒板消し」とその周辺の諸対象が、「統一的連関」の観点からみて適合的ではないがゆえに、能動性（能動的対向）が生じているのである。

この二つのケースにはいずれも、「黒板消し」とその周辺の諸々の対象が、ひとまとまりの「統一的連関」として知覚される作用が含まれている。だが、教室のケースとは異なり、洗面所のケースにおいては、「統一的連関」の知覚は、「黒板消し」への気づきを契機として、その「黒板消し」という特定の対象への能動的対向につながっている。この二つのケースの相違は、「黒板消し」が自我を触発しているかどうかにあるといえるだろう。教室のケースでは、何ら「問題的」なものは感じられていないのに対して、洗面所のケースでは、「黒板消し」とその周辺の諸対象を「統一的連関」のもとでみたときに「違和感」があるがゆえに、その「黒板消し」は自我を触発しているのである。ここで留意すべきなのは、この「違和感」が、日常生活の自然的態度において生じているということである。つまり、この「違和感」とは、日常生活上、知覚された諸対象の「統一的連関」が、何らかのかたちで「問題的」と感じられていることを意味するのである。これが「問題的」だとみなされたのは、普段の生活から考えれば洗面台の上にあるはずがない「黒板消し」がそこにあるからであり、プラグマティックな関心に照らして「問題的」とみなされたのである。これらの二つのケースを「プラグマティックな関心」との関係を基準に比較すれば、一方で、「黒板消し」とその周辺の諸対象の「統一的連関」は、教室のケースでは、プラグマティックな関心に照らして「問題ない」ものとみなされ、他方、洗面所のケースでは、それは「問題的」なものとみなされているのである。

「統一的連関の知覚」の場合にも、「対象の知覚」の場合と同様に、プラグマティックな関心に照らして「問題ない」ときには、それで十分なものとみなされる。しかしながら、プラグマティックな関心に照らして「問題的」であるときには、「統一的連関の知覚」は、それにとどまらず、その連関の内にある特定の「対象」の能動的綜合へと移行する。これらのことから、「統一的連関の知覚」には、日常生活における「プラグマティックな関心」が関係していることが分かる。「プラグマティックな関心」に照らして「問題ない」場合には、「統一的連関の知覚」は、それで十分なものとして成立する。他方、「問題的である」場合には、「統一的連関の知覚」はそれで十分なものとはみなされず、ひき続いて、その「連関」の内で「問題的」と感じられた触発する「何か」に意識が向けられるのである。

ここまでの議論によって、「統一的連関の知覚」には、プラグマティックな関心に照らして十分だという「基準」が関係していることが明らかになったが、この「基準」は、同一化作用としての「対象の知覚」の成立にかかわる「基準」でもある。だとすれば、ここからさらに「統一的連関の知覚」の解明を進めていくには、「対象の知覚」との比較を念頭に置くことが有益だろう。だが、フッサールの述べる「対象―地平」構造にもっぱら依拠して分析を進めようとするとき、日常生活の「自然的態度」において知覚される「統一的連関」という位相はすり抜けてしまうように思われる。

前節で述べたように、フッサールは、「対象志向性」と「地平志向性」を区別しつつ、「対象―地平」構造を明らかにしようとしていた。しかしながら、われわれがここで焦点を合わせている「統一的連関」の知覚には、「対象」と「地平」が同時に含まれており、そこでは、とくにいずれかの「対象」に対向することなく、諸々の対象（あるいは「対象—地平」）が「ひとつのまとまり」として知覚されている。だとすれば、「志向性」との関係でいえば、この「統一的連関」の知覚においては、対象志向性と地平志向性が同時に働いているか、あるいは、対象志向性と地平志向性が融合した、それらとは別の種類の志向性が作動しているかのいずれかだと考えるほうがよいだろう。

また、彼の述べる「対象-地平」構造を踏まえれば、特定の「対象」に対向することによって、その対象の「地平」が開かれるのだが、このとき、特定の「対象」に対して、その「地平」は無数にありうる。当の対象の背景としての「外的地平」や、解明されうる「内的地平」のみならず、そうした「地平」によってまたべつの「地平」も開かれ、「普遍的地平」（あるいは「地平の地平」）としての「世界」までがそこには含まれる。語弊をおそれずに敢えて空間的に表現すれば、「対象」の狭さに対して、「地平」はあまりに広い。ここに「統一的連関」をあてはめてみれば、それは、「対象」よりは広く、「地平」よりは狭いといえるだろう。だとすれば、本章でわれわれが注目している「統一的連関」とは、「対象」と「地平」のいわば中間の位相を示す概念だと考えることができるだろう。

諸々の対象の「統一的連関」は、自然的態度において、日常生活を生きている人びとによって知覚される。そして、この「統一的連関」は、日常生活の「プラグマティックな関心」を基準として、「問題ない」ものであるか、あるいは「問題的」であるかのいずれかとしてみなされる。この点で、「統一的連関の知覚」は、あくまで日常生活を生きている人びとに「内属する」観点を採ることによって、はじめて見出しうるものだと考えられる。このことを踏まえて、以下では、この「統一的連関」の知覚を「状況」[48]の知覚と呼び、さらに解明を進めていくことにしたい。

第三節　統一的連関としての状況

知覚される諸対象の「統一的連関」を「状況」と呼べば、「黒板消し」の知覚の二つのケースのうち、教室のケースでは、プラグマティックな関心に照らして、その「状況」は「疑問の余地のない」ものとして知覚されているといえる。他方、洗面所のケースでは、プラグマティックな関心に照らして当の「状況」の知覚において違和感が生じ、「問題的状況」へと転化し、能動的対向が生じている。つまり、当の「状況」は、プラグマティックな関心に照らして「問題」があるかどうかに応じて、「疑問の余地のない状況」か「問題的状況」かのいずれかとして知覚されているのである。

(1)自然的態度において知覚される状況の範囲

ところで、「状況」が、知覚される諸対象の「統一的連関」であるとすれば、知覚される統一的連関の「範囲」はどのように定まっているのだろうか。先の教室での「黒板消し」およびその周辺の諸対象の――「統一的連関」の――知覚のケースでは、それらの諸対象は「ひとつのまとまり」として知覚され、「問題ない」という意味で「疑問の余地のない」ものとみなされていた。しかし、同じ教室に「黒板消し」があるケースでも、実際にはさまざまな例を想像することができる。たとえば、「黒板消し」が黒板の前の床に落ちている場合、教室の前から2列目の(学生が着席している)机の上にある場合、教室の最後列の机の上にある場合、そして先の例のように黒板の桟にある場合等である。これらの場合では、知覚する本人が授業を行なう教員なのか、受講学生なのかによって、そして学生であればおおよそどの辺りの席に座るかによっても、その「黒板消し」の知覚のされ方は違ってくるかもしれない。これらの場合のそれぞれについて考えてみよう。

教員であれば、「黒板消し」が黒板の前の床に落ちていれば、それがすぐに視界に入り、気づく可能性が高い。このとき、知覚される統一的連関としての「状況」が「問題的」とみなされ、「黒板消し」を拾い上げて黒板の桟等の適当な場所に置くことは、ごく自然だろうと想定できる。そのままにしておくと邪魔でもあるし、授業中や授業後に黒板の文字等を消そうとするときに不便でもある。だが、もし「黒板消し」が教室の前から二列目の学生用の机の上にあったり、教室の最後列の学生用の机の上にあったりする場合は、——教室の規模によるかもしれないが——それに気づくかどうかは定かではない。教室の前から二列目の机の上であれば、教壇から学生のほうを向いたときに視界に入って気づくかもしれないが、教室の最後列の机の上であれば、それは視界に入りづらいだろう。ここから、知覚される統一的連関としての「状況」の範囲には、まず、「視界」[49]が関係していることが理解できる。付言すれば、このときの視界とは、半径何メートルというように客観的に測定できるものではなく、あくまでその本人によって知覚可能な範囲を意味する。たとえば、眼鏡をかけているときには教室の前から二列目の机の上の「黒板消し」に気づいたとしても、眼鏡をかけずに裸眼で教壇に立つと、それがまったく見えないこともあるだろう。このとき、眼鏡をかけているときには視界に入っている「対象」が、眼鏡を外したときには視界に入っていないといえる。

他方、教室の最後列の席に座る学生自身の観点からは、教室の最後列の机の上に「黒板消し」がある場合は、それに簡単に気づくかもしれない。教壇にいる教員からは視界に入らないような最後列の机にある「黒板消し」も、その席に座ろうとした学生にはすぐに視界に入る。だが逆に、その学生は「黒板消し」が黒板の前の床に落ちている場合にはそれにまったく気づかないかもしれない。教室の最後列からは、「黒板消し」が落ちているその場所は死角となりやすい。この場合でも、やはり「状況の知覚」には、特定のパースペクティヴからの「視界」がまず関係しているといえる。

けれども、かりに黒板の前の床に落ちている「黒板消し」が、教室の最後列にいる学生の視界に入ったとしたらどうだろうか。教壇にいる教員からすれば、そこに落ちている「黒板消し」は「問題的」だといってよい。しかしながら、教室の最後列にいる学生にとっては、それは必ずしも問題的ではないとも考えられる。その学生からすれば、そもそも「黒板消し」がどこにあるかに関心はないだろうし、かりにそれが床に落ちていることに気づいても、教員がそれに気づけば拾い上げるだろうと思うだけかもしれない。つまり、たとえ同様にそれが視界に入っているとしても、教壇にいる教員からすれば「問題的」といえるその状況が、教室の最後列に座る学生にとっては、自分が最後列からそこに行き、「黒板消し」を拾い上げる必要性までは感じないがゆえに、「問題的ではない」とみなされることは、十分に想像しうる。これらのことを踏まえれば、「疑問の余地のない状況」としての知覚には、「視界」に入っているかどうかという基準と、「プラグマティックな関心（諸関心のシステム）」がともにかかわっているのである。

とはいえ、視界に入っている諸対象のうち、どこからどこまでが「統一的連関」のもとにあるのかが、その都度すべて自覚されることはない。敢えて意識的に、視界に入っている諸対象にひとつずつ対向し、数え上げていくことは可能かもしれないが、普段の日常生活ではそのようなことはしない。しかしながら、先の例でいえば、教壇にいる教員が教室の前から二列目の机の上の「黒板消し」に気づき、それを黒板の桟に戻したとすると、これを別の視点から考えれば、それ以前にも前から二列目の机の上までは視界に入っており、少なくともその範囲までは、「疑問の余地のない状況」として知覚されていたことが推測できる。また、たとえ最後列の机の上までは視界に入っていないとしても、授業中に最後列に座る学生が、急に体調に著しく変調をきたせば、教壇にいる教員もそれに気づき、適切に対処するだろう。だとすれば、普段の授業から、最後列の机の上はほとんど視界に入っていないとしても、最後列に座る学生の様子は視界に入っており、その学生たちに体調面等で異変がないというレヴェルで、「疑問の余地のない状況」として知覚されているといえる。この例から導き出しうる知見は、「疑問の余地のない状況」の範囲は、それが「問題的状況」に転化することによって、事後的に部分的に明らかになる面があるということである。そして、その「問題的状況」が問題的であるのは、「疑問の余地のない状況」とは異なり、日常生活の円滑な遂行と深く関係する「プラグマティックな関心」を妨げる「何か」が、そこに含まれているからである。

このように考えてくると、「状況の知覚」が、第三章で同一化作用としての「対象の知覚」を考察したときに言及していた、過去のあらゆる経験の沈澱としての「利用可能な知識集積」に関係していることに気づく。たしかに、或る時点で知覚されていた「状況」の範囲は、それが「問題的状況」に転化したのち、事後的に部分的に明らかになる面がある。しかしながら、それにもかかわらず、或る「状況」が「疑問の余地のない状況」として知覚されているとすれば、状況の知覚には、暗黙のうちにではあれ、プラグマティックな関心からみて「問題ない」という判断がかかわっているとみてよい。そして、当の状況が「問題ない」状況なのか、あるいは「問題的」状況なのかを判断する基準は、過去の経験を通じて形成されていると考えられるのである。「黒板消し」が教室の前から二列目の机の上にあれば、それは「問題的状況」とみなされ、黒板の桟にあれば、「疑問の余地のない状況」として知覚される。それは、以前の経験のなかで、「黒板消し」は、教室の前から二列目の机の上よりも、黒板の桟にあるほうが適切であるという「知識」を得ているからにほかならない。前章で考察した「対象」の知覚の場合と同様に、「状況」の知覚の場合にも、当の状況を「疑問の余地のない状況」として、あるいは「問題的状況」として知覚するときには、あらゆる経験の沈澱である「利用可能な知識集積」が深く関係しているのである。

（2）状況の知覚における時間的位相

ここまでの「状況の知覚」の考察のなかでは、論旨を複雑にしないために、特定の時点の、いわば瞬時に知覚される「状況」を例として取り上げてきた。しかしながら、「状況」について考察するときには、或る「統一的連関」が時間の幅をもって構成される側面がある点を等閑視することはできない。知覚される「状況」には、空間的「延長」をもつ諸対象の統一的連関だけではなく、「時間的幅」のなかで構成される統一的連関も関係しているのである。またべつの例を用いて確認してみよう。

たとえば、夜間に横断歩道を渡ろうとして、赤信号であるために立ち止まり、そして青信号に変わるまで待つとしよう。この「状況」自体は、よくあることであり、当の時点で知覚される、信号機を含む諸対象の「統一的連関」にはまったく問題がないといえる。だが、かりにその信号がいつまでも青信号に変わらなければ、その状況は「問題的状況」となる。何分待った時点で「違和感」を抱くかはそれぞれ異なるだろうが、三〇分以上、疑問の余地なくその横断歩道で信号が変わるのを待つことはないだろう。つまり、横断歩道で赤信号を前に立ち止まって待つ状況自体は、疑問の余地のない状況として知覚されうるが、それが「疑問の余地がない」のは、そこで長くても数分待てば、青信号に変わって横断歩道を渡ることができるという予料があるからである。だが、その信号が夜間押しボタン式の信号機であれば、誰かがそのボタンを押さない限り、青信号に変わることはない。夜間で辺りが暗いために、「夜間押しボタン式信号」の表示に気づかず、そのボタンを押さなければ、ただ待っていても赤信号のままである。このとき、特定の瞬間に知覚される諸対象の統一的連関としての状況は変化していないといえるものの、数分待てば青信号に変わるという予料が裏切られ、プラグマティックな関心が妨げられることによって、その状況は「問題的」なものに転化するのである。

「問題的状況」への転化が、「疑問の余地のない状況」の統一的連関の範囲を部分的に、事後的に照射するという知見についてはすでに述べた。この知見を踏まえれば、上の横断歩道の例における「疑問の余地のない状況」は、或る瞬間の諸対象の統一的連関と同一視されるわけではなく、たとえば長くても数分まてば青信号に変わるという予料に基づく、一定の時間の幅をもっているということがわかる。つまり、状況とは、特定のパースペクティヴをもつ「視界」という空間的位相のみならず、時間的位相からもなっているのである。

第四節　状況知覚の循環的構造

(1) 同一化作用としての状況の知覚

「状況」の知覚とは、空間的位置をもつ諸対象の「統一的連関」のたんなる知覚ではない。「状況」とは、プラグマティックな関心に照らして「問題的」であるかどうかを基準として、空間的位相ばかりでなく時間的位相をも含む諸対象が、ひとつの「まとまり」として知覚される統一的連関である。この「状況」の知覚には、端的な「対象」の知覚とは異なるレヴェルの綜合がある。

「状況」の知覚にあっては、特定の対象に対向することがなくとも、視野に入っている諸々の対象が知覚される。そうした諸対象からなる「状況」の単定立的（単一光線的）な知覚作用は、いわば、鉛筆・ボールペン・消しゴム等を、一括して「筆記用具」として知覚する作用に準えることができる。もちろん、この「筆記用具」としての知覚の場合は、或る瞬間の知覚であり、前節の横断歩道での例のような時間的位相は捨象されているといってよい。しかしながら、鉛筆・ボールペン・消しゴムを、ひとまとまりの「筆記用具」として単定立的に知覚するように[50]、横断歩道で立ち止まり、青信号に変わるのを待っている「状況」も、ひとつのまとまりとして知覚されていると捉えることができる。

「状況の知覚」をさらに明らかにするうえでは、「Sはpである」という述定判断が「Sがpであること」として名辞化されたものとしての、「事態」にかんする議論が補助線となる。先述の横断歩道の例では、「一定の時間が経てば信号機の表示が変わること」が予料されている。そして、「横断歩道を渡る」というプラグマティックな関心ないし当面の目的と関連するその予料と、横断歩道・信号機・片側二車線の道路・自動車等の諸々の対象の知覚等がともに、当の「状況」をかたちづくっており、この「状況」は、そこで何ら問題が生じていない場合には、「疑問の余地のない状況」として知覚されている。つまり、この「状況」においては、「信号機の表示が変わること」という判断作用を含む「事態[51]」が「契機（Moment[52]）」のひとつとなっているのである。だとすれば、さらにいえば、そうした契機等からなる「状況」も、「当の状況は問題ない」という暗黙の判断に基づいて、「疑問の余地のない状況」という「事態」として単定立的に知覚されていると解釈することができる。この点は、受動性と能動性をともに含む作用としての「状況の知覚」における、能動性の位相を示しているとみてよいだろう。

前章で、対象の知覚が、或る射映と過去のあらゆる経験の沈澱である「利用可能な知識集積」とが、当の「対象」を同一的統一点として綜合されることによって成立することを明らかにした。これが、知覚の「同一化作用」論である。もちろん、状況の知覚においては、対象の知覚と同様の能動的対向は生じていない。しかしながら、「状況」を「事態」に類似するものとみなすならば、「同一化作用」としての対象の知覚をめぐる知見が、「状況の知覚」にも、少なくとも一定の程度は適用しうると考えられる。

「状況」とは、空間的-時間的位相をもつ、諸対象および事態の「統一的連関」である。この「統一的連関」がいかなるものであるかは、いわば「神の視点」から上空飛翔的に見定められるものではなく、あくまでその状況を知覚する本人の観点から、「内属的」に捉えられる。前節で言及したように、或る「状況」が「疑問の余地がない」のか「問題的」なのかを判断する基準が、知覚する本人にとっての「利用可能な知識集積」と深く関係するからである。だとすれば、或る状況の知覚は、その時点の自らをとりまく周囲の「射映」と、「利用可能な知識集積」との「同一化作用」として成立していると考えることができる。

もちろん、個物としての対象の知覚における「射映」と、状況の知覚における「射映」は、区別しておくほうがよいだろう。対象の知覚の場合の「射映」は、すでに知覚が成立した時点からみれば、特定の個物と結び付いているといえるのに対して、状況の知覚の場合の「射映」はそうではない。状況の射映とは、緩やかな「統一的連関」を有する諸々の事物等の射映であって、輪郭がはっきりとしているわけではない。しかしながら、当の状況の射映をもとに

「疑問の余地のない状況」の知覚が成立しうるということは、その状況の射映と、以前に経験された、それと類型的に類似する状況にかんする知識が、その状況を知覚する本人によって重ね合わせられていることを意味する。この「重なり」を「同一的統一点」とよぶかどうかによって見解は異なりうるが、それを「同一的統一点」とみなせば、「状況の知覚」も「同一化作用（同一化的綜合）」だといえるのである。[53]

前章の考察において、「何か」が知覚される場合、その実在そのものが知覚されるわけではなく、「プラグマティックな関心」――精確にいえば「プラグマティックな諸関心のシステム」――との相関関係で十分な限りで、何らかの「対象」として知覚されていることを明らかにした。これは、「状況の知覚」にもあてはまる。当の状況は、「プラグマティックな関心」との相関関係で十分な限りで、「疑問の余地のない状況」として知覚されていると考えられるのである。このように考えてくると、個物としての「対象」の知覚と「状況」の知覚のあいだには、能動的対向の有り様に違いはあるとはいえ、いくつもの共通点があるといえる。対象の知覚と状況の知覚はともに、「同一化作用」とみなしうるし、それゆえ、これらの知覚は、最終完結的というよりも、むしろ、そののちの修整に開かれたものなのである。

（2）状況知覚の循環的構造

ここで、第二章で詳論した「行為と行動の循環的関係」をあらためて想起したい。その関係を示す図2-3（七三頁参照）から読み取りうる知見を、ここでの「状況の知覚」の考察にも関連する二点にまとめて確認しよう。

第一は、日常生活において、「疑問の余地のない状況」が連続する場合には行動の選定が繰り返され、そして、何らかの「問題」への直面を契機として「問題的状況」が生じるときには、「熟慮」を通じて或る行為の企図が選択・実行され、そののちには、また「疑問の余地のない状況」に立ち戻るということである。そして、第二は、当の状況で選択・実行された行為は、そののち、その状況と類型的に類似する状況に直面した際、選定される行動になりうるということである。つまり、時間的に先行する「状況（S_1）」と、そののちのいずれかの時点の「状況（S_2）」とが、かりに時間的―空間的に断絶しているとしても、その状況を知覚する本人が、それらの状況を類型的に類似するものとして、暗黙のうちであれ重ね合わせるならば、「状況（S_1）」で選択・実行された行為が、「状況（S_2）」における（適切な）行動として「選定」されうるのである。

前記の第一点目から、「つねに何ものかについての意識」であると表現される志向的意識は、日常生活において、「疑問の余地のない状況」か「問題的状況」に向けられ、行動が選定されたり行為が選択されたりしていることが見出せる。また、第二点目からは、「状況」についての類型的認識をもとに、それぞれの状況に適合的な行為・行動にかんする知識が習得されて（学ばれて）いく有り様がみてとれる。これらの二点を踏まえて私が主張したいのは、次のことである。すなわち、行為・行動や対象の知覚が継起的になされる日常生活の自然的態度においては、それらの「基盤」（「土台」）のレヴェルの「状況の知覚」がとりわけ重要な機能を担っているということ、これである。[54] 日常生活を生きている人びとは、必ず何らかの「状況」のなかで生きており、とくに意識せずとも「状況」を知覚しているのである。では、行動・行為や対象の知覚が継起的になされる日常生活で、「状況」にかんする「利用可能な知識集積」はどのようにして獲得され、また修整されていくのだろうか。

「行為と行動の循環的関係」をもとに考えれば、日常生活において行動および行為が連続してなされていくのに付随して、「状況」は、「疑問の余地のない状況」か「問題的状況」のいずれかとして知覚されている。「疑問の余地のない状況」から或る行動が選定されるときには、当の状況や行動に「反省的まなざし」が向けられることはない。たとえば、起床後、いつもどおりに洗面所で洗顔をするとしよう。おそらくそのときには、とくに何かを意識することもなく、あるいは、べつの考え事（その日の予定等）をしながらであったとしても、一連の洗顔にかかわる行動を問題なく終えることができる。それが可能なのは、「起床後の洗面所での洗顔」という状況にかんする過去の経験が沈澱し、「利用可能な知識集積」として保持されているからである。その日の洗顔の際に何も問題（あるいは「さらなる気づき」）が生じなかったのであれば、統一的連関としての「洗顔」という「状況」にかんする類型的知識は、その日もいつもどおりに洗顔を終えたということ以外には、何ら変更がないといってよい。だが、「さらなる気づき」が生じたり「問題」に直面したりして、「問題的状況」が生じたときには、熟慮を通じて行為が選択・実行される過程で、その「状況」の類型にかんする知識が新たに付け加わったり、修整・訂正されたりするのである。「解釈学的循環」の観点からいえば、部分（「行動」・「行為」）の再解釈は、全体（「状況」）の意味の理解の変更につながりうるのである。

もちろん、どの時点のいかなる範囲の「統一的連関」が、何にかんする「状況」として捉えられるべきなのかについて、普遍的真理があるわけではない。それは、人によって違うだろうし、また同一人物の意識のなかでも、その状況に目を向ける文脈が違えば、異なる「状況」とみなされることもあるだろう。また、「疑問の余地のない状況」は、「問題的状況」に転化したときに（部分的に）顕在化する面がある。それゆえ、普段の生活のなかでは、あくまで潜在的に意識されるにすぎない場合も多いだろう。しかしながら、当の「状況」において、何が「問題的」で何が「問題的でない」かは、何らかのかたちで知られている。この意味で、「状況」にかんする「利用可能な知識集積」は、日常生活のなかで習得され、保持され、修整され続けているのである。

「状況」は、「問題的」かそうでないかという基準から知覚される。そして、私たちの日常生活では、「疑問の余地のない状況」の知覚と「問題的状況」の知覚とが、絶え間なく繰り返されているのである。考えてみれば、睡眠ですら、「疑問の余地のない状況」の知覚と関係しているといえる。いつどこで睡眠をとれば危険でないのかについて私たちは知っており、この意味で、睡眠がとられているのは、「問題がない」状況においてであるといえるからである。「疑問の余地のない状況」と「問題的状況」とがどの程度の頻度で現われるのかについては、無数の組み合わせがありうる。しかしながら、すべての状況を、「疑問の余地のない状況」としてだけ、あるいは「問題的状況」としてだけ、知覚し続ける人がいないことは確かだろう。だとすれば、「疑問の余地のない状況」と「問題的状況」は、行為と行動の関係と類似するかたちで循環的構造にあると捉えることができる。

「状況」に焦点を当てて、日常生活について考えてみよう。或る「状況（S_1）」が「疑問の余地のない状況」とみなされれば、とくに何もなされることなく（「負の行動」）、あるいはそれに適合的な行動が選定されたのちに、それに続く次の「状況（S_2）」が受動的に綜合される。その「状況」は、同一の場所にいるなかで生じることもあるし、場所を移動することによって直面することもあるだろう。もし、その「状況（S_2）」が「問題的状況」に転化すれば、それに対処するための行為の選択・実行等がなされ、また次なる「状況（S_3）」が受動的に綜合されることになる。これは、意識の流れに即した「循環的構造」だといえる。

他方、それぞれの「状況（S_n）」は、その状況に類型的に類似する状況にかんする「利用可能な知識集積」に基づいて知覚されており、それが「疑問の余地のない状況」として知覚されるか、あるいは「問題的状況」として知覚されるかに応じて、その類型的状況にかんする「利用可能な知識集積」は、保持され続けたり、修整されたりしていく。これは、類型的状況にかんする「循環的構造」といってよいだろう。

これら二つの「循環的構造」のもとで、「状況」は、「自明視」――「疑問の余地のない状況」として知覚――されることもあれば、「問題的状況」として知覚・認識される――「自明視」されない――こともある。そして、そうした「状況」の知覚を「基盤」（「土台」）として、行動・行為がなされたり、対象の知覚がなされたりしているのである。ここには、「自明視作用」の考察の観点から考えると、興味深い知見が見出せる。

われわれは、第二章で、「行為・行動の循環的関係」のもとでの「行動をめぐる自明視」について考察し、第三章で、「対象の知覚」が対象の「実在」の自明視となっていることをを明らかにした。これらのそれぞれは、日常生活の自然的態度における「自明視作用」だといえる。しかしながら、行動の場合にも、対象の知覚の場合にも、ともにその「基盤」のレヴェルで、「状況の知覚」にかんする「自明視（作用）」がなされているのである。[55] 日常生活を生きている人びとは、自らが「いま―ここ」で体験・経験していることがらがいったいいかなるものであるのかを自覚的に認識していない場合でも、さまざまな体験・経験を重ねている。このときその人びとは、反省的認識を行なわずとも、たしかに「何か」を体験・経験している。人びとによる「状況の知覚」は、その「何か」の体験・経験の背後で、あるいはその「何か」そのものとして、「自明のもの」として体験・経験されているのである。日常生活を生きる人びとにとっての体験・経験について、その人びとに「内属する観点」から記述・分析するとき、どの程度「状況」に言及すべきかは、その記述・分析と相関関係にある「問い」によって定まる。この意味で、そうした記述・分析において、「状況の知覚」の記述・分析が必須である場合もそうでない場合も、ともにあるだろう。だが、いずれにせよ、人びとによるいかなる体験・経験を記述・分析する場合でも、当人にとっての「状況」に言及することによって、当の体験・経験の地平に遡って探究を進めることができるのである。

第五章　社会的行為の分節化

あらためて確認しておけば、本書で自明視作用の解明を試みてきたのは、日常生活を生きる人びとにとって、「相互作用と呼ばれうるもの」が「自明のもの」として体験・経験されているがゆえに、それがいかにして可能かという問いを探究するうえで、「自明性」の主題的考察が重要な鍵を握ると考えられるからであった。第一章で述べたように、「社会はいかにして可能か」という問いについて、「社会」をめぐる当事者による「生成の位相」と観察者による「認識の位相」を区別せずに、「社会」を一義的に規定したうえで探究しようとすれば、「同語反復的陥穽」と「特権的観察者視点の陥穽」に陥ることになる。そこで本書では、当事者による「生成の位相」における「社会」である「社会的なるもの」（＝「社会と呼ばれうるもの」）に視点を定め、それに含まれる「相互作用と呼ばれうるもの」および「統一体と呼ばれうるもの」がいかにして可能かを問うているのである。

第二章、第三章、および第四章では、日常生活の自然的態度における「行動」「対象の知覚」「状況の知覚」にかんする自明視作用について、それぞれ解明を進めてきた。しかしながら、次章以降で「相互作用と呼ばれうるもの」および「統一体と呼ばれうるもの」がいかにして可能かという問いに取り組むためには、本章（第五章）で「社会的行為」概念を分節化し、整理しておく必要がある。

本章で「社会的行為」概念を分節化し整理しておくのには、二つの理由がある。第一の理由は、「相互作用と呼ばれうるもの」について問ううえでは、複数の個人の意識のあいだを「橋渡し」しうるような行為・行動への視点が不可欠だと考えられるからである。「相互作用と呼ばれうるもの」とは、普段の生活では「やりとり」として言及されるような、観察者による認識が一切なくとも、日常生活を生きている人びとを担い手（当事者）として生成している「何か」である。日常生活における「やりとり」は、単独の個人によって生じることはなく、必ず複数の人びとによって、それらの人びとのあいだで生成する。したがって、「相互作用と呼ばれうるもの」がいかにして可能かを明らかにするうえでは、複数の人びとの意識のあいだを架橋しうる「社会的行為」に目を向けておくことが欠かせない。そして第二の理由は、社会学でもっともよく知られているウェーバーの定義による「社会的行為」概念は、当事者たちによる「生成の位相」における「相互作用と呼ばれうるもの」がいかにして可能かを問ううえでは、不十分だからである。「社会的行為」概念については、「行為と行動の循環的関係」を踏まえつつ、行為者自身に内属する観点に立って分節化し、整理しておく必要がある。

第一節　社会的行為を概念化するうえでの留意点

(1) 行為の省略形としての行動

第二章で論じたように、「行為」とは、企図の選択に基づく行動を指す。行為と行動を区別する基準は、複数の企図から、比較衡量を通じて当の企図が前もって「選択」されているかどうかにある。複数の企図間で比較衡量（熟慮）がなされ、そのうちのいずれかが「選択」されている場合の行動としての「行為」は、比較衡量なしに「選定」される「行動一般」から区別される。

また、行為者自身に内属する観点に立てば、異なる時点でなされる行為と行動が、類型的に類似するとみなされうる「状況」を媒介として関係づけられることがある。たとえば、或る時点で（「T_1」）、或る状況（「S_1」）のなかでなされた「行為」が、そののちの或る時点で（「T_2」）、その状況（「S_1」）に類型的に類似する状況（「S_2」）において、「行動」として熟慮なしに選定されるケースが考えられる。「T_2」の時点で当の行動の選定が可能となっているのは、「T_1」の時点の「S_1」という状況のなかでなされた行為が、「S_1」の状況と類型的に類似する状況において適合的なものとして、利用可能な知識集積に保持されているからである。このとき、行為者自身によって二つの状況（「S_1」と「S_2」）が類型的に類似するものとして、同一化作用（同一化的綜合）を通じて関係づけられており、「T_1」の時点で熟慮を通じて選択した行為が、「T_2」では、熟慮や比較衡量なしに、当の状況に適合的な行動として選定されている。

この理路から考えれば、或る状況で選定される行動は、行為者自身によって、以前に諸企図の比較衡量を通じて選択された行為に基づいているといえる。その行動が選定された状況と類型的に類似する状況において以前になされた行為が、実際の帰結等からみて、そうした状況のなかで一定の適合性があるものとして、利用可能な知識集積に保持されているがゆえに、その行動は、熟慮や比較衡量なしに、問題ないものとして選定されているからである。この意味で、日常生活において選定される「行動」は、過去に実行された行為における熟慮が省略されたもの、すなわち「行為の省略形」とみなすことができるだろう。[56]「S_1」と「S_2」という状況が類型的に類似するものとみなされれば、「S_1」という状況に適合的になされた行為が、「S_2」という状況では、諸企図の比較衡量等が省略され、行動として選定されうるのである。

行為と行動の関係をこのように整理するときに興味深いのは、社会学の概念としては、行動一般から行為が、企図の選択に基づく行動として際立たせられるかたちで定義されているのだが、実際の行為者の内的時間意識に注目すれば、類型的に類似する状況の系のもとで、行為が行動に先行しているといえる点である。以前になされた行為とその帰結の適合性にかんする認識が、それ以後の、その行為がなされた状況と類型的に類似する状況における行動の選定を可能にしているのである。シュッツが厳密化した「行為」概念を通して、行為者自身にとって、或る状況のなかで選定される行動に、それと類型的に類似する状況において以前になされた行為が先行する構造が明らかになるのである。

行動を行為の省略形とみなしうるこの構造を踏まえるならば、社会的行為と社会的行動の両方を射程に収めて考察を進める必要がある場合、まずは社会的行為に分析の焦点を絞り、そののちに、或る状況でなされる社会的行動について、それと類型的に類似する状況において以前になされた社会的行為の省略形として目を向けることができる。

（2）社会的行為の定義をめぐる難点

ウェーバーは、社会的行為を、「他者の行動に関係づけられ、しかもその経過においてそれに方向付けられている行為」（Weber［1921］1960: 5）と定義する。また、社会的行為は、「他者の過去の、現在の、または将来とると期待される行動に方向付けられる」（Weber［1921］1960: 18）ことがありうる。ここから、「過去・現在・未来の他者の行動に方向付けられること」が、行為が「社会的」行為たりうる基準であるとウェーバーが考えていることがわかる。

このウェーバーの基準を、シュッツが彫琢した行為概念に適用すれば、「企図の選択に基づく人間行動」のうち、「過去・現在・未来の他者の行動に方向付けられる」ものが「社会的行為」だということになるだろう。このとき、前もって熟慮され選択される企図は、過去・現在・未来の他者の行動に方向付けられている。しかしながら、シュッツの社会的行為にかんする議論は、ウェーバーの議論の枠内にとどまるわけではない。彼は、行為が「社会的」行為たりうる基準について、ウェーバーの定義を踏まえつつ、さらに厳密に分節化を進めているからである。一般的にいえば、或る主題についてどこまで明らかにすべきかについての探究のレヴェルは、問題設定によって規定される。そして、ウェーバーとシュッツの議論のあいだに見出される、「行為」概念や「社会的行為」概念等の定義をめぐる相違には、問題設定をめぐる違いが関係していると考えられる。[57] 以下では、次章で探究する「相互作用と呼ばれうるものはいかにして可能か」という問いを念頭に置きながら、それに関連する限りで、社会的行為概念について分節化し整理する。

シュッツの行論を読み解くと、彼が、「社会的」行為・行動の基層に、「他者定位（Fremdeinstellung）」をみていることがわかる。「他者定位」とは、あらゆる他者体験の根源にある「他我と志向的に関係づけられた体験」を特徴づけている自我の態度であり、「他者知覚」もこれに含まれる[58](Schütz 1932: 109-11, 164)。こうした他者定位がまったく欠如している場合には、「社会的」行為・行動とはよべない。そして、他者定位にあくまで基礎づけられた社会的行動一般のうち、「企図の選択」に基づいているものとして、社会的行為は概念化される。シュッツの概念化する他者定位、社会的行動一般、社会的行為は、いわば「入れ子式」の関係(那須二〇〇〇：一一七)にあるとみてよい。

行為が「社会的」行為たりうる基準として、ウェーバーが「他者の行動に方向付けられる」ことを挙げているのに対して、シュッツは、行為・行動が「社会的」行為・行動たりうる基準として「他者定位」に注目している。これらを表面的にだけみるならば、両者の論述で示されているこのそれぞれの基準は、ほとんど重なっているように思われるかもしれない。では、両者のこれらの基準には、いったいどのような相違点があるのだろうか。ここでの文脈に鑑みてとくに指摘しておくべきなのは、ウェーバーのこの基準が、行為が社会的行為たりうる基準として考えられているのに対して、シュッツは、行為のみならず行動もまた「社会的」たりうることを想定したうえで、「社会的」行為・行動の基準として、「他者定位」を概念化しているという違いである。

ウェーバーは、「主観的意味付与」との関係の有無から行動と行為を区別し、そうして区別される行為のうち、「他者の行動に方向付けられている」ものを「社会的行為」と定義する。ウェーバーが「社会的行為」概念を定義する際のこの理路は、一方で、このとき彼が、自らの提唱する理解社会学にとってもっとも重要な「理念型」のひとつとしての「社会的行為」概念を明示することを、もっぱら意図していたであろうことを推測させる。だが他方、彼のこの理路自体には、行動と行為を区別する「主観的意味付与」という曖昧な基準と相俟って、容易には克服できない或る難点が含まれている。

ウェーバーのこの理路に依拠すれば、「主観的意味付与」という曖昧な基準を広く解する場合[59]には、反射行動等の「非自発的な自生性[60]」を除くほとんどの人間行動が「行為」とみなされることになる。そして、この「行為」のうちで「他者の行動への方向付け」という基準によって際立たせられる「社会的行為」概念の外延も、「他者の行動への方向付け」

という基準を字義どおりに解釈する限り、「行為」概念の外延に連動して非常に広くなってしまうという難点が生じる。
また、これとは逆に、「主観的意味付与」という基準を限定的に狭く解する場合には、その限定的な「主観的意味」は付与されていないがゆえに、「行為」とは呼べないけれども、何らかの主観的意味は付与されているといいうるような「行動」が、「主観的意味付与」という基準を広く捉えた場合に比べて、より多く見出されることになる。このとき、ウェーバーの議論を外れれば、そうした「行動」について、論理的には、「他者の行動に方向付けられた行動」としての「社会的行動」概念が導出されるはずである。だが、あくまで「行為」のうち、「他者の行動に方向付けられている」ものを「社会的行為」と定義するウェーバーの理路の枠内では、この「社会的行動」は概念化されえない[61]。このことは、論理的には、日常生活世界における「他者の行動に方向付け」られている行動とは、狭い意味での「社会的行為」だけであり、それ以外に「他者の行動に方向付け」られている行動はないという解釈を帰結する。これが、ウェーバーの議論における「主観的意味付与」という基準を狭く解する場合の問題点である。つまり、「主観的意味付与」との関係の有無から行動と行為を区別し、そうして区別される行為のうち、「他者の行動に方向付けられている」ものを「社会的行為」と定義するウェーバーの理路には、「主観的意味付与」という基準を広く捉える場合にも、狭く捉える場合にも、ともに難点があるのである。

ウェーバーのこうした理路自体に含まれる難点を整理すれば、次のようになろう。すなわち、彼の理路に依拠すれば、(行動と行為を区別する)「主観的意味付与」という基準を、広く解して「行為」概念を定義した場合には、それに連動して「社会的行為」概念の外延もきわめて広くなるという難点があり、「主観的意味付与」という基準を、限定して狭く解釈して「行為」概念を定義する場合——それゆえ、その外延を狭く解した場合——には、論理的には導出されるはずの「社会的行動」概念を排除する構造になっているという難点があるのである[62]。このことを踏まえれば、「社会的行為」を概念化するうえでは、行動と行為を区別し、行為のうちの「他者の行動に方向付け」されたものを「社会的行為」として定義づける、実際にウェーバーが採用した理路自体が、適切ではなかったのではないかと考えられるのである。

ウェーバーが、理解社会学にとってもっとも重要な「理念型」のひとつとして、「社会的行為」を概念化しようとしていた意図そのものは、もちろん評価できる。しかしながら、彼の提示する「社会的行為」概念が、その不明瞭さゆえに解釈の混乱を招いてしまったことは、やはり否定できない。端的にいえば、ウェーバーの「社会的行為」概念の不明瞭さは、彼が、行為者にとっての意味現象を内属的観点から分析することを断念している点に起因するように思われる。そうした意味現象の分析の断念は、第一に、行動と行為を区別する「主観的意味付与」という基準の解釈に混乱を生じさせ、第二に、「他者の行動への方向付け」という「社会的」行為の基準の曖昧さをもたらし、第三に、ウェーバーが適切とはいえない――少なくとも最善とはいえない――理路を採用して「社会的行為」概念を定義づけることにつながっているのである。

シュッツは次の点、すなわち、ウェーバーが社会的行為の定義に際して、「他者の行動に方向付けられる」という基準に字義以上の特殊な意味を込めていたと思われる点、そしてそれゆえに、ウェーバー自身が想定していたと思われる「社会的行為のモデル」と、彼の定義する実際の「社会的行為」概念の外延とのあいだに「乖離」が生じている点に気づいていた（Schütz 1932: 161-9）。また、シュッツは、――自ら明言することはないものの――ウェーバーの社会的行為概念に生じている「乖離」（ないし「混乱」）が、どこに起因するかまでも見抜いていたとみて間違いないだろう。なぜなら、一方で、現象学の知見を活用して「行為者自身」の意識体験を分析しつつ、他方、他者定位・社会的行動・社会的行為を「入れ子式」の関係で捉えて「社会的行為」概念を定義づけるシュッツの理路は、先に言及したウェーバーによる理路がもつ三つの難点を回避しうる「代替案」の提示となっているからである。

以下で進める議論を先取りすれば、シュッツによる「社会的行為」の定義は、おそらくウェーバーが想定していたであろう「社会的行為のモデル」の概念化に成功しているとみなすことができる。[63] またそればかりでなく、シュッツが「社会的行為」を概念化していく理路に依拠するならば、その延長線上で、日常生活世界における複数の人間のあいだの社会的行為・行動の「連関」が、どのように成立しているのかを探究することが可能となる。シュッツのそうした議論は、本章の考察を踏まえて次章で検討する予定である、「相互作用と呼ばれうるもの」の生成の基準を見出すための、貴重な道具立てを提供してくれるだろう。次節以降では、シュッツが「入れ子式」の関係で概念化する、他者定位・社会的行動・社会的行為について、「他者定位」から順に考察していくことにしよう。

第二節　他者定位

先に言及したように、シュッツのいう「他者定位」とは、あらゆる他者体験の根源にある「他我と志向的に関係づけられた体験」を特徴づけている自我の態度である。そして、「他者定位」には「他者知覚」が含まれ、これは、もっとも端的な他者体験だといってよい。したがって、「他者定位」を考察するうえで、他者知覚についての議論から始めることにしたい。

第三章で論じたように、対象の知覚とは同一化作用であり、或る対象を同一的統一点として、射映と利用可能な知識集積が同一化的に綜合される作用である。また、第四章で検討したように、諸対象（・事態）が、問題的であるかどうかを参照軸としつつ、「ひとつのまとまり」として知覚される作用が、状況の知覚であった。

対象の知覚と状況の知覚に共通するのは、利用可能な知識集積を「契機（Moment）」のひとつとして、これらの知覚が可能になっている点である。諸々の対象や状況についての過去の経験が、何らかの類型的知識として利用可能な知識集積に保持されていなければ、対象の知覚において当の対象が同一的統一点となることも、状況の知覚において諸対象（・事態）が「ひとつのまとまり」として捉えられることもない。厳密にいえば、知覚される対象や状況が、以前に経験された対象や状況とまったく同一だということはありえない。だが、利用可能な知識集積を媒介として、以前の経験と現在の射映とが、類型的類似性（および差異）をもとに関係づけられることで、対象の知覚や状況の知覚は、同一化作用として成立しているのである。そして、同一化作用としての対象の知覚も状況の知覚も、ともに日常生活のプラグマティックな関心からみて十分であるという基準を満たす限りで暫定的に成立しているのであり、決して「最終完結的」ではない。

対象の知覚と状況の知覚には、能動性と受動性にかんする相違点がある。対象の知覚が、当の対象に能動的に対向しているといいうるのに対して、状況の知覚にあっては、諸対象のひとつのまとまりとしての状況は、必ずしも能動的に対向されているわけではないからである。当の状況に何らかの問題が生じ、「問題的状況」に転化したときでなければ、状況は能動的には対向されない。

では、もっとも端的な他者体験としての「他者知覚」は、どのように解明しうるのだろうか。他者知覚も「知覚」であり、「対象の知覚」および「状況の知覚」についてのここまで考察から得られた知見を参考にすることができる。まず、「他者知覚」は、同一化作用としての「対象の知覚」と同様に考えうる面がある。知覚作用において、「他者」が「対象」となりうるからである。このとき、「身体物体（Leibkörper）」としての射映と「他者」にかんする過去の経験の沈澱である利用可能な知識集積とが、「他者」を同一的統一点として綜合される。第三章で考察した「ルビンの壺」の「壺」の知覚の場合と同様に、過去に何らかのかたちで「他者」についての経験がなされており、それが利用可能な知識集積として保持されていれば、日常生活の自然的態度において、「他者」は、同一化作用（「対象の知覚」）の同一的統一点となりうる。「対象」としての「他者」の知覚作用は、「他者」への能動的対向とよびうる。

このように、「他者」が、知覚される「対象」とみなしうるのであれば、「他者」は、さまざまな対象と同様に、諸対象のひとつのまとまりとして知覚される「状況」に含まれるといえる。「状況」にあっては、「疑問の余地のない状況」と「問題的状況」が区別される。そこに「他者」が含まれている場合、たとえば、昼食のためにたまたま入店した飲食店がオープンキッチンだった場合、従業員が厨房で料理をしていれば、厨房のひとりひとりに能動的に対向しなくても、視野に入るその状況は「疑問の余地のない状況」として知覚されうる。それに対して、深夜の帰宅途中に、人がいるはずのない場所に人影を感じたとすれば、その状況は「問題的状況」に転化するだろう。同一化作用を通じて、「対象」としての「他者」が知覚されるとき、また、「状況」のなかで「他者」が知覚されるとき、そうした知覚が成立する基準は、日常生活の「プラグマティックな関心」からみて十分であることにある。したがって、「他者知覚」は、決して「最終完結的」ではなく、あくまで「暫定的に」成立するのである。この点でも、それは諸々の対象の知覚作用と共通している。日常生活の自然的態度において知覚される「他者」は、親密性と匿名性、親近性と異邦性（異他性）、個性と類型のさまざまな程度を伴っている。「社会的世界の組織化」と相俟って、利用可能な知識集積に保持されているそうしたカテゴリーのさまざまな程度が、日常生活における「他者知覚」の成立を可能にしているのである。

もちろん、いわゆる伝統的な他我認識論からフッサールの他我構成論につながる系の議論において、「他我(他者)」の知覚（あるいは認識）が、たんなる「物体」の知覚とはまったく異なる作用として主題化され、論じられてきたことを度外視するわけにはいかない。しかしながら、日常生活の自然的態度における「他者知覚」を考察する文脈では、フッサール他我構成論の詳細な批判的検討に踏み込まず、この文脈に関連する限りでの言及にとどめておくほうがよい。というのは、フッサールによる「超越論的他者（他我）」の構成分析では、あくまで「客観的世界の超越論的な問題の解決[64]」が念頭に置かれており（Husserl 1950a: 116-22）、彼の理論が彼の狙いを達成できているかどうかと、この理論から得られる知見が、自然的態度における「他者知覚」の分析に積極的に活用できるかどうかは、べつの問題だからである。

簡略化していえば、フッサールの他我構成論（Husserl 1950a）では、「原初的還元（primordial Reduktion）」によって、他者にかかわるすべての構成的能作を捨象した「自我固有領域」を見出し、この領域を出発点として、「自己移入（Einfühlung）」「対化（Paarung）」「間接呈示（Appräsentation）」を通じて、自分とは「異他なる（fremd）」性格を有していながら、なおかつ「（自他）等根源的」であるような「超越論的他者（他我）」の構成が論じられている。フッサールの他我構成論は、客観的世界構成の超越論的問題として問われているという論脈の難解さもあり、――類推説や（内的知覚の）明証説等として、あるいは独我論であるとして――伝統的な他我認識論批判の図式のなかで、なかば戯画化されたうえで論難されてきた面がある。しかしながら、ここでは個々の詳細な議論には立ち入らないが、彼の議論を肯定的にみるか否定的に捉えるかは、「超越論的他者」を問おうとした彼の意図を積極的に汲み取り、その問題意識を共有する立場を採用するかどうかによって、異なってくる（浜渦 一九九五、貫 二〇〇三参照）。この点で、超越論的現象学に特有の問題設定のもとで展開された「超越論的他者」論自体の成果や意義と、そうした「超越論的他者」論を自然的態度における他者経験の分析に適用することが有用であるかどうかとは、区別して考えなければならない。

フッサールは、自然的態度における他者経験および世界経験を「手引き（Leitfaden）」としつつ、「超越論的他者」の構成分析を行ない、異他なる（fremd）諸々の自我の存在を土台とする「モナド共同体」としての「（相互主観的な）客観的世界」を描出する。そうした「超越論的他者」論の意義は、「相対主義か普遍主義かの二者択一において争うのではなく、それらと異なる次元において〈異他なる理性〉へと開かれてあること、それによってまさに〈事象そのものへ〉と迫ろうとすること」（浜渦、一九九五：三〇九）にあるとも指摘される。この意義は、超越論的現象学および哲学一般に限らず、社会（科）学においても認められるだろう。だがそれにもかかわらず、少なくとも今日までのところ、「超越論的他者」論によって導出された知見を――フッサールがもともと「手引き」とした――自然的態度の他者経験（他者知覚）にあらためて適用することで、画期的な洞察や見解が得られているわけではない。これが、本節でフッサール他我構成論の詳細な検討を差し控える理由である。

これに対して、――志向的相関理論に依拠して――「知覚」を同一化作用とみなす見方は、日常生活の自然的態度における「他者知覚」を内属的観点から記述しうる点で非常に有用である。またこれに加えて、「他者知覚」を「同一化作用」として考察を進めるならば、「何か」が「他者」として知覚される場合と「他者」以外の何かとして知覚される場合とを区別しつつ、それらをともに視野に収めることも可能となる。もちろん、「知覚」を同一化作用とみなす見方は、フッサールの志向的相関理論から導出される。しかしながら、フッサール自身は、自然的態度の次元で見出される「他者」について論じるわけではない。今日ではよく知られているように、フッサールの超越論的他者（他我構成）論を批判しつつ、自然的態度の次元で可能となっている「他者（理解）」を論じたのは、シュッツである。私は、同一化作用としての「他者知覚」という見方と、シュッツの他者理解論および社会的行為論は、整合的に論じることができると考えている。

先に論じたように、シュッツの社会的行為をめぐる議論は、社会的行為の定義づけにかんしていくつかの難点をもつウェーバーの理路に対する、生産的な「代替案」として提出されている。シュッツは、一方で、意味現象の現象学的分析を援用して、行動一般と企図の選択に基づく行動としての行為を区別し、他方、他者知覚を含む他者定位と、社会的行動、社会的行為を「入れ子式」の関係で概念化していた。ここには、概念定義上、行動・行為の系と、社会的行動・社会的行為の系を、いわば「別建て」の議論とするシュッツの洞察を見出すことができる。この行動・行為の系と社会的行動・社会的行為の系とが別建てで定義されているのは、次の理由による。すなわち、行動・行為の系とは異なり、社会的行動と社会的行為は、「他者定位」に基づくものとして概念化し、さらに社会的行動と社会的行為を「循環的関係」のもとで捉えることによって、社会的行動をまさに「社会的」行動としてみることが可能となるからである。

日常生活において、「何か」が「他者」として知覚される場合と「他者」以外の何かとして知覚される場合について、簡単な例を用いつつ、「他者知覚」を「同一化作用」とみなして記述してみよう。私は過去に何度か、公園等のベンチに、そのベンチに腰掛けた姿勢のブロンズ像[65]があるのを見たことがある。かりに、ひとりで外出中の或る日の午後二時くらいに、公園にある三人掛け程度のベンチを見かけ、少し疲労を感じていたためにそこで休憩しようと考えたとしよう。もし先に誰かがそのベンチの端にひとりで腰掛けていて、他に空いているベンチが見当たらなければ、その人に軽く会釈くらいはして、そのベンチの空いているスペースに座るかもしれない。他方、その三人掛け程度のベンチに腰掛けた姿勢のブロンズ像があったとしても、ほかには誰も座っていなければ、何ら迷うことなく、ブロンズ像に会釈をすることなどは思いもよらずに、そのベンチに座るだろう。このとき、そのブロンズ像はまさに「ブロンズ像」として、つまり、何らかの会話を行なう必要も、そしてその可能性もない「他者」以外の対象として知覚されている。

しかしながら、状況によっては、知覚される「何か」が、「ブロンズ像」なのか「他者」なのか（あるいはほかの何らかの「物体」なのか）が分からないということもありうる。十年ほど前のことだが、夜明け前の早朝にジョギングをしていた際、気分を変えてそれまで通ったことのないコースを走っていると、コースのすぐ脇のベンチに腰掛けている人影に、あやうく接触してしまうほどに近づいてしまったことがあった。誰かがベンチに腰掛けて眠っていたのかと思った私は、慌ててそのベンチから少し距離をとり、そのまま走り去った。けれども、その直後から漠然とした「違和感」が拭いきれず、いくつかの可能性を想像してみて、どうしても気になったために、その日はコースを折り返してもう帰路につくことを決め、その道中であらためて確認してみることにした。そして、遠目からそのベンチに目を遣りながら徐々に近づき、その傍を通り過ぎようとすると、じつはその「人影」は、ベンチに腰掛けた姿勢の「ブロンズ像」だったのである。

この早朝のジョギングのケースでは、ベンチに腰掛けた姿勢である「何か」が、初見では「人影」（「他者」）として知覚され、その後の再確認によって、じつは「ブロンズ像」であったことが判明している。このケースでは、早朝のジョギング中でもあり、多少は時間に余裕があったことから、「違和感」を抱いたその「何か」を直後に再確認することができた。だが、もしこれが、仕事上の待ち合わせ時間に間に合うよう、走って待ち合わせの場所に向かっている道中での出来事であれば、たとえ若干の「違和感」を感じたとしても、すぐにそのベンチまで戻って再確認する時間の余裕はなかっただろう。その場合には、ベンチに腰掛けた姿勢の「何か」についてのその体験は、おそらく、ベンチに座っていた「他者」と危うくぶつかりそうになった経験として、多少の違和感を伴うにせよ沈澱することになる。一般的には、たんなる「物体」を「他者」(「身体物体」)として知覚することは、それほど多くはないかもしれない。しかしながら、「同一化作用」としてなされる「知覚」が、その知覚する者自身の観点から、プラグマティックな関心からみて十分な限りで成立しているにすぎないことを思い起こすと、たんなる「物体」を「他者」として知覚する経験が、どれほどの頻度で経験されているのかは、誰にも判断できない。知覚される「何か」を「他者」として知覚する作用は、「対象の知覚」と同様に、決して最終完結的ではなく、あくまで暫定的に成立している面もあるのである。

また、この早朝のジョギングのケースと、先に挙げた公園のベンチでの休憩のケースとを比較しつつ考察することで、べつに明らかになってくることもある。それは、「何か」を「ブロンズ像」等としてではなく、「他者」として知覚することによって、それを知覚する者のその後の行動・行為の経路が変化するということである。早朝のジョギングのケースで、私が「何か」に接触しそうになったことに驚いて慌ててベンチから一定の距離をとって走ったのは、その「何か」を「他者」として知覚したからであった。もしジョギング中に「他者」と接触すれば、事故やトラブルになってしまうこともありうる。また、自分が注意していたとしても、ベンチに座っているその「他者」がジョギングをしている私に気づかずに急に立ち上がれば、衝突してしまうかもしれない。それゆえ、「他者」に接触しそうになってしまった状況は「問題的状況」なのであり、事故やトラブルを回避するために、私は急いで一定の距離をとったのである。だが、そのベンチに「ブロンズ像」があるのを知ったのちに、それをはっきりと意識しつつもう一度同じコースを走るとすれば、動かない「ブロンズ像」に、「他者」の場合と同様な距離をとって走る必要はない。かりに、「ブロンズ像」のかなり近くを走ったとしても、自分が注意してさえいれば、衝突してしまうことはないからである。また、先に扱った公園のベンチでの休憩のケースでは、知覚する者の行動・行為の経路の変化はより顕著である。ベンチの端に「他者」がひとりで腰掛けているのを知覚していれば、ベンチの空いているスペースに座る前に、軽く会釈をすることも考えられるのに対して、ベンチに腰掛けている姿勢の「ブロンズ像」に対して会釈することはないからである。

さらにいえば、公園のそのベンチに「他者」が腰掛けている場合、その人がいかなる「他者」として知覚されるのかによっても、具体的な（社会的）行動・行為の経路は変化するだろう。匿名的な「他者」であれば会釈だけで終わるかもしれないが、会釈してみるとそれがじつは学生時代の友人であったり、故郷の旧友であったりすれば、その後、匿名的な「他者」の場合とはまったく異なる展開につながることも予想しうる。「他者知覚」は、自分とは異他なる人間としての「他者」の知覚であるばかりでなく、親密性と匿名性、親近性と異邦性（異他性）、個性と類型といったカテゴリーのさまざまな程度が伴う知覚でもある。

「他者知覚」作用は、このような意味で、「他者（他我）と志向的に関係づけられた体験」だと考えられる。そして、ここまでの「他者知覚」の分析によって、「他我と志向的に関係づけられた体験」を特徴づけている自我の態度である「他者定位」の有り様の原型も示されているといってよい。日常生活の自然的態度において、私たちは、何の問題もなく、「他者」を知覚していると信じている。だが、このことが可能となっているのは、私たちが、過去の経験に基づいて、私とは異他なる人間としての「他者」（「身体物体」）と「他者ではないもの」（「身体物体」以外のもの）とを区別できているからである。この区別に基づく、「他者」にかんする同一化的綜合（同一化作用）が、「他者知覚」である。そして、同一化的に綜合しうる「他者」に、志向的体験が――意味連関であれ、動機連関であれ――関係づけられている場合に、「他者定位」が成立しているのである。

公園のベンチでの休憩のケースと早朝のジョギングのケースを例として、ここまで進めてきた考察から、次のことが理解できる。「他者知覚」が成立しているのかどうかについて、さらにはそれがいかなる「他者知覚」であるのかについては、あくまで知覚する者に内属する観点からのみ理解しうる面があるということである。他者知覚が同一化作用である以上、他者知覚の有り様は、知覚しているその本人以外の観点から断定することは不可能だからである。

だとすれば、他者知覚の有り様を考察する有効な方法のひとつは、本人以外の観点から当の他者知覚作用と精確に一致（対応）する認識を得ることはできないという前提に立ち、他者知覚が同一化作用としてなされているという論理を踏まえて、記述していくことだと考えられる。他者知覚の有り様にアプローチするこの方法は、「他者定位」一般を扱う際にも適用することができるだろう。

第三節　社会的行動

社会的行動・社会的行為を定義づけるシュッツの理路に依拠すれば、（「他者知覚」を含む）「他者定位」に社会的行動・社会的行為が基礎づけられており、これらが「入れ子式」の関係で概念化される。また、彼の理路の特徴のひとつは、先に言及したように、概念定義上、行動・行為の系と社会的行動・社会的行為の系とが、いわば「別建て」で議論されているところにある。この点は、行動から区別される「行為」のうち、他者の行動に方向付けられたものを「社会的行為」と定義したウェーバーの理路との重要な相違でもある。

シュッツの「別建て」の議論の意義を明らかにするには、（第二章で論じた）「行為と行動の循環的関係」を踏まえる必要がある。行為と行動は、概念定義上は明確に区別される一方で、「状況」の類型的類似性を媒介として、「行動」は、先行してなされた「行為」の省略形とみなされる面がある。そして、そうした「行動」の選定が「問題的状況」を生じさせる場合には、その問題的状況に対処すべく、熟慮を通じた「行為」がなされる。この意味で、状況の類型的類似性によって関係づけられる行動と行為とのあいだには「循環的関係」がある。ここに見出される「循環的関係」は、社会的行為と社会的行動の関係にも適用することが可能である。つまり、先行してなされた「社会的行為」の省略形が「社会的行動」であり、そうした「社会的行動」の選定が「問題的状況」を生じさせるときに、「行為」あるいは「社会的行為」がなされることになるのである。このとき、社会的行為と社会的行動は、状況の類型的類似性を媒介として関係づけられる。

日常生活の自然的態度において「社会的行動」が選定される場合、これが「選定」である以上、前もって諸企図間の比較衡量がなされているわけではない。それゆえ、選定された当の「社会的行動」のみに焦点を当てて、それが「他者（他我）」と志向的に関係づけられているかどうかを明確に区別していくことは、おそらく非常に難しい。

たとえば、自宅への帰路をひとりで歩いていて、自宅近辺の横断歩道で赤信号のために立ち止まるという行動を想像してみよう。一般的に考えて、特段の事情がなければこの行動は、他者と関係づけられてはおらず、熟慮が生じているわけでもないので、行動の選定といってよいだろう。他方、通勤あるいは通学のために、早朝に、いつも利用している朝のバスの停留所で列をつくって待つことは、「行動」の選定とも「社会的行動」の選定ともいいうる。この停留所のケースを考えるうえでは、その停留所に先に誰かがすでにおり、自分が列の二番目以降になる場合と、その停留所に誰もいない時点からそこで自分が待つ場合をいったん区別してみることができる。これらを区別すれば、先に停留所に誰かがいる場合には「他者」が知覚されているのに対して、そこには誰もいない場合は、「他者」は知覚されていない。この点に注目すれば、「他者知覚」の有無を基準として、これらの二つの場合のうち、「他者」が知覚されている前者のみを「社会的行動」と解釈する可能性も見出しうるだろう。しかしながら、この解釈には、「他者知覚」の有無という判断基準が、わかりやすく思われる一方で、難点もある。行為者自身の観点からみれば、停留所付近でバスを待つことは、のちにその停留所に到着するはずのバスの運転手に自身が当のバスの乗客であることを知らせる行ないであり、この点で、列の二番目以降に並んで待つ場合であろうと、自分ひとりが待つ場合であろうと、大きな差異はないという解釈も成り立つからである[66]。それにもかかわらず、もし「他者知覚」の有無という基準に依拠して、列の二番目以降に並んで待つ場合を「社会的行動」とし、自分ひとりが待つ場合を「行動」とするのであれば、論理的には、日常生活において「他者」が知覚される状況で選定される行動のすべてが、「社会的行動」とみなされることになる。先に挙げた自宅近辺の横断歩道のケースでいえば、赤信号で先に誰かが待っている場合は「社会的行動」となり、誰もいない場合は「行動」だということになりうるのである。このように考えれば、或る状況のなかで「他者」が知覚されながらも、その「他者」とは原則的に関連のない「行動」が選定されることと、「他者」に志向的に関係づけられた「社会的行動」が選定されることとは、べつのことがらだとみなしたほうがよいだろう。選定された当の「(社会的)行動」のみに焦点を当てて、それが「他者(他我)」と志向的に関係づけられているかどうかを明確に区別していくことはやはり難しいのである。

この点を検討するうえで、社会的行動と社会的行為の「循環的関係」を参考にすることができる。すでに言及したシュッツによる「別建て」の議論に依拠したうえで、この「循環的関係」を考慮に入れるならば、行動と社会的行動をより明確に区別するための指標が得られるからである。

或る状況のなかで選定される「社会的行動」は、その状況に類型的に類似する状況でなされた「社会的行為」のいわば省略形とみなしうる。つまり、社会的行動には何らかの社会的行為が先行しており、それらは行為者の志向的体験のなかで、状況の類型的類似性を媒介として関係づけられているのである。そして他方、「行動」には、同様の論理で「行為」が先行しており、これらも関係づけられている。シュッツが概念定義上、行動・行為の系と社会的行動・社会的行為の系とを「別建て」で議論しているのは、社会的行動と社会的行為のあいだに、そして行動と行為のあいだに、それぞれ「循環的関係」があると洞察していたからだ、というのが私の考えである。一方で、社会的行動と社会的行為の関係は、「他者定位」に基礎づけられた「循環的関係」であるのに対して、他方、行動と行為の「循環的関係」には「他者定位」は含まれていない。それゆえ、概念定義上、これらの系は「別建て」で議論される必要性があったのである。

この「循環的関係」を参考にすれば、次のようにいえる。すなわち、「行動」と「社会的行動」との区別は、或る状況のなかで選定される際に、その状況と類型的に類似する状況において以前なされた「行為」の省略形として選定されているのか、あるいは「社会的行為」の省略形として選定されているのか、という基準から判断することができるのである。「行動」と「社会的行動」は、ともに「選定」としてなされるがゆえに、その「選定」される「行動」あるいは「社会的行動」が、「他者定位」に基づいているのかどうかを明確に区別するには困難が伴っていた。しかしながら、行動および社会的行動の「選定」は、それがなされる当の「状況」と、それに類型的に類似する以前に経験された「状況」との同一化作用が前提とされてはじめて可能となっている。それゆえ、以前の「状況」のなかで、「行為」がなされたのか、「社会的行為」がなされたのかについて、遡って考察することが可能であり、これを判断基準とすることによって、「行動」と「社会的行動」とは、概念上、より明確に区別することが可能になるのである。

第四節　社会的行為

次いで、「社会的行為」について考察していきたい。はじめに簡潔な定義のみ示しておけば、「社会的行為」とは、「他者定位」に基礎づけられた人間行動のうち、「諸企図間の選択に基づく」ものである。そして、この「社会的行為」において前もって熟慮され選択される企図は、過去・現在・未来の他者の行動に方向付けられている。[67] だが、次章で「相互作用と呼ばれうるもの」にアプローチしていくためには、「社会的行為」が、「過去」の他者の行動に関係づけられている場合、「現在」の他者の行動に関係づけられている場合、「未来」の他者の行動に関係づけられている場合を分節化しておく必要がある。この分節化が、「相互作用と呼ばれうるもの」がいかにして生成しうるのかを見究めるための補助線になるからである。

シュッツは、（a）「社会的行為者が自らの行為によって、他者から或る特定の行動を引き出そうと意図する場合」と、（b）「まさしくこの社会的といわれる行為が他者の行動によって引き起こされる場合」とを区別すべきであることを主張する。[68] このうち、前者は「他者作用（Fremdwirken）」と呼ばれ、後者は「他者被作用行為（fremdbewirktes Handeln）」と呼ばれている（Schütz 1932: 164-7）。この「他者作用」と「他者被作用行為」の区別は、「過去」「現在」

「未来」の他者の行動に方向付けられている「社会的行為」の分節化を可能にする。

「他者作用」とは、他者の行動に作用する（あるいは作用を及ぼしうる）ことが「企図」に含まれている社会的行為であり、この意味で「他者の行動」に方向付けられている。[69]「他者作用」は、それが実行されれば、他者の行動が引き出されること、あるいは変更されることが、少なくとも「チャンス」として、行為者自身によって想定されている。そして、そうした想定と関連する「目的」が、「社会的行為」としての「他者作用」を動機づけるのである。この意味で、「他者作用」とは、「目的動機」によって導かれる社会的行為だといえよう。これらの点に着目すれば、「他者作用」が方向付けられているのは、「現在」から「未来」に開かれた他者の行動であって、[70]「過去」の他者の行動ではないことがわかる。「過去」の他者の行動はすでになされてしまっており、もはや変更することはできない。これに対して、「現在」から「未来」に開かれた他者の行動は、新たに生み出されることも変更されることも可能であり、「他者作用」にあっては、「目的動機」において、そうした他者の行動に或る特定の作用を及ぼしうることが想定されているのである。

「他者被作用行為」とは、端的にいえば、他者の行動によって、あるいは他者の行動がきっかけとなってひき起こされる行為のことである。シュッツは、「他者被作用行為」を、「過去」の他者の意識体験への対向を通じて、それが「（真の）理由動機」となって動機づけられる行為だと特徴づけている（Schütz 1932: 167）。この「他者被作用行為」にあっては、「過去」に、他者の、意識体験のしるしとしての行動・行為がなされたこと、そしてそのことが行為者の経験として沈澱していることが必要条件となっている。過去にその他者の行動がなされ、それが行為者によって体験されていなければ、その他者の行動（意識体験）に関係づけられた「他者被作用行為」がひき起こされることはないからである。この意味で、「他者被作用行為」は、「過去」の他者の行動に関係づけられている。

急いで付言すれば、この「他者被作用行為」という「行為」自体は、「他者作用」である場合も、そうでない場合もありうる。具体的事例を挙げてみよう。たとえば、過去に、A駅の近辺に住んでいる友人Xから、A駅改札から徒歩三分くらいの距離にある飲食店をXが気に入っていると聞き、一度行ってみることを勧められていたとしよう。後日、急遽、仕事上の理由からひとりでA駅に来ることになり、その仕事を終えたのち、友人Xがこの駅近辺の飲食店を勧めていたことを思い出し、そこに行ってみようと考えたとする。このとき、時間帯等を考えてそのままひとりでその飲食店に向かえば、その「行為」は、「他者被作用行為」ではあるが「他者作用」ではない。これに対して、もし友人Xの都合がよければ、その飲食店で一緒に食事をしようと考え、友人Xに電話をかけて誘ったとすれば、この「行為」は、「他者被作用行為」であり、なおかつ「他者作用」だといえる。このように、「他者被作用行為」は、「他者作用」であることもそうでないこともあるのである。また、逆に、「他者作用」に目を向けるならば、これも同様に、「他者被作用行為」であることもそうでないこともありうるのは明らかだろう。つまり、「他者作用」と「他者被作用行為」は、概念定義上、いわゆる「独立」の関係にあるのである。

以上の考察を踏まえると、「他者作用」と「他者被作用行為」とは、それが実行されるまでの過程で、行為者自身が、「過去」の他者の行動・行為か、あるいは「現在」から「未来」に開かれた他者の行動・行為のどちらに、自らの行為を関係づけているのかを基準として、区別可能になっていることがわかる。つまり、「他者作用」と「他者被作用行為」とは、外的行動の観察にもっぱら依拠することで見分けることはできないのである。そうではなく、これらの概念は、行為者自身の「内属的」な観点に立って行為者の意識体験に定位し、そこで過去・現在・未来のどの他我の意識体験に対向されており、いかなる他者の行動に「関係づけ」られたり、「方向付け」られたりする行為が選択されているのか、その有り様を記述することによってのみ、区別することが可能となるのである。

ウェーバーは、「社会的行為」が、「過去・現在・未来」の他者の行動に方向付けられる（Weber［1921］1960: 18）と述べていた。しかしながら、彼は、「社会的行為」を定義するうえで、たとえば、「過去」の他者の行動に関係づけられる社会的行為と「未来」の他者の行動に方向付けられる社会的行為との「違い」について、さらに掘り下げて考察する必要は感じていなかったように思われる。この「違い」を分節化するには、行為者自身の意識体験を「内属的」

観点から記述するための道具立てが必要である。ウェーバーが、この道具立てを手にしていなかったがゆえに、その「違い」を分節化できなかったのか、あるいは、その「違い」を分節化する必要を感じないがゆえに、「内属的」観点からの記述に踏み込まなかったのかは判断できないが、いずれにせよ、彼はその「違い」を区別してはいない。

　これに対して、シュッツは、行為者自身の意識体験を「内属的」観点から記述するための道具立てを用い、「他者作用」と「他者被作用行為」を分節化する。そしてこの分節化を通じて、彼は、ウェーバーが「社会的行為」を定義した際にモデルとして想定していたのが、じつはシュッツ自身が概念化した「他者作用」としての「社会的行為」であることを指摘している（Schütz 1932: 165）。このこと踏まえれば、たとえば、ウェーバーが提起するいわゆる「社会的行為」の四類型は、シュッツの議論に依拠して、「他者作用」としての「社会的行為」の四類型として解釈し直していくことが可能かもしれない。また、どの社会学者の提示する「理念型」に依拠するかは、研究上の問題設定によって異なりうるとはいえ、「社会的行為」と呼ばれうる行ないが、社会学の研究対象に必ず含まれていることはたしかであり、「社会的行為」に目を向けて進められる社会学的研究において、シュッツが厳密化した諸概念を有効活用することができるだろう。

　ただし、「他者定位」によって基礎づけるかたちで、「社会的行動」と「社会的行為」を循環的関係のもとで捉え、さらにそれを「他者作用」「他者被作用行為」として分節化するシュッツの議論の意義は、たんにそうした諸概念を有効な「理念型」として用いうる点だけにあるわけではない。シュッツが厳密化した諸概念は、日常生活世界あるいは社会的現実の分析・記述に活用しうる道具立てとなる。さらにいえば、彼の議論の積極的意義は、もう一点ある。彼の議論の意義がもっとも顕著に見出される場合のひとつは、日常生活世界における当事者たちによって、そして当事者たちにとって生成している、「相互作用と呼ばれうるもの」についてより適切に記述しようとするときに明らかになる。

第六章　相互作用と呼ばれうるものはいかにして可能か

日常生活世界においては、人びとによってさまざまな「やりとり」がなされている。日常生活上の「やりとり」は、単独の個人の行為・行動のみによって成立することはない。それは、「当事者」である複数の個人の行為・行動が、何らかのかたちで「連関」している状況において生成しているはずである。しかしながら、日常生活を生きている人びとにとって、「やりとり」は自明のものとして体験・経験されており、それがいかにして生み出されているのかがとくに意識されることはない。

日常生活世界において実際に生み出された「やりとり」は、「相互作用」概念を用いて認識する「観察者」の観点からみれば、「相互作用」と呼ばれうる。しかしながら、特定の「相互作用」概念を前提として、「やりとり」を認識し分析していく場合には、「特権的観察者視点の陥穽」に陥ることになる。この場合、「やりとり」が当事者たちによって、そして当事者たちにとってどのように生み出されているのかについて、適切にアプローチすることは困難になってしまう。

第一章でわれわれは、日常的な言葉でいう「やりとり」を指すような、観察者による認識がなくとも、当事者たちによって、そしてその当事者たちにとって生成している「何か」を「相互作用と呼ばれうるもの」と名付けた。「相互作用と呼ばれうるもの」とは、観察者による認識の位相における「相互作用」とは明確に区別される、当事者による「生成の位相」で生じており、当事者たちにとって「現われ」ている何かである。本章では、当事者たちによって互作用と呼ばれうるもの」が、「いかにして可能か」という問いについて、「相互作用と呼ばれうるもの」の生成の基準を吟味したうえで探究していく。

「相互作用と呼ばれうるもの」が生成する基準を明らかにするうえでは、前章でシュッツの議論に依拠して整理しておいた、「他者定位」「社会的行動」「社会的行為」「他者作用」「他者被作用行為」といった一連の概念が非常に役立つ。「相互作用と呼ばれうるもの」は、当事者の単独の行為・行動によってではなく、当事者たちの行為・行動が何らかのかたちで「連関」するなかで生成していると想定される。そして、「相互作用と呼ばれうるもの」は、そうした当事者たちにとって生成する。だとすれば、「相互作用と呼ばれうるもの」がいかなる場合に生成するのかを見定めるためには、当事者たちの行為・行動の「連関」が生じているとみられるいくつかのケースについて「当事者に内属する観点」から記述したうえで、それらのケースを比較検討する必要があるだろう。シュッツが提示した前記の諸概念は、複数の行為者の意識のあいだをいわば「橋渡し」しうる「社会的行為」について、まさに行為者（当事者）に内属する観点に立って分節化されたものであるがゆえに、当事者たちの行為・行動の「連関」が生じているとみられるいくつかのケースを記述するための適切な道具立てとなるのである。

当事者による「生成の位相」における「相互作用と呼ばれうるもの」については、これまでの社会学において十分に解明されることはなかった。その理由のひとつは、「相互作用と呼ばれうるもの」について、あくまで観察者の観点から認識しようとする場合、「特権的観察者視点の陥穽」に嵌ってしまうがゆえに、捉えることができなくなってしまうことにある。「相互作用と呼ばれうるもの」は、当事者たちを担い手として生成しており、当事者たちにとって「現われ」ている。したがって、「相互作用と呼ばれうるもの」を解明することは、それが当事者にとってどのように「現われ」ているのかを、当事者に内属する観点から記述することができてはじめて可能となる。

われわれは、第二章・第三章・第四章で、「行動」「対象の知覚」「状況の知覚」をめぐる自明視について、行動あるいは知覚の「当事者に内属する観点」に立って解明を進めた。何らかの体験・経験について「当事者に内属する観点」から探究するうえで肝要なのは、決して「最終完結的な答え」を前提としないということである。「最終完結的な答え」を先取りすることは、「特権的観察者の陥穽」に陥ることを意味する。「相互作用と呼ばれうるもの」が、当事者たちによって生み出され体験・経験されているものである以上、われわれは「当事者に内属する観点」に立って、その体験・経験そのものにまなざしを向け、記述・分析を進めていかなければならない。

本章では、まず、前章で整理しておいたシュッツが提示した諸概念を活用し、当事者たちの行為・行動の「連関」が生じているとみられるいくつかのケースについて、「当事者に内属する観点」から記述していく。それらのケースにおける行為・行動の「連関」の有り様の違いは、当事者たちにとっての「現われ」に注目することによって区別されるだろう。そして、その「現われ」の点で区別される、いくつかの行為・行動の「連関」の有り様について比較検討することを通じて、「相互作用と呼ばれうるもの」の生成の基準を明らかにし、「相互作用と呼ばれうるものはいかにして可能か」という問いについて探究していく。

第一節　社会的行為・行動の連関――他者被作用行為を事例として――

前章では、複数の行為者の意識のあいだをいわば「橋渡し」しうる「社会的行為」について、「他者定位」「社会的行動」「社会的行為」「他者作用」「他者被作用行為」といった一連の概念によって分節化し、整理した。当事者たちの行為・行動の「連関」について考察しようとするとき、これらの諸概念のうち、「他者被作用行為」がとりわけ注目に値する。というのは、それらのなかで「他者被作用行為」だけが、過去完了時制でなされた他者の行動を必ず前提とし、その行動に関係づけられた行為としてなされているからである。この点で、当事者たちの行為・行動の「連関」の有り様についてより具体的に記述・分析するうえでは、「他者被作用行為」を軸とする社会的行為・行動の「連関」のいくつかのケースを扱っていくのがよいだろう。

まず、「他者被作用行為」の行為者をAとし、Aによってなされる他者被作用行為は、他者Bの過去の行動に関係づけられているとしよう。このとき、AはB（の行動）に対して「他者定位」している。だが、Aの他者被作用行為が関係づけられているBの過去の行動は、Aに対する「他者作用」である場合もそうでない場合も、ともにありうる。たとえば、或る会社員が、或る日の午前中に、急遽、東京から大阪に新幹線を利用して出張することになり、その日の昼過ぎに新大阪駅に到着したと仮定してみよう。その出張者である会社員（以下では、出張者とする。）が新大阪駅で電車を乗り換えようと徒歩で移動している途中、偶然、面識のない人がその人の友人か知人と会話している様子が視野に入り、「今日は夕方までに大雨になる」と話しているのを聞いたとする。それで周囲の人たちを見ると、たしかに傘を持っている人が多かったとする。この場合、もしこの時点でその出張者が傘を持っていなければ、念のためにすぐに傘を購入することを検討するかもしれない。このとき、その出張者が実際に傘を購入したとすると、その「傘の購入」という行為は「他者被作用行為」だといえる[71]。だが、新大阪駅で「大雨になる」と話していた人も、傘を持って歩いている人たちも、その出張者に対して「他者作用」を行なったわけではない。他方、この事例で、新幹線に乗車する前に、急な出張の事情を知る職場の同僚が、「大阪は午後から大雨になるという予報が出ている」と知らせてくれていた場合、そののちに出張者が傘を購入したとすれば、「傘の購入」というこの行為は、その出張者からみて、職場の同僚による自身（出張者）に対する「他者作用」に関係づけられた「他者被作用行為」だということになる。

この大阪出張の事例では、新大阪駅にいた「面識のない人」による出張者に向けられたわけではない行動に関係づけられた、「傘の購入」という行為あるいは行動と、職場の「同僚」による出張者に向けられた「他者作用」に関係づけられた、「傘の購入」という行為あるいは行動とを描写している。この事例における傘の購入は、新大阪駅にいた「面識のない人」の、あるいは職場の「同僚」の、過去完了時制でなされた行動に関係づけられたものである点で、ともに「他者被作用行為」である。この「他者被作用行為」の行為者であるA（出張者）は、「面識のない人」あるいは「同僚」を他者（B）として定位し、その他者（B）の行動に関係づけられた行為・行動を実行している。「他者被作用行為」を行なうAに内属する観点からみれば、前記のいずれのケースでも、その「他者被作用行為」がなされるときに、自らの行為と他者（B）の行動は何らかの「連関」を成しているといえる。

だが、そのAの「他者被作用行為」と関係づけられた「行動」の担い手である他者（B）の観点からみると、前述の二つのケースには大きな違いがある。「面識のない人」は、出張者Aに対する「働きかけ」は一切行なっていないのに対して、「同僚」は、Aに明らかに他者定位したうえで、Aに対する「働きかけ」を行なっているからである。この「働きかけ」こそが「他者作用」であるが、Bの側からみると、自らがAに対する「他者作用」を行なっているかどうかによって、社会的行為・行動の「連関」についての捉え方がおそらく随分と異なってくる。さらに考察を進めてみよう。

新大阪駅における「面識のない人」（B）の行動に関係づけられた出張者Aの「他者被作用行為」のケースでは、BによるAへの「他者作用」は一切ないままに、Aによる「他者被作用行為」がなされている。このとき、出張者Aは「面識のない人」（B）に「他者定位」しているのだが、Bの側でAに「他者定位」しているかどうかは、いずれでもありうる。もし、新大阪駅でBが、出張者であるAを一切目にしていない場合には、「他者定位」していることはありえないだろうけれども、かりにBが、Aをはっきりと他者として知覚しながら、友人（知人）との会話を続けていたのであれば、このときBはAに、「他者知覚」という意味での「他者定位」はしているといえるかもしれない。つまり、BによるAへの「他者作用」が一切ないままに、Aによってなされる「他者被作用行為」については、BによるAへの「他者定位」がなされている場合となされていない場合とを区別することが可能なのである。この区別は、Bの観点からみた社会的行為・行動の「連関」について記述するうえでのポイントのひとつとなるだろう。

他方、大阪出張における出張者Aと「同僚」（B）とのケースでは、「同僚」（B）は、出張者Aに対して「他者定位」したうえで、大阪の天気予報を知らせるという「他者作用」を行なっており、その「他者作用」によってひき起こされるかたちで、Bに対して「他者定位」しているAが、「他者被作用行為」を行なっている。[72] このケースでは、BによるAに対する「他者作用」に注目して、Bの観点からみた社会的行為・行動の「連関」について検討しうる。だが、このケースについては、さらに区別しておいたほうがよい。BがAに「大阪は午後から大雨になる」と伝える際には、いくつかの異なる伝達方法がありうるからである。

あらためて確認すれば、このケースでは、急な出張の事情を知る職場の同僚Bが、「大阪は午後から大雨になる」と出張者Aに伝え、Aは傘を購入していた。Aの観点から考えると、Aは、Bによる「大阪は午後から大雨になる」という発話が、自身（A）に向けられたBによる「他者作用」であることを理解しており、また、自分の傘の購入という行為・行動が、Bの「他者作用」に方向付けられた「他者被作用行為」であることを知りうる。だが、Bの観点から考えると、「大阪は午後から大雨になる」とAに伝える際、どのような状況においていかなる仕方で伝えたのかによって、このBの「他者作用」がAに伝わったのかどうかについて、知りうる場合も知りえない場合もある。

伝達の仕方については、まず、空間的直接性において伝達されるケースと空間的間接性において伝達されるケースとの違いを分けて考えることができる。[73] たとえば、対面的状況において口頭で伝えるケースと、電話での会話を通じて伝えるケースの違いである。これらのあいだには、表情や身振り等を知覚可能かどうかという違いがあり、これに付随して伝達しうる情報の質や量も異なってくる。だが、社会的行為・行動の「連関」の有り様を考察するうえでより重要になってくるのは、空間的直接性および間接性にかんする違い自体よりも、むしろ、Bの「他者作用」に対してAがすぐに気づく仕方・状況なのかどうか、そしてBの立場からも、AがBの「他者作用」に気づいているのかどうかをすぐに知りうる仕方・状況であるかどうかにかんする相違である。

対面的状況において口頭で伝えるケースでも、電話での会話を通じて伝えるケースでもともに、Bの立場からみて、AがBの「他者作用」に気づいているのかどうかについて、すぐに知りうる。もしAがBの「他者作用」に気づいていないようであれば、BはAへの「呼びかけ」等を通じて、AがBの「他者作用」に気づくように働きかけることもできる。しかしながら、電話を利用する場合でも、BがAの携帯電話の留守番電話サービスに「大阪は午後から大雨になるという予報が出ている」という伝言メッセージを残しただけであるケースを考えると、Bの立場からは、Bのその「他者作用」にAが気づいたのかどうかについて、直ちに知りうるわけではない。かりに、Aがその留守番電話の伝言メッセージを聞き、Bの「他者作用」に関係づけられた「他者被作用行為」として、傘を購入したとしても、Bにとっては、その後にAから何らかのかたちでその旨が連絡され、確認できる機会がなければ、Bが行なった「他者作用」にAが実際に気づいたのかどうかを知ることはできない。Bの「他者作用」に関係づけられたAの「他者被作用行為」にかんして、Bの立場から、AがBの「他者作用」に気づいていることを知りうる場合とそうでない場合とをこのように区別しておくならば、Bの観点からみたAとBのあいだの社会的行為・行動の「連関」について、より適切に記述することが可能となる。

第二節　社会的行為・行動連関の四類型

(1) 社会的行為・行動連関の四類型

前節で描写した事例を踏まえれば、Bの行動に関係づけられたAの他者被作用行為を軸とする、社会的行為・行動連関にかんする「四つの類型」を見出すことができる。第一の類型は、新大阪駅における「出張者（A）」と「面識のない人（B）」のケースにおける、AはBに「他者定位」しているが、BはAに「他者定位」していない「他者被作用行為」の類型であり、第二の類型は、同じケースで、BもAに「他者定位」しているという類型である。第一および第二の類型では、AとBのあいだで「他者作用」はなされていない。

第三の類型と第四の類型は、「出張者（A）」と「同僚（B）」のケースから見出され、両方の類型で、AとBは相互に「他者定位」しており、Bは Aの行動に関係づけられた「他者作用」を行なっている。そのうえで、第三の類型では、BがAの携帯電話の留守番電話サービスに伝言メッセージを残した場合のように、Aの立場では、Bが自身(A)に向けて「他者作用」を行なっていることに気づいているのだが、Bの立場ではAがBの「他者作用」に気づいているかどうかについて知りえない。他方、第四の類型では、Aの立場で、BがAに向けて行なった「他者作用」に気づいているのに加えて、Bの立場でも、AがBの「他者作用」に気づいていることについて知りうる。

第三の類型と第四の類型のあいだの相違は、Bの立場からみて、AがBの「他者作用」に気づいていることを知りうるかどうかにある。だが、これについては補足しておきたいことがある。この相違は、BがAに向けて「他者作用」を行なったのちに、Aが、Bからの自身(A)へのその「他者作用」に対応するかたちで、Bに「応答」しているかどうかによって生じているということである。「応答(response)」とは、或る行為者が、特定の他者が自身に対して「他者作用」を行なってきたことを踏まえて、その特定の他者に向けて行なう、当の「他者作用」に関係づけられた他者被作用行為・行動だと定義できる。「応答」に類似するものとして「反応(reaction)」があるが、「反応」とは、或る行為者が、特定の他者が自身に対して「他者作用」を行なってきたことを踏まえてなされる、当の「他者作用」に関係づけられた他者被作用行為・行動全般を指す。「反応」のうちで、「他者作用」を行なってきた特定の他者に向けてなされる、当の「他者作用」に関係づけられた他者被作用行為・行動が、「応答」である。前節の「出張者(A)」と「同僚(B)」のケースでいえば、BがAの携帯電話の留守番電話サービスに伝言メッセージを残した場合で、そののち何のやりともなされていなければ、AはBに「応答」していないことになる。これに対して、BがAに、対面的状況あるいは電話での会話を通じて「大阪は午後から大雨になる」と伝えている場合、その対面的状況あるいは電話で、AはBに「応答」しているはずである。また、BがAの携帯電話の留守番電話サービスに伝言メッセージを残した場合でも、その後にAがBにお礼のメールや電話を返していれば、そこで「応答」がなされている。Bの立場からみて、AがBの「他者作用」に気づいていることを知りうるかどうかは、AからBへのこの「応答」の有無によ

表6-1　社会的行為・行動連関の4類型の整理

	「他者作用」	「他者定位」	AからBへの「応答」
第一の類型	含まない	一方向的	なし
第二の類型	含まない	双方向的	なし
第三の類型	含む	双方向的	なし
第四の類型	含む	双方向的	あり

る。この「応答」の有無によって、第三の類型と第四の類型とは区別される。

以上の四類型を整理すれば、Bの行動に関係づけられたAの他者被作用行為を軸とする社会的行為・行動の連関は、まず、「他者作用」を含まない類型（第一・第二の類型）と「他者作用」を含む類型（第三・第四の類型）とに分けることができる。そのうえで、「他者作用」を含まない第一・第二の類型は、「他者定位」が一方向的であるか（第一の類型）、あるいは双方向的であるか（第二の類型）によって区別される。そして「他者作用」を含む第三・第四の類型は、ともに双方向的な「他者定位」に基づけられているのだが、BのAに向けた「他者作用」に対応して、AがBに「応答」していない場合（第三の類型）と、AがBに「応答」している場合（第四の類型）とに区別することができる。[74]「社会的行為・行動連関の四類型」の各類型の特徴を整理した表を、上に示す（**表6-1**）。

Bの行動に関係づけられたAの他者被作用行為を軸とする社会的行為・行動連関の四類型は、（a）「他者作用」を含むかどうか、（b）「他者定位」が一方向的か双方向的か、（c）AからBへの「応答」があるかないか、という三つの基準をもとに、それらの基準の組み合わせによって区別される。当事者に内属する観点からみて、これらの四類型それぞれの「連関」の有り様がどのように異なるのかを記述しておくならば、その記述を補助線として、「相互作用と呼ばれうるもの」が生成する基準について検討していくことができる。

この四類型のすべてに共通しているのは、Aによる「他者被作用行為」が、（一括してBと表現している）「他者」の行動・行為に「関係づけ」られている点である。この点に注目すれば、四つの類型のすべてで、Aに内属する観点からみて、社会的行為・行動の「関係づけ」という意味での「連関」は成立しているとみることが可能だろう。しかしながら、Aの「他者被作用行為」が関係づけられている行動の担い手であるB（「面識のない人」・「同僚」）に内属する観点からみたときにはどうだろうか。Bの観点からみるとき、これらの四類型のなかには、社会的行為・行動の「連関」が成立しているとはいえないものも含まれているように思われる。「相互作用と呼ばれうるもの」が、当事者たちによって、そして当事者たちにとって生成する何かであると想定されうるのであれば、その生成の基準を検討するうえでは、当事者のそれぞれにとって、社会的行為・行動の「連関」がどのように「現われ」ているのか――あるいは、どのように体験・経験されているのか――を見究めていく必要がある。次項では、当事者に内属する観点から、四類型のそれぞれにおける社会的行為・行動の「連関」の現われの違いを記述し、「相互作用と呼ばれうるもの」の生成の基準について検討していくための「補助線」を提示する。

（2）社会的行為・行動連関の四類型のあいだの相違

前項で示した他者被作用行為を軸とする社会的行為・行動連関の四つの類型は、類型定義の点からみれば、第一の類型から第二、第三、第四の類型と「入れ子式」の関係にある。第一の類型に、BからAへの「他者定位」が加わったものが第二の類型であり、また、第二の類型に、BからAへの「他者作用」が加わることによって第三の類型が、そして第三の類型に、AからBへの「応答」が加わることによって第四の類型が導出される。社会的行為・行動連関の四類型が、このような「入れ子式」の関係にあることを踏まえれば、それぞれの類型の場合におけるAおよびBにとっての社会的行為・行動の「連関」の現われの特徴の違いを見究めるためには、第一の類型から第四の類型まで順を追うかたちで、また、第二の類型以降については、その前類型との比較――たとえば、第二の類型であれば、第一の類型との比較――を念頭に置きつつ記述を進めていくのがよいだろう。そうした記述が、いかなる場合に「相互作用と呼ばれうるもの」が生成するといえるのかを検討するうえでの補助線となる。

第一の類型は、AからBへの一方向的な「他者定位」に基づく「他者被作用行為」であり、BはAに「他者定位」

していない。この第一の類型では、Aによる、Bの行動に関係づけられた「他者被作用行為」がなされているだけであり、A自身の観点からのみ、Bの行動とAの「他者被作用行為」の「連関」が知られうる。したがって、第一の類型における社会的行為・行動の「連関」は、他者被作用行為を行なっているA自身にとってのみ、Bの行動とAの「他者被作用行為」の「関係づけ」という意味で、体験・経験されているといえる。

しかしながら、この第一の類型の社会的行為・行動の「連関」において、「相互作用と呼ばれうるもの」が生成しているとみなすとすれば、そこには重大な難点がある。というのは、第一の類型では、BはAの存在にすら気づいておらず、Bの観点からみれば、Aとのあいだで何かが生成しているとはまったく考えられないはずだからである。「相互作用と呼ばれうるもの」は、当事者たちによって、そして当事者たちにとって生成している。だが、第一の類型では、Bにとっては、Aにかんするいかなる「現われ」も生じていない。この点を考慮に入れれば、第一の類型において「相互作用と呼ばれうるもの」が生成しているとみなすわけにはいかないだろう。

第二の類型では、第一の類型と同様に、Bの行動とAの「他者被作用行為」の「関係づけ」という意味での「連関」が、当の他者被作用行為を行なっているA自身の観点から把握されていることに加えて、BもAに「他者定位」している。そして、その「他者定位」を通じて、BにとってAが「他者」として現われている。第二の類型が第一の類型と異なるのは、Bに内属する観点からみて、Aにかんする「現われ」が見出される点である。

ここで強調しておきたいのは、前章第二節で論じたように、「他者定位」は、「他者」にかんする同一化的綜合をその原型としており、「他者定位」がなされるときには、対象としての「他者」の「現われ」が生じるということである。たとえば、AがBに「他者定位」するときにAにとってBが「他者」として現われ、BがAに「他者定位」するときにBにとってAが「他者」として現われる。第二の類型では、AがBの行動に関係づけられた「他者被作用行為」を行なっており、BもAに「他者定位」している。この状況を俯瞰すれば、AとBのあいだで「他者定位」の「双方向性」が成立していると指摘することができるだろう。(75) このとき、AとBがともに「他者定位」し合い、AとBの両者にとって、お互いにかんする「現われ」が生じているのである。

だが、注意すべきなのは、このそれぞれの「他者定位」は、じつはまったく独立の関係にあるということである。ＡはＢに「他者定位」しており、またＢもＡに「他者定位」しているものの、ＡはＢが自身（Ａ）に「他者定位」していることには気づいておらず、またＢもＡが自身（Ｂ）に「他者定位」していることには気づいていない。つまり、厳密には第二の類型では、ＡはＢに対して、そしてＢはＡに対して、両者がもっぱら「一方向的」に「他者定位」しているのであり、当の状況において、その「一方向的」な「他者定位」がなされているのを確実に知りうるのは、「他者定位」を行なっているＡとＢのそれぞれだけなのである。

第二の類型では、当事者であるＡとＢの両者がともに、お互いに対してもっぱら「一方向的」に「他者定位」し合っており、Ａによって、Ｂの行動に関係づけられた「他者被作用行為」が行なわれている。この類型の社会的行為・行動の「連関」が、第一の類型と異なるのは、Ｂにとって、Ａが「他者」として現われている点にある。換言すれば、第二の類型には、当事者であるＡとＢの両者のそれぞれにとって、お互いにかんする「現われ」が生じているという特徴があるのである。この特徴に注目すれば、第二の類型の場合に、「相互作用と呼ばれうるもの」が生成しているといえるかどうか、検討する余地があるだろう。「相互作用と呼ばれうるもの」は、当事者たちによって、そして当事者たちにとって生成していると想定されている。だとすれば、当事者それぞれにとってお互いが「他者」として現われていることが、「相互作用と呼ばれうるもの」の生成といえるのかどうかは、論点のひとつとなりうる。

第三の類型は、第二の類型と比較すれば、ＢからＡに「他者作用」がなされている点が異なり、Ａは、その「他者作用」によってひき起こされるかたちで「他者被作用行為」を行なっている。第三の類型では、ＢからＡへの「他者作用」がなされているがゆえに、Ａは、その「他者作用」をＢの意識体験の「しるし」[76]とみなし、Ｂが自身（Ａ）に対して「他者定位」したうえで何らかの「働きかけ」をしていることを把握できている。これが、社会的行為・行動の「連関」の有り様にかんする、第二の類型とのあいだの重要な相違点である。この相違点がもたらす帰結は、「他者定位」の「双方向性」の成立という点に注目することによってより明確になる。

第二の類型では、厳密にいえば、AはBに、そしてBはAに、両者がもっぱら「一方向的」に「他者定位」していた。そして、この「他者定位」によって、AにとってBが、またBにとってAが、「他者」として現われている。これに対して、第三の類型では、AにとってBは、いわばたんなる「他者」ではなく、自身（A）に対して他者定位している「他者」として現われているはずである。なぜなら、第三の類型では、Aは、Bから自身（A）への「他者作用」に気づいているからである。

Aが、Bから自身（A）への「他者作用」に気づくことは、次の三つを、すなわち、（i）Bが自身（A）に「他者定位」していることの把握、（ii）Bが自身（A）に「働きかけ」をしていることの把握、そして（iii）自身（A）によるBへの「他者定位」を、同時に意味する。このときAにとってBは、自身（A）に対して他者定位している「他者」として現われており、Aは、自身（A）とBのあいだの「他者定位」の「双方向性」の成立の把握が可能となる（前記の（i）＋（iii））。そしてそのうえで、Aは、Bが自身（A）に対して行なってきた「他者作用」によってまさに実際にひき起こされるかたちで、「他者被作用行為」を実行しているのである。Aに内属する観点からみれば、第二の類型では、Bに「一方向的」に「他者定位」し、自身（A）に向けて行なわれたわけではないBの行動に関係づけられた「他者被作用行為」が行なわれているのに対して、第三の類型では、Bとのあいだの「他者定位」の「双方向性」の成立が把握されたのちに、Bから自身（A）に向けて行なわれた「他者作用」に関係づけられた「他者被作用行為」が行なわれている。Aにとっては、Bによる自身（A）への「他者作用」にかんする気づきを含む第三の類型の場合、第二の類型の場合以上にはっきりと、Bとのあいだの社会的行為・行動の「連関」が捉えられていると考えられる。

ただし、付言すれば、Bの立場からは、自身（B）が行なった「他者作用」にAが気づいているのかどうかは分からず、Aが自身（B）に対して「他者定位」しているかどうかも不明である。この意味で、第三の類型では、Bは、

Aに「一方向的」に「他者定位」している。もちろん、Bは、第二の類型ではただAに「他者定位」していたのみであったのに対して、第三の類型では、Aに向けて「他者作用」を行なっているという違いがある。しかしながら、Bにとっては、第二の類型の場合のAへの「他者定位」も、第三の類型の場合のAへの「他者作用」も、どちらも「一方向的」であり、Aの反応等が分からないという点では同じだといってよい。このことを踏まえて「他者作用」について指摘できるのは、第三の類型の場合のBのように、自身（B）がAに向けて「他者作用」を行なうときには「他者定位」は「一方向的」であるのに対して、その場合のAのように、自身（A）に対してなされた「他者作用」に気づくときには、それと同時にAにとっては、AとBのあいだの「他者定位」の「双方向性」が成立することになっているということである。

第四の類型は、BからAに「他者作用」がなされたのち、それに対応してAがBに「応答」している点が第三の類型とは異なる。「応答」とは、或る行為者が、特定の他者が自身に対して「他者作用」を行なってきたことを踏まえて、その特定の他者に向けて行なう、当の「他者作用」に関係づけられた社会的行為・行動であった。第四の類型では、AからBへの「応答」がなされているがゆえに、とりわけBにとって、BとAのあいだの社会的行為・行動の「連関」の有り様について、第三の類型の場合と比べて変化が生じている。

第三の類型では、Aにとって、Bは、自身（A）に対して他者定位している「他者」として現われており、AとBのあいだの「他者定位」の「双方向性」の成立が把握できていた。第四の類型では、それに加えて、Bが、Aから自身（B）への「応答」に気づいている。Bが、Aから自身（B）への「応答」に気づくことは、（i）Aが、自身（B）がAに向けて以前に行なった「他者作用」に気づいていることの把握と、（ii）Aが自身（B）に「他者定位」していることとの把握とを意味する。つまり、第四の類型では、AからBへの「応答」がなされているがゆえに、それが「しるし」となって、Bにとって、Aは自身（B）に対して他者定位している「他者」として現われているのである。このとき、Bの立場からみて、BとAのあいだの「他者定位」の「双方向性」の成立を把握することが可能となっている。Bにとって、この第四の類型の場合には、第三の類型の場合にはなかったような、Aとのあいだの社会的行為・行動の「連関」が捉えられているといってよいだろう。

以上、社会的行為・行動連関の四類型それぞれにおける「連関」の特徴の違いを、当事者に内属する観点に立って記述した。これらの違いを踏まえることで、いかなる場合に「相互作用と呼ばれうるもの」が生成するといえるのかを検討することができる。なお、四つの類型のうち、第一の類型における社会的行為・行動の「連関」については、それを「相互作用と呼ばれうるもの」とみなすことができない難点があることをすでに指摘した。「相互作用と呼ばれうるもの」は、当事者たちによって、当事者たちにとって生成すると想定されるのだが、第一の類型では、Bにとっては、Aとのあいだでいかなる現われも生じていないからである。他方、残る第二・第三・第四の類型では、Bにとっても、Aとのあいだの何らかの現われが生じており、「相互作用と呼ばれうるもの」が生成している可能性がある。

次節では、さらに詳細に比較検討を進めていこう。

第三節　当事者間で生じる何か

(1) 複数の当事者にとっての体験・経験

第二・第三・第四の類型それぞれの場合の社会的行為・行動の「連関」の有り様の特徴は、「他者定位」の「双方向性」をめぐる相違に注目することによって、簡潔に整理することができる。第二の類型では、当事者である両者(AとB)がともに、お互いに対してもっぱら「一方向的」に「他者定位」している。この類型では、かりに俯瞰でみれば二つの「他者定位」を確認できるようにも思えるが、当事者に内属する観点からみれば、実際はいずれの当事者にとっても、当事者間の「他者定位」の「双方向性」の成立が把握されることはない。第三の類型では、当事者の一方(A)が、自らに対してなされた「他者作用」に気づいており、その当事者の一方にとって、当事者間の「他者定位」

表6-2　AとBそれぞれの観点からみた自身による作用の違い

	Aの観点からみた自身による作用	Bの観点からみた自身による作用
第二の類型	・Bへの他者定位 ・他者被作用行為	・Aへの他者定位
第三の類型	・Bが行なった他者作用への気づき ・Bへの他者定位 ・他者被作用行為 【他者定位の双方向性の成立】	・Aへの他者作用
第四の類型	・Bが行なった他者作用への気づき ・Bへの応答 ・他者被作用行為 【他者定位の双方向性の成立】	・Aへの他者作用 ・Aが行なった応答への気づき 【他者定位の双方向性の成立】

の「双方向性」の成立が把握されている。そして、第四の類型では、当事者の一方（A）が、自らに対してなされた「他者作用」に気づいて「応答」し、その「応答」に当初の「他者作用」を行なっていた他方の当事者（B）が気づくことによって、当事者の双方にとって、当事者間の「他者定位」の「双方向性」の成立が把握されている。

約言すれば、当事者間の「他者定位」の「双方向性」の成立は、第二の類型では当事者のいずれにとっても把握されていないのだが、第三の類型では当事者の一方にとって、そして第四の類型では当事者の双方にとって、把握されている。第二・第三・第四の類型のそれぞれの場合の社会的行為・行動の「連関」の特徴についてのこの整理は、「相互作用と呼ばれうるもの」の生成の基準を探るうえでの糸口になりうる。この「他者定位」の「双方向性」をめぐる相違を念頭に置きながら、各々の類型の場合で「相互作用と呼ばれうるもの」が生成しているかどうかを検討しうる可能性があるからである。

だが、その考察を進めるうえで注意しなければならないことがある。「相互作用と呼ばれうるもの」は、当事者たちによって、また当事者たちにとって生成している何かである。したがって、かりに、それが生成している基準を単純に定義してしまうようなことになれば、その何かには決してアプローチできず、「特権的観察者視点の陥穽」に嵌ってしまう。この陥穽を回避するには、あくまで当事者たちによる「生成」の位相に、そして当事者たちにとっての「現われ」に、「相互作用と呼ばれうるもの」を見出していかなければならない。

ところで、第二・第三・第四の類型のそれぞれの場合で、「他者定位」の「双方向性」の成立が把握されているかどうかは、Aの観点からみたときとBの観点からみたときとで違いもある。また、AとBのあいだでなされている諸々の作用について、Aの観点からみた自身（A）が行なった諸作用と、Bの観点からみた自身（B）が行なった諸作用とを分けてみると、それぞれの類型の場合で異なっている。表6-2に示してみよう。

ここであらためて確認すれば、前節第二項の冒頭で指摘しておいたように、社会的行為・行動連関の四つの類型は、類型定義の点からみれば、第一の類型から第二、第三、第四の類型と「入れ子式」の関係にある。したがって、表6-2でいえば、第一の類型に、BからAへの「他者作用」が加わったものが第三の類型であり、また、第三の類型に、AからBへの「応答」が加わることによって第四の類型が導出される。このように「入れ子式」の関係で各類型が区別されることを想起したうえで、表6-2を眺めてみると、若干不思議に感じられることがある。

第二の類型と第三の類型は、BからAへの「他者作用」の有無によって区別される。それゆえBにとっては、第二の類型ではAへの「他者作用」を行なっておらず、第三の類型では、それを行なっているという違いがある。しかしながら、Bは、第二の類型の場合にも第三の類型の場合にも、当事者間（AとBのあいだ）の「他者定位」の「双方向性」の成立を把握していない。他方、Aにとっては、第二の類型の場合とは異なり、第三の類型の場合に、当事者間の「他者定位」の「双方向性」の成立が把握されている。Aに内属する観点からみれば、第二の類型と第三の類型のあいだの違いは、第三の類型の場合にAが、Bから自身（A）に対してなされた「他者作用」に気づいているということである。つまり、「他者定位」の「双方向性」の成立の把握という点で、第三の類型で自らが「他者作用」を行なっているBにとって、第二の類型の場合と第三の類型の場合に違いはないのに対して、第三の類型で自身（A）に対してなされた「他者作用」に気づいているAにとっては、第二の類型の場合と第三の類型の場合で違いが生じているのである。

このことは、われわれに幾分奇妙な印象を与える。当事者のそれぞれが当事者間の「他者定位」の「双方向性」の成立を把握しているかどうかは、当事者間の社会的行為・行動の「連関」の特徴のひとつである。ということは、自らが「他者作用」を行なうときよりも、自身に対してなされた「他者作用」に気づくときにこそ、当人にとって、当事者間の社会的行為・行動の連関の顕著な「変化」が生じている可能性があるということになる。ここに示唆されているのは、「相互作用と呼ばれうるもの」がいかにして可能かを問う文脈では、「社会的行為・行動」を行なっている当事者の観点と同等かあるいはそれ以上に、自身に対してなされた「社会的行為・行動」に気づいている当事者の観点にこそ、まなざしを向けるべきかもしれないということである。これらのことが、われわれに多少なりとも違和感を生じさせるとすれば、それはおそらく、従来の社会学において、自身に対してなされた社会的行為・行動に気づく者の観点の重要性が、殊に指摘されることはなかったからだろう。しかしながら、社会的行為・行動への気づきにとくに留意しつつ、あらためて表6-2をみると、第四の類型でAから自身（B）に対してなされた「応答」に気づいているBにとって、「他者定位」の「双方向性」の成立が把握されている。だとすると、「相互作用と呼ばれうるもの」はいかにして可能か」という問いを探究するうえで、やはり、自身に対してなされた社会的行為・行動への気づきにまなざしを向けるかどうかが、その探究の成否を水路づける分岐点となる可能性がある。まずは、「他者作用」への気づきに焦点を当てて、それへの気づきが当人にとって何をもたらすのかを明らかにしよう。

はじめに「他者定位」と「他者作用」とのあいだの概念上の区別について確認しておきたい。前章第二節で示したように、「他者定位」とは、あらゆる他者体験の根源にある「他我と志向的に関係づけられた体験」を特徴づけている自我の態度であり、「他者定位」には「他者知覚」が含まれる。そして、「他者定位」の有り様は、当の他者定位を行なっている者に内属する観点からしか分からない。或る個人がいつ誰に対して「他者定位」しているのかは、原則的に、当の他者定位を行なっている本人しか知りえないのである。

「他者作用」とは、他者の行動に作用する（あるいは作用を及ぼしうる）ことが企図に含まれている、特定の他者に向けてなされる社会的行為・行動である。また、「他者作用」は、「他者定位」に基づけられているのだが、社会的行為・行動としての「他者作用」には、たんなる「他者定位」とは異なる特徴がある。「他者作用」がなされる場合には、必ず、外的世界での「身体上の動き」、あるいは身体上の動きを通じて生み出された「産出物」（たとえば、第三の類型における「大阪は午後から大雨になる」と発話された伝言メッセージ）が伴うのである。(77) 外的世界での「身体上の動き」や「産出物」は、たんなる「他者定位」がなされる場合には必然的に伴うわけではないのに対して、「他者定位」に基づけられた「他者作用」がなされる場合には、それは「他者作用」がなされた「しるし」として、必ず生じる。

当事者間の社会的行為・行動の連関のそれぞれの場合に、各々の当事者からみて、「相互作用と呼ばれうる」ような何かが生じているかどうかを見定めるうえで、たんなる「他者定位」と「他者作用」とのあいだの、外的世界で「身体上の動き」や身体上の動きを通じて生み出される「産出物」を必然的に伴うかどうかという違いは、きわめて重要な意味をもつ。たんなる「他者定位」は、外的世界での「身体上の動き」や「産出物」を伴うわけではないがゆえに、当の他者定位を行なっている本人以外の観点からは、それに気づくことができない。この意味で、「他者定位」そのものは、もっぱら他者定位を行なう者自身にとっての体験・経験である。これに対して、「他者作用」は、必ず外的世界での「身体上の動き」や「産出物」を伴うがゆえに、それに、当の他者作用を行なっている本人以外の観点からもまた、気づくことができる。つまり、「他者作用」は、当の他者作用を行なっている本人にとっての体験・経験であるばかりでなく、その本人以外の者にとっての体験・経験ともなるのである。自身に対してなされた「他者作用」への気づきとは、当の他者作用を行なう本人以外の者による、その他者作用についての体験・経験である。

ただし、誤解を招かないように付言すれば、「他者定位」それ自体が、もっぱら当の他者定位を行なっている本人にとっての体験・経験であることはたしかだが、総じて「他者定位」が、当の他者定位を行なっている本人以外の観点から把握できないわけではない。たんに「他者定位」がなされているわけではなく、「他者定位」に基づけられた「他者作用」がなされている場合には、当の他者定位について、それを行なっている本人以外の観点から把握することができる。「他者作用」に必然的に伴う外的世界での「身体上の動き」や「産出物」は、その「他者作用」が基づけられている「他者定位」の「しるし」ともみなしうる。それゆえ、「他者作用」がなされている場合には、その「他者作用」が基づけられている「他者定位」について、当の他者定位・他者作用を行なっている本人以外の観点からの把握が可能となるのである。

「他者作用」は、外的世界での「身体上の動き」や「産出物」を必然的に伴うがゆえに、当の他者作用を行なっている者と、自身に対してなされた当の他者作用に気づく者との両者にとっての体験・経験となる。「他者作用」は、「他者定位」そのもののようなもっぱら単独の個人にとっての体験・経験ではなく、当の他者作用に関係する複数の当事者にとっての体験・経験となりうるのである。このことから、「他者作用」に注目することが、何らかの社会的行為・行動の連関が「相互作用と呼ばれうるもの」として生成しているかどうかを見究めるための、貴重な足掛かりになるのではないかと推測できる。社会的行為・行動の連関に「他者作用」が含まれている場合に、その連関に関与する当事者に内属する観点からみて、当の「連関」の体験・経験は、各々の当事者にとってのみの体験・経験ではなく、複数の当事者にとっての体験・経験となっている可能性があるからである。或る社会的行為・行動の連関が、当事者にとって、自身のみによって体験・経験されている場合と、自身と他方の当事者によってともに体験・経験されている場合とでは、決定的といいたくなるような違いがあるように思える。

ここで想起したいのは、同一の社会的行為・行動の連関について、「他者作用」を行なう当事者の観点からみた場合と、自身に対してなされた「他者作用」に気づく当事者の観点からみた場合の違いである。表6-2を用いて指摘しておいたように、「他者作用」が含まれている第三の類型の場合で、自らが「他者作用」を行なっているＢは、自身（Ｂ）とＡのあいだの「他者定位」の「双方向性」の成立を把握していないのに対して、自身（Ａ）に対してなされた「他者作用」に気づいているＡは、自身（Ａ）とＢのあいだの「他者定位」の「双方向性」の成立を把握している。この意味で、「他者作用」が含まれている第三の類型の場合の社会的行為・行動の連関について、「他者作用」を行なっているBと、自身に対してなされた「他者作用」に気づいているAとでは、異なるかたちで体験・経験されているのである。これらのあいだの違いは、AとBそれぞれの観点からみて、第三の類型でなされている「他者作用」が、それに関係する当事者であるAとBの両者による体験・経験となっているかどうかの違いだといえる。「他者作用」を行なっているBからみれば、自身（B）が行なった「他者作用」にAが気づいているかどうかを把握していないがゆえに、当の「他者作用」は、B自身にとってのみの体験・経験であるにすぎない。これに対して、自身（A）に対してなされた「他者作用」に気づいているAからみれば、自身が気づいている「他者作用」が、Bによって自身（A）に対してなされていることを把握しているがゆえに、当の「他者作用」は、自身（A）とBの両者による体験・経験となっているのである。

（2）当事者間に生まれる何らかの関係

「他者作用」は、それを行なう者ではなく、それに気づく者の観点からみて、複数の当事者にとっての体験・経験となっている。しかしながら、いかなる社会的行為・行動に気づく場合でも、「他者作用」に気づく場合と同じ意味での複数の当事者にとっての体験・経験が生じるわけではない。たとえば、「除夜の鐘」を想像してみよう。大晦日あるいは年明けに、自宅近辺の寺で除夜の鐘が鳴っていることにふと気づく者は、その鐘の音を、鐘をつく者とともに体験・経験しているといえる。しかしながら、一般的に考えて、除夜の鐘をつく者（僧侶がつく場合も一般人がつく場合もある）は、鐘の音にふと気づいたその当人に向けて鐘をついたわけではない。それゆえ、この例では、鐘の音はともに体験・経験されているのだが、鐘をつく者と鐘の音にふと気づいた者のあいだに、当人どうしの何か特別な、ほかの人との関係とは区別される関係が生まれているわけではない。

この「除夜の鐘」の例と比較することで、前項で述べた第三の類型の場合における「他者作用」への気づきが、Aにとって、自身（A）とBが何かをともに体験・経験していることだけを意味するわけではない点が浮かび上がる。

第三の類型の場合で、Bから自身（A）に対してなされた「他者作用」に気づいているAにとっては、自身（A）とBのあいだに、除夜の鐘をつく者と鐘の音にふと気づいた者のあいだの関係とは異なる、当人どうしの、匿名的ではないという意味で特別な関係が生じていると考えられるのである。この「関係」は、分析的にみれば、「他者定位」の「双方向性」の成立の把握だともいいうる。だが、このとき、日常生活を生きているAにとっては、むしろ、自身（A）とBのあいだの何らかの特別な関係そのものが生じているとみるほうが適切だろう。[78] では、AB間に生まれるこの関係とはいったい何なのか、もう少し考察を進めてみよう。

第三の類型の場合、Bにとっては、自身（B）がAに行なった「他者作用」は、自身（B）とAの両者による体験・経験とはなっておらず、また、自身（B）とAのあいだで匿名的ではない特別な関係が生じるまでには至っていない。これに対して、Bから自身（A）に対してなされた「他者作用」に気づいているAにとっては、その「他者作用」は自身（A）とBの両者による体験・経験となっており、また、自身（A）とBのあいだで匿名的ではない特別な関係が生じている。この違いは、まず、Aが、「他者作用」を行なっている立場ではなく、「他者作用」に気づいている立場であることに由来する。しかしながら、それ以外にも重要な点がある。このときAは、Bのたんなる社会的行為・行動に気づいているわけではない。そうではなく、Aは、Bから自身（A）に対してなされた「他者作用」に気づいているのである。つまり、Aにとって、Bによる「他者作用」は、匿名的な多数の人びとに対してなされたものでも、自身（A）以外の特定の誰かに対してなされたものでもなく、あくまでほかの誰でもない自身（A）に対してなされたものとして気づかれているのである。AがBによる自身（A）に対してなされた「他者作用」に気づくときには、Aは、Bによるほかの誰でもなく自身（A）に対してなされた「働きかけ」を体験・経験すると同時に、自身（A）も、ほかの誰でもないBに意識を向ける。このとき、Aにとっては、自身（A）とBのあいだで匿名的ではない特別な関係が生じているのである。

第三の類型の場合のAにとっては、Bから自身（A）に対してなされた「他者作用」への気づきが、自身とBのあいだの関係の変化を生じさせている。では、Bにとってはどうだろうか。第三の類型で「他者作用」を行なっているBにとっては、自身（B）とAのあいだで特別といいうるような関係が生じるには至っていない。自身（B）はAに意識を向け、「他者作用」を行なっているのだが、Aが自身（B）に意識を向けているかどうかは不明だからである。しかしながら、第四の類型では、Bも、Aが自身（B）に意識を向けていることに気づいている。第四の類型の場合にBは、Aから自身（B）に対してなされた「応答」に気づいているからである。

「応答」とは、或る行為者が、特定の他者が自身に対して「他者作用」を行なってきたことを踏まえて、その特定の他者に向けて行なう、当の「他者作用」に関係づけられた他者被作用行為・行動である。そして、「応答」自体は「他者作用」である場合もそうでない場合もある。[79] ここでの文脈で「応答」の特徴として留意すべきなのは、それが、自身に対して「他者作用」を行なってきた特定の他者に向けてなされる点、そして必ず外的世界での「身体上の動き」あるいは身体上の動きを通じて生み出される「産出物」を伴う社会的行為・行動である点である。第四の類型では、「応答」が必ず「身体上の動き」あるいは「産出物」を伴うがゆえに、Bは、Aから自身（B）に対してなされた「応答」に気づくことができる。第三の類型の場合では、Bから自身（A）に対してなされた「他者作用」に気づいているAにとって、AとBのあいだに匿名的ではない特別な関係が生じていた。それと同様に、第四の類型の場合には、Aから自身（B）に対してなされた「応答」に気づいているBにとっても、自身（B）とAのあいだに匿名的ではない特別な関係が生じているのである。

ここまでの議論によって、社会的行為・行動の連関において、当事者間で何かが生じる契機が明らかになってきた。その契機は、当事者のそれぞれが、自身に対してなされる社会的行為・行動である「他者作用」あるいは「応答」に気づくときである。このとき、それに気づく当事者にとって、その「他者作用」あるいは「応答」を行なっている他方の当事者とのあいだで匿名的ではない特別な関係が生じるのである。

本節の議論を整理するために、他者被作用行為にかんする第二・第三・第四の類型の場合に、AおよびBそれぞれ

表6-3　第二・第三・第四の類型の図式化

	Aの観点からみたAB間の作用	Bの観点からみたAB間の作用
第二の類型	A ･･････▸ B	A ◂･･････ B
	Bへの他者定位	Aへの他者定位
第三の類型	A ◂―――― B A ･･････▸ B	A ◂―――― B
	Bから自身になされた他者作用への気づき Bへの他者定位	Aへの他者作用
第四の類型	A ⇄ B	A ⇄ B
	Bから自身になされた他者作用への気づき Bへの応答	Aへの他者作用 Aから自身になされた応答への気づき

の観点からみて、ＡとＢの両者の関係がどのように現われているかが一目で分かるよう、表で示してみたい。表6-3では、ＡとＢそれぞれの観点からみた場合を区別しつつ、それぞれにとって第二・第三・第四の類型におけるＡＢ間の関係がどのように現われているかを、ＡＢ間でなされた作用とともに示している。各類型の上段では、それぞれにとっての現われの視覚イメージを図式化しており、下段に上段の図式の矢印がいかなる作用を指すかを示している。なお、図式中の矢印の向きは、「他者定位」「他者作用」「応答」がどちらからどちらになされているかを表す。また、「他者定位」は点線で、外的世界での「身体上の動き」あるいは「産出物」を伴う「他者作用」や「応答」は実線で示しており、実線の矢印が自身（二重下線付きのＡあるいはＢ）に向いている場合、その当人（ＡあるいはＢ）の観点からみて、矢印が意味する「他者作用」あるいは「応答」への気づきが生じている。

表6-3に示した各類型の場合におけるＡとＢそれぞれにとってのＡＢ間の関係の現われの図式（計六つ）を比較すると、ＡＢ間の矢印が一本の図式（網かけなし）とＡＢ間の矢印が二本の図式（網かけあり）とがある。矢印が一本の図式の場合には、当事者間の作用が「一方向」でしかなく、その場合、当人の観点からみて、自身から他方の当事者に向けて作用（「他者定位」「他者作用」）がなされている。矢印が二本の図式の場合には、当人の観点からみて、自身から他方の当事者への作用と他方の当事者から自身への作用がともになされており、これらの二つの作用が「双方向」を成し、自身と他方の当事者のあいだを

往還していることが把握できる。

本節でここまで論じてきたように、Aにとっては第三・第四の類型の場合に、そしてBにとっては第四の類型の場合に、AとBの当事者間の匿名的ではない特別な関係が生じている。表6-3からはっきりと分かるのは、当事者であるAあるいはBにとって、当事者間のそうした関係が生じているのは、図式中のAB間の作用（矢印）が「双方向」を成している場合（網かけあり）だということである。この場合、各々の当事者の観点からみて、自身が他方の当事者に意識を向けているばかりでなく、他方の当事者が自身に意識を向けていることに気づいている。往還的に「双方向」を成している二つの作用（矢印）は、まさにそれを示している。これに対して、当事者間の作用が「一方向」でしかない場合（矢印が一本の場合）には、その当事者本人にとって、当事者間の匿名的ではない特別な関係は生じていない。

何らかの社会的行為・行動の連関において、「相互作用と呼ばれうるもの」が生成しているかどうかを探るうえで、本節で当事者間の匿名的ではない特別な関係と暫定的に言及した現象は、ひときわ注目に値する。というのは、それは、当事者たちによって、そして当事者たちにとって生成している何かといって差し支えないように思われるからである。表6-3中の、「網かけ」のある三つの図式をみると、或る着想が得られる。それは、当事者たちによって、そして当事者たちにとって「何か」が生成するということは、一方で、各々の当事者たちによって、そして各々の当事者たちにとって「何か」が生成することでもあるが、それはもしかすると他方で、当事者間で「何か」が生成することを意味するのではないか、という着想である。もしそうであれば、当事者間で生成する、匿名的ではない特別な関係は、「相互作用と呼ばれうるもの」の生成の謎を解く鍵となりうる。

第四節　相互作用と呼ばれうるものの生成の基準

（1）当事者間の個別的な関係と相互作用と呼ばれうるもの

「相互作用と呼ばれうるもの」は、当事者たちによって、そして当事者たちにとって生成する。本章ではここまで、その「相互作用と呼ばれうるもの」の生成の基準を探るうえで、社会的行為・行動の連関の諸々の有り様の違いを見定めるべく、社会的行為・行動連関の四つの類型を提示し、そののち第二・第三・第四の類型に焦点を絞って、各類型の場合にそれぞれの当事者にとって社会的行為・行動の連関がどのように体験・経験されているのかを、当事者に内属する観点から詳細に記述してきた。その記述を踏まえて指摘できるのは、それぞれの当事者にとって、自身と他方の当事者とのあいだの何かが明確に生じる瞬間は、自らが「他者定位」「他者被作用行為」「他者作用」「応答」を行なうときではなく、他方の当事者から自身に対してなされた「他者作用」あるいは「応答」に気づくときに訪れるということである。このとき、「他者作用」あるいは「応答」に気づく当事者にとっては、当の「他者作用」あるいは「応答」が、それを行なった他方の当事者とそれに気づいている自身とでともに体験・経験され、さらに、その当事者は、自身が意識を向けている他方の当事者が自身に意識を向けていることに気づいている。

右で述べた或る瞬間に、自身に対してなされた「他者作用」あるいは「応答」に気づく当事者にとって生じる「何か」について、前節では暫定的に、当事者間の匿名的ではない特別な関係として言及してきた。だが、以降ではそれを、当事者間の「個別的な関係」と言い表すことにしたい。この表現のほうが、より簡潔かつ的確に、その「何か」の特質を示すことができると考えられるからである。その「何か」は、「他者作用」あるいは「応答」について、それを行なう者とそれに気づく者がともに体験・経験するなかで生じるのだが、両者によるたんなる共通の体験・経験とは区別しなければならない。その「何か」は、――前節の「除夜の鐘」の例のように――自身に対してなされたわけではない社会的行為・行動に気づく場合に生じるわけではなく、あくまで自身に対してなされた「他者作用」あるいは「応答」に気づく瞬間に生じるからである。その瞬間に、当の「他者作用」あるいは「応答」に気づく者にとって、当の「他者作用」あるいは「応答」を行なった特定の他者と自身のあいだの、いわば特別な関係が生起する。その関係が特別であるのは、一方で、「匿名的ではない」という意味においてであるが、他方、より積極的に特定の個人と特定の個人のあいだの一種独特の関係という側面を強調することもできる。前節では、この「特別」といいうる当事者間の関係について、できるだけ誤解を招かないことを第一に優先し、当事者間の匿名的ではない特別な関係という言い回しで言及していた。だが、以降では、この「関係」が有する、特定の個人と特定の個人のあいだの一種独特の関係という特質をより的確に示す、当事者間の「個別的な関係」という表現を用いることにしたい。

あらためて確認すれば、第二・第三・第四の類型のうち、Aにとっては第三・第四の類型の場合に、そしてBにとっては第四の類型の場合に、AとBの当事者間の「個別的な関係」が生じている。第二の類型では、AはBに「他者定位」しており、BはAに「他者定位」しているのだが、この場合には、当事者たちが担い手となって当事者間で何かが生じているというよりも、むしろ、もっぱらそれぞれの当事者にとって「他者定位」という体験・経験がなされており、その当人以外の観点からはそれを把握することはできない。もっぱら当人にとってのみの体験・経験が、当事者たちによって、そして当事者たちにとって生成しているという解釈を採用することはできず、「相互作用と呼ばれうるもの」の生成の基準を探るうえでは、第二・第三・第四の類型のうち、第三・第四の類型に議論を絞ってよいだろう。

第三の類型と第四の類型でAとBのあいだでなされている諸々の作用には、共通するものと第四の類型の場合にのみなされているものがある。第三・第四の類型に共通する作用は、BからAになされる「他者作用」、AによるBから自身（A）になされた「他者作用」への気づき、そしてAからBへの「他者定位」の三つである。他方、第四の類型でのみなされている作用は、AからBへの「応答」と、BによるAから自身（B）になされた「応答」への気づき

表6－4　第三・第四の類型における当事者間の「個別的な関係」

	Aの観点からみたAB間の作用	Bの観点からみたAB間の作用
第三の類型	A ⇄ B	A ← B
	Bから自身になされた他者作用への気づき Bへの他者定位	Aへの他者作用
	Aにとってのみ、当事者間の「個別的な関係」が生じている	
第四の類型	A ⇄ B	A ⇄ B
	Bから自身になされた他者作用への気づき Bへの応答	Aへの他者作用 Aから自身になされた応答への気づき
	AとBの両者にとって、当事者間の「個別的な関係」が生じている	

の二つである。また、第三の類型の場合では、AB間でなされている作用が異なるがゆえに、当事者間の「個別的な関係」をめぐる点で違いがある。第三の類型では、AにとってのみAとBの当事者間の「個別的な関係」が生じているのに対して、第四の類型では、AとBの両者にとってそれが生じているのである。上の**表6-4**に示しておこう。

表6-4を参考にして「相互作用と呼ばれうるもの」の生成の基準を考察していく場合には、第三の類型と第四の類型が「入れ子式」の関係にあることを想起しておく必要がある。これらが「入れ子式」の関係にある以上、かりに第三の類型の場合に「相互作用と呼ばれうるもの」が生成しているとすれば、第四の類型の場合にも、必ずそれは生成しているということになるからである。ここで、「相互作用と呼ばれうるもの」の生成と第三・第四の類型との関係性は、次の三つの可能性に整理することができる。①当事者のいずれか一方（A）にとって当事者間の「個別的な関係」が生じる第三の類型の場合に、「相互作用と呼ばれうるもの」が生成する。②当事者の両方（AとB）にとって当事者間の「個別的な関係」が生じる第四の類型の場合に、「相互作用と呼ばれうるもの」が生成する。③第三の類型の場合にも、第四の類型の場合にも、「相互作用と呼ばれうるもの」は生成しない。

　これらの三つを比較検討するうえでは、まず、「①当事者のいずれか一方（A）にとって当事者間の個別的な関係が生じる第三の類型の場合」と、「②当事者の両方（AとB）にとって当事者間の個別的な関係が生じる第四の類型の場合」とでは、当事者たちにとって、いったいいかなる「違い」があるのかを見究めていくのがよいだろう[80]。それを見究めるには、やはり事例を用いながら、当事者のそれぞれに内属する観点に立って記述を進める必要がある。ただし、ここで用いる事例としては、本章で扱ってきた新大阪駅での出張者の「傘の購入」の事例よりも、第一章で扱った、或る公園で遊んでいる幼児たちの事例で考えるほうが、より分かりやすくなる。したがって、以下では、「公園で遊ぶ幼児」の事例を用いて、当事者の一方にとってのみ当事者間の「個別的な関係」が生じている場合（第三の類型）と、当事者の双方にとって当事者間の「個別的な関係」が生じている場合（第四の類型）とで、当事者のそれぞれにとって何か「違い」があるのかどうかを明らかにしていく。

　或る公園で、幼児Ａが砂場でひとりだけで砂山をつくって遊んでいたとしよう。そのとき、Ａの友人である幼児Ｂが偶然、その公園に来て砂場にいるＡをみかけ、ＢがＡに対して「Ａ君、相撲をとろう」と声をかけたとする。そして、Ａは、砂場遊びで汚れた手を洗うために、手洗い場に向かったとしよう。この例において、ＢはＡに「他者定位」したうえで、「相撲をとろう」と「呼びかけ」ており、Ａに「他者作用」を行なっている。他方、Ａの観点からみれば、Ａは、Ｂによる自身（Ａ）に対してなされた「他者作用」（「呼びかけ」）に気づいており、それに関係づけられた「他者被作用行為」として、手を洗いに行っている。ここで、社会的行為・行動連関の第三の類型と第四類型に該当する二つのケースを区別してみよう。まず、前記の例において、ＡはＢによる「他者作用」（「呼びかけ」）に気づき、相撲をとるつもりでいるものの、何の応答もすることなく黙ったままで、手洗い場に向かったとする。このケースは、「第三の類型」に該当する。他方、ＡがＢによる「他者作用」（「呼びかけ」）に対応するかたちで、たとえば、「手を洗ってくるね」とＢに対して「応答」したうえで、手洗い場に向かったとする。そしてＢは、Ａから自身（Ｂ）に対してなされた「応答」に気づいているとする。このケースは、「第四の類型」に該当する。

　これらの二つのケースでは、Ａにとっては、第三・第四の類型に該当するどちらのケースでも、ＡＢ間の「個別的な関係」が生じており、あとでＢと相撲をとるつもりでＡは手を洗いに行っている。他方、Ｂにとっては、自らがＡ

に行なった「他者作用」（「呼びかけ」）に対応するかたちでAが自身（B）に「応答」しているケース（「第四の類型」）では、その自身（B）に対してなされた「応答」に気づくときに、自身（B）とAのあいだの「個別的な関係」が生じている。だが、Aからの自身（B）への「応答」が何もないケース（「第三の類型」）では、Bにとって、自身（B）が行なったAへの「他者作用」（「呼びかけ」）に、Aが気づいているのかどうかが不明であり、AB間の「個別的な関係」が生じることはない。

これらの二つのケースの「違い」は、Aが手を洗いに行ったのちのBの行為・行動の違いとして顕在化すると考えられる。一方で、Aの観点からみれば、第三・第四の類型のどちらのケースにおいても、あとでBと相撲をとるつもりで手を洗いに行っており、それらのケースのあいだにほとんど違いはない。他方、Bの観点からみれば、二つのケースでは明らかな違いがある。Bは、Aからの「応答」があったケース（「第四の類型」）では、何か特段の事情がない限り、Aが手洗い場から戻ってくるまでその公園で待っているだろう。そして、このケースでは、Aが手洗い場から戻ったのち、AとBの「相撲遊び」が始まるはずである。しかしながら、Aからの「応答」が何もなかったケース（「第三の類型」）では、そうはならない可能性が高い。Aからの「応答」が何もなかった以上、Bの眼の前からAがいなくなった（Aとすれば、手を洗いに行った）のちも、Bがずっとその公園にいるかどうかはわからない。Bの観点からみれば、Aからの「応答」がなければ、Aに自身（B）が行なった「呼びかけ」（「他者作用」）が聞こえているのかどうかさえも判断のしようがないし、あるいは、Aが何か急な用事等を思い出して、どこかに行ってしまったと思うかもしれない。だとすれば、このケース（「第三の類型」）では、AがあとでBと相撲をとるつもりで手洗い場に行っている間に、Bは、その公園から立ち去ってしまう可能性がある。もしそうであれば、AがBと「相撲遊び」をするつもりで手洗い場から戻ってきたときには、Bはその公園にいない。したがって、このときには、AとBの「相撲遊び」は実現しないのである。

この「公園で遊ぶ幼児」の事例の検討から、当事者のうちの一方（幼児A）にとってのみ、当事者間（AB間）の

「個別的な関係」が生じているケース（「第三の類型」）と、当事者の双方（幼児AとB）にとって、当事者間（AB間）の「個別的な関係」が生じているケース（「第四の類型」）とでは、その後の帰結に明らかな違いが生じうることが理解できる。「第三の類型」に該当する前者のケースでは、「相撲遊び」が実現するかどうかは、Bがずっと公園にいるかどうかというきわめて偶然的な要因に左右され、それが実現しない可能性も高い。これに対して、「第四の類型」に該当する後者のケースでは、特段の事情がない限り、「相撲遊び」は確実に実現するのである。つまり、当事者のどちらか一方にとってのみ当事者間の「個別的な関係」が生じている場合とは異なり、当事者の双方にとって当事者間の「個別的な関係」が生じている場合には、のちに、その当事者間でBの他者作用に関係する特定の「やりとり」（前述の例の「相撲遊び」）が確実に実現しうるのである。

ここで明らかになった第三の類型の場合と第四の類型の場合のあいだの「違い」は、「相互作用と呼ばれうるもの」の生成の基準を考えるうえで、きわめて重要な違いである。当事者の双方にとって当事者間の「個別的な関係」が生じている第四の類型の場合にのみ、そののちに、同一の当事者間で特定の「やりとり」が確実に実現するのであれば、遡って考えると、当事者の双方にとって当事者間の「個別的な関係」が生じている時点ですでに、何らかの「やりとり」とみなしうるものが生成しているのではないかと考えられるからである。つまり、当事者の双方にとって当事者間の「個別的な関係」が生じることは、そののちに、同一の当事者間で特定の「やりとり」が実現するためのいわば必須の前提であり、この必須の前提が当事者間で生み出されている時点で、すでに、その当事者たちによって、そして当事者たちにとって、「やりとり」といいうる何かが生成していると考えられるのである。当事者による生成の位相における「やりとり」こそが「相互作用と呼ばれうるもの」であることを想起すれば、当事者の双方にとって当事者間の「個別的な関係」が生じるときこそ、まさしく「相互作用と呼ばれうるもの」が生成するときなのではないだろうか。

しかしながら、ここで結論を急ぐわけにはいかない。前記の議論では、第三の類型の場合と第四の類型の場合の顕著な違いを示したにすぎないからである。たしかに、これらを比較するならば、明らかに第四の類型の場合に、のちに当事者間の特定の「やりとり」を実現可能にするような何かが、当事者たちによって、そして当事者たちにとって生成している。だが、この第四の類型の場合に生成している何かは、「相互作用と呼ばれうるもの」とはいえず、「相互作用と呼ばれうるもの」は、第四の類型の当事者間の四つの作用に加えて、当事者によるさらにべつの作用がなされるときに、生成する可能性も考えられる。

（2）単純な応答の繰り返し

あらためて、第四の類型の場合に、当事者の双方にとって当事者間の「個別的な関係」を生じさせる四つの作用について確認しておこう。四つの作用のそれぞれがなされる順に挙げれば、①BからAへの「他者作用」、②AによるBから自身（A）への「他者作用」への気づき（このとき、AにとってAB間の「個別的な関係」が生じる）、③AからBへの「応答」、④BによるAから自身（B）になされた「応答」への気づき（このとき、BにとってAB間の「個別的な関係」が生じる）、である。①から④のうち、直接的には、②によってAにとってのAB間の「個別的な関係」が、そして④によってBにとってのAB間の「個別的な関係」が生じている。しかしながら、①は②のいわば必要条件であり、また、①②③のすべてが順になされている場合にのみ、④がなされうるがゆえに、当事者の双方にとって当事者間の「個別的な関係」が生じている状況をみるためには、これらの四つの作用のどれも欠かすことはできない。

ところで、これらの四つの作用の当事者それぞれに内属する観点に立ってよく考えてみると、「④BによるAから自身（B）になされた応答への気づき」ののちに、BがAにさらに「応答」する場合としない場合とが両方ありうることに思い至る。このことを示すには、幾分込み入った議論が必要となるのだが、「相互作用と呼ばれうるもの」の生成の基準を慎重に見定めるうえで無視できない論点にもつながるがゆえに、この点を論じておくことにしたい。表

表6－5　第四の類型における当事者間の「個別的な関係」の生起

Aの観点からみたAB間の作用	Bの観点からみたAB間の作用
A ⇄ B	A ⇄ B
② Bから自身になされた他者作用への気づき 【AB間の「個別的な関係」の生起】 ③ Bへの応答	① Aへの他者作用 ④ Aから自身になされた応答への気づき 【AB間の「個別的な関係」の生起】
AとBの両者にとって、当事者間の「個別的な関係」が生じている	

6-5では、表6-4から第四の類型に該当する部分だけを抜き出しているのだが、四つの作用に先ほどの確認と同じく番号を付し、AとBそれぞれにとってAB間の「個別的な関係」が生起する作用がすぐにわかるように表している。

Bにとっては、「①Aへの他者作用」を行なった時点では、Aが、自身（B）からAへの「他者作用」に気づいているかどうかは把握できていない（そして、AB間の「個別的な関係」は生じていない）。Bがそれを把握するのは、「④Aから自身（B）になされた応答への気づき」（以下、誤解がないと思われる文脈では「④応答への気づき」と略記する。）がなされるときであり、このときBにとって、AB間の「個別的な関係」が生じる。だが、こののちBは、「④応答への気づき」を踏まえて、Aにさらに「応答」する可能性がある。[174] 以下では、Aによる「③Bへの応答」およびBによる「④応答への気づき」における「応答」を「応答^{1}」と表し、Bによるさらなる「応答」を「応答^{2}」（そしてそれにひき続いてさらになされる「応答」は「応答^{3}」、「応答^{4}」、……となる）と表して区別したうえで、Bがどのような理由で「応答^{2}」を行なう可能性があるのか、もう少し詳しく述べていこう。

次頁の表6-6では、先に確認した、第四の類型の場合にAB間でなされる四つの作用に、「応答^{2}」「応答^{3}」「応答^{4}」をめぐる⑤から⑩までの作用を付け加えている。

Bは、「④Aから自身になされた応答^{1}への気づき」によって、Aによる「②BからAになされた他者作用への気づき」について把握することができている。論理上はこれと同様に、Aは、「⑥Bから自身（A）になされた応答^{2}への気づき」によって、Bによる「④Aから自身になされた応答^{1}への気づき」について把握することができる。したがって、

表6-6　単純な応答の繰り返し

Aの観点からみたAB間の作用	Bの観点からみたAB間の作用
A ⇄ B	A ⇄ B
② Bから自身になされた他者作用への気づき ◀ 【AB間の「個別的な関係」の生起】	① Aへの他者作用
③ Bへの応答$_{1}$ ▶	④ Aから自身になされた応答$_{1}$への気づき 【AB間の「個別的な関係」の生起】
⑥ Bから自身になされた応答$_{2}$への気づき ◀	⑤ Aへの応答$_{2}$
⑦ Bへの応答$_{3}$ ▶	⑧ Aから自身になされた応答$_{3}$への気づき
⑩ Bから自身になされた応答$_{4}$への気づき ◀	⑨ Aへの応答$_{4}$

Bがこの論理を踏まえてAの立場になって想像し、Aは、B自身の「④応答^{1}への気づき」について把握する必要があるだろうと考えれば、Bは、自身の「④応答^{1}への気づき」についてAに知らせるためだけに行なう単純な応答として、「⑤Aへの応答^{2}」を行なう可能性があるのである。

ただし急いで付言すれば、もちろん、「③（Aから）Bへの応答^{1}」が、対面的状況や電話等での会話でなされている場合は、その状況でのやりとりのなかで、Aは、Bによる「④（Aからの）応答^{1}への気づき」についてすぐさま把握できる可能性は高い。しかしながら、たとえば、Aが「③Bへの応答^{1}」を、手紙や電子メールによって行なった場合、あるいは、携帯電話の留守番電話サービスに伝言メッセージを残したような場合には、Aは、Bによる「④応答^{1}への気づき」がなされているかどうかについて、すぐに把握することはできないはずである。この場合に、Bは、自身の「④応答^{1}への気づき」についての単純な応答として、「⑤Aへの応答^{2}」を行なう可能性があるのである。

しかしながら、われわれの実際の日常生活を振り返ってみると、Aからの「③Bへの応答^{1}」が、手紙や電子メールで行なわれた場合には、Bによる単純な応答としての「⑤Aへの応答^{2}」は、なされないことが多い。そして、その場合に「応答^{2}」がなされないことに起因して、日常生活上の問題が発生するようなことはないといってよい。ここには、「相互作用と呼ばれうるもの」の生成の基準を見定めるための重要な論点が含まれている。本節の「公園で遊ぶ幼児」の事例の考察を通じて、われわれは、第四の類型の場合の①から④までの四つの作用によって、当事者間の「やりとり」といいうる何かが生成するという考えに辿り着いている。そしてその何かは、「相互作用と呼ばれうるもの」である可能性がある。この考えを念頭に置いたうえで、ＡＢ間で④の作用に続いてなされうるＢによる「⑤Ａへの応答^{2}」が、ＡＢ間の「やりとり」にとって重要性があるのか、あるいはそうではないのかを明らかにすることができれば、われわれは、「相互作用と呼ばれうるもの」の生成の基準についての結論をほぼ得ることができる。

前述のとおり、Ｂが「⑤Ａへの応答^{2}」を行なう可能性があるのは、ＢがＡの立場になって想像し、Ａが、Ｂによる「④Ａから自身になされた応答^{1}への気づき」について把握できるように配慮した場合である。そして、実際にＢが「⑤Ａへの応答^{2}」を行ない、Ａによる「⑥応答^{2}への気づき」がなされるとき、Ａは、Ｂによる「④Ａから自身になされた応答^{1}への気づき」について把握することができる。この点で、ＡＢ間の「やりとり」にとって、Ｂによる「⑤Ａへの応答^{2}」は決して無意味ではなく、少なくとも何らかの意義があるように、一見、思われる。

ところが他方で、Ｂが「⑤Ａへの応答^{2}」を行なう場合に、Ａの立場になって想像したのと同様に、「⑥応答^{2}への気づき」ののちに、ＡもまたＢの立場になって想像したとすれば、Ｂと同じ論理で、Ａが「⑦Ｂへの応答^{3}」を行なう可能性がある。そして、Ｂが「⑤Ａへの応答^{2}」を行なうことが望ましいならば、形式上、Ａが「⑦Ｂへの応答^{3}」を行なうことも、Ｂの「⑤Ａへの応答^{2}」とまったく同程度に望ましい。この論理を敷衍すれば、新たな事情が加わることがない限り、「⑤Ａへの応答^{2}」を行なったＢが、さらに「⑨Ａへの応答^{4}」を行なわない理由はない。ここには、基礎づけの無限後退に準えていえば、「応答」の無限後退が発生している。つまり、ＢもＡもともに、「応答^{1}への応答^{2}」（Ｂによる単純な応答としての「⑤Ａへの応答^{2}」）が行なわれるべきだという見解を抱いていると仮定すれば、ＡとＢのいずれかがその見解を破棄するか、あるいは新たな事情を加味してその見解を修整しない限り、その見解に基礎づけられて、単純な「応答」がＡとＢのあいだで交互に無限に繰り返されるはずなのである。

しかしながら、われわれの日常生活において、そのような単純な「応答」の無限の繰り返しは発生しない。では、それが発生しないのはなぜだろうか。日常生活を生きている人びとにとって、そのような単純な「応答」の無限の繰り返しがほぼ無意味に感じられるであろうことは想像に難くないが、どのようなロジックで、それが実際の日常生活では発生しないのかを明らかにしておこう。

単純な「応答」の無限の繰り返しの発生が回避されるパターンには、以下の三つが考えられる。（a）AとBの両方が、「応答$_1$への応答$_2$」（Bによる単純な応答としての「⑤Aへの応答$_2$」）が行なわれるべきだという見解を抱いているのだが、「応答」が繰り返されるうちに、その途中でAとBのいずれかがその見解を破棄するか、あるいは新たな事情を加味して（新たな条件を付加して）その見解を修整し、単純な「応答」の繰り返しが打ち切られる。（b）AとBのどちらか一方が、「応答$_1$への応答$_2$」が行なわれるべきだという見解を抱いていない。（c）AとBの両方が、「応答$_1$への応答$_2$」が行なわれるべきだという見解を抱いていない。

（a）のパターンで、AとBのいずれかが、「応答$_1$への応答$_2$」が行なわれるべきだという見解を破棄したり、修整したりする理由はさまざまであろう。だが、おそらくその多様な理由に共通するのは、日常生活の「プラグマティックな関心（諸関心のシステム）」に照らして、単純な「応答」の無限の繰り返しが不必要だとみなされる点だと考えられる。たとえば、人間が生きている限り、食事と睡眠は繰り返されるが、「プラグマティックな関心」に照らして、食事と睡眠が人間の生にとって必要だという見解が破棄されることはまずありえない。不眠不休での仕事あるいは断食は、短期間であれば可能であるが、長期間続けることは不可能である。しかしながら、学生時代に現役運動選手として抱いていた、極度に激しい反復トレーニングの必要性にかんする見解は、年齢を重ねるうちに、あるいは現役運動選手を引退したのちに、修整されることも破棄されることもありうる。年齢を重ねたのちに行なう激しい反復トレーニングは、「プラグマティックな関心」に照らして、――たとえば、大きな怪我等につながるという理由で――必要ではないと判断されることが十分にありうるからである。（a）のパターンが生じるのは、単純な「応答」がAB

間で交互に繰り返されるうちに、激しい反復トレーニングをめぐる見解の場合と同様に、「プラグマティックな関心」に照らして、ＡあるいはＢが、「応答^{1}への応答^{2}」が行なわれるべきだという見解を破棄・修整するときだと考えられる。

（b）と（c）のパターンでは、ＡとＢの一方あるいは両方が、はじめから、「応答^{1}への応答^{2}」が行なわれるべきだという見解を抱いていないがゆえに、単純な「応答」の無限の繰り返しは発生しない。ただし、その見解を抱いていないことを、ＡあるいはＢにとって所与の「選好」とみなしてしまうなら、（b）と（c）のパターンの考察から得られるものはほとんどない。しかしながら、そうではなく、ＡやＢが、以前は、「応答^{1}への応答^{2}」が行なわれるべきだという見解を一貫して抱いていたのだが、過去の或る時点で、その見解に否定的となったと想定することができる。第二章で示した「行為と行動の循環的関係」（七三頁参照）をもとにいえば、ＡやＢが、以前は「応答^{1}への応答^{2}」が行なわれるべきだという見解を抱いていたのだが、何らかの「問題的状況」に直面したがゆえに、過去の或る時点で、その見解を破棄あるいは修整した可能性があると考えられるのである。その経験を踏まえて、それ以降、ＡやＢが、「応答^{1}への応答^{2}」を行なうべきかどうかについて、一貫して否定的な見解を抱いていることがありうる。

（a）（b）（c）の三つのパターンを総合的にみれば、論理的可能性として十分にありうるはずの単純な「応答」の無限の繰り返しが、われわれの日常生活では発生しないロジックを見出すことができる。単純な「応答」の無限の繰り返しは、「応答^{1}への応答^{2}」が行なわれるべきだという見解を抱き、一貫してその見解に従った行為・行動をとる個人どうしのあいだでのみ発生する。しかしながら、「応答^{1}への応答^{2}」が行なわれるべきだという見解を抱いている個人がいたとしても、かりに一度でも単純な「応答」の無限の繰り返しに類似する経験をしたならば、その個人は、その見解を破棄・修整するに違いない。その見解に従った自らの行為・行動が、単純な「応答」の無限の繰り返しを招く可能性があること、そしてその場合に直面する問題について身をもって知るからである。（b）（c）のパターンでは、AとBのいずれか一方、あるいは両方が、過去にそうした経験があり、（a）のパターンでは、AとBが「応答」を繰り返している最中に、そうした経験がなされているのである。単純な「応答」の無限の繰り返しは、論理上、発生する可能性が十分にある。だが、それゆえに、明確な記憶はないけれども、物心がついてから現在に至るまでの過去のいずれかの時点で、それに類似する経験をしたことのある人は、じつは非常に多いのかもしれない。そして、そうした経験をした人が、以後、単純な「応答」の無限の繰り返しにつながる行為・行動を回避するようになるとすれば、それがわれわれの日常生活で実際に発生する可能性は低くなるだろう。そして、それでも単純な「応答」の繰り返しが発生したときには、（a）のパターンのように、AとBのいずれかが、その繰り返しを打ち切るのである。これが、日常生活において、単純な「応答」の無限の繰り返しが発生しないロジックである。そしてここには、Bによる「⑤Aへの応答^{2}」が行なわない場合の理由も示されている。その理由は、「応答^{2}」が、論理上、単純な「応答」の無限の繰り返しを誘発する可能性があるからなのである。

ところで、視点を変えて考えてみると、単純な「応答」の無限の繰り返しは、「やりとり」だといいうるように思われる。ただしそれは、やりとりの一種であり、より精確にいえば、特殊なやりとりの「理念型」と表現するほうが適切であろう。単純な「応答」の無限の繰り返しが「理念型」だというのは、それが、極限概念としては想定しうるけれども、実際の日常生活においては、そうした「応答」が繰り返される過程のいずれかの時点で打ち切られるがゆえに、それが無限に繰り返されることはないからである。そして、「応答」の無限の繰り返しという「理念型」における「応答」は、自身による「他方の当事者から自身になされた他者作用あるいは応答への気づき」について他方の当事者に知らせるためだけに行なう「単純な応答」であり、この「応答」のうちに新たな働きかけとしての「他者作用」は含まれない。たとえば、仮定として、Bによる「⑤Aへの応答^{2}」における「応答^{2}」に、BがAに行なう新たな「他者作用」（「他者作用^{2}」）が含まれるとすれば、その「応答^{2}」は、決して単純な「応答」ではなく、また、単純な「応答」の無限の繰り返しを誘発するわけではない。この特殊なやりとりの「理念型」としての単純な「応答」

の無限の繰り返しと、この「理念型」に近似するかたちで日常生活において実際になされる「応答」の繰り返しとを明確に区別するならば、後者は、日常生活における「やりとり」の一種だと言い切ることができる。われわれの日常生活には、特殊なやりとりの「理念型」である単純な「応答」の無限の繰り返しに近似する、「やりとり」の特殊形態がありうるのである。

日常生活の「やりとり」一般と、単純な「応答」の無限の繰り返しに近似する、「やりとり」の特殊形態とが具体的にどのような関係にあるのかをさらに踏み込んで考えてみると、「やりとり」が終息する状況の一例が明らかになる。つまり、当事者間（AB間）で何らかの「やりとり」が継続したのち、もし、その「やりとり」が、単純な「応答」の無限の繰り返しという理念型に近似していくかたちで変化するならば、当事者であるAかBが、単純な「応答」の無限の繰り返しを回避する行為・行動をとるがゆえに、その「やりとり」は終息すると考えられるのである。[81] そして、この「やりとり」の終息の経路に目を向ければ、当事者間の何らかの「やりとり」はすべて、潜在的にはつねに単純な「応答」の無限の繰り返しに近似していく可能性があり、この意味で単純な「応答」の無限の繰り返しにつながる可能性があることが見出される。

このように、「やりとり」一般と単純な「応答」の無限の繰り返しの関係を整理して捉えると、新たな疑問が生まれてくる。それは、Bによる「⑤Aへの応答$_2$」が、単純な「応答」の無限の繰り返しにつながるのであれば、それと同様に、それ以前になされているAによる「③Bへの応答$_1$」も、「応答」の無限の繰り返しにつながりうるのではないか、ということである。じつは、Aによる「③Bへの応答$_1$」にも、「応答」の無限の繰り返しにつながる可能性がたしかにある。「応答$_1$」が実際に行なわれた場合にのみ、「応答$_2$」（さらには「応答$_3$」「応答$_4$」……）がなされうるし、Aによる「③Bへの応答$_1$」は、Aによる「②Bから自身（A）になされた他者作用への気づき」をBに知らせるためだけになされる「単純な応答」でもありうるからである。したがって、もし、われわれの日常生活において、「応答」の無限の繰り返しにつながる行為・行動が回避されるのであれば、Aによる「③Bへの応答$_1$」

が回避されたとしても不思議ではない。しかしながら、Ａによる「③Ｂへの応答^{1}」が行なわれない場合には、ＡＢ間でべつの問題が発生する。「応答^{1}」が行なわれなければ、Ｂによる「④Ａから自身（Ｂ）になされた応答への気づき」はなされず、Ｂにとっては、ＡＢ間の「個別的な関係」が生じないということになるからである。この場合、そののちに、当事者間で特定の「やりとり」が確実に実現することはなくなってしまう。

　このことを踏まえると、Ａによる「②Ｂから自身（Ａ）になされた他者作用への気づき」の時点で、Ａには、二つの選択肢があるといえる。一方は、「応答」の無限の繰り返しが発生しうるとしても、のちの当事者間（ＡＢ間）での特定の「やりとり」の確実な実現のために「③Ｂへの応答^{1}」を行なうという選択肢であり、他方は、たとえのちの当事者間（ＡＢ間）での特定の「やりとり」が実現されなくとも、「応答」の無限の繰り返しの発生を回避するために、「③Ｂへの応答^{1}」を行なわないという選択肢である。これらの二つの選択肢のうち、Ａがどちらを選択するかのポイントは、Ａが、のちの当事者間（ＡＢ間）での特定の「やりとり」を確実に実現するつもりがあるかどうかにある。ＡＢ間でのその「やりとり」が確実に実現しなくとも、Ａにとって何ら問題がなければ、Ａは、「③Ｂへの応答^{1}」を行なわないだろう。これに対して、ＡＢ間でのその「やりとり」が確実に実現しないことが、Ａにとって問題的であれば、そうした問題的状況を回避すべく、Ａは、「③Ｂへの応答^{1}」を行なうだろう。ここであらためて確認できるのは、ＡＢ間での「やりとり」において「応答^{1}」はきわめて重要だということである。

　Ａによる「③Ｂへの応答^{1}」が行なわれるかどうかが、このような比較衡量を通じて判断されているとすれば、Ｂによる「⑤Ａへの応答^{2}」が行なわれるかどうかが判断される場合にも、同様に比較衡量がなされうると考えられる。しかしながら、「応答^{1}」と「応答^{2}」のあいだには、顕著な違いがある点に留意する必要がある。Ａによる「③Ｂへの応答^{1}」が行なわれたのち、Ｂによる「④応答^{1}への気づき」がなされた場合、Ｂにとっては、このときはじめて、ＡＢ間の「個別的な関係」が生じる。これに対して、Ｂによる「⑤Ａへの応答^{2}」が行なわれたのち、Ａによる「⑥応答^{2}への気づき」がなされた場合には、Ａにとって、ＡＢ間の「個別的な関係」がはじめて生じるわけではない。

Ａにとっては、「②Ｂから自身（Ａ）に対してなされた他者作用への気づき」の時点で、すでにＡＢ間の「個別的な関係」が生じているからである。換言すれば、Ａによる「⑥応答^{2}への気づき」がなされるときには、Ａは、すでに生じているＡＢ間の「個別的な関係」を単純に再確認するにすぎないのである。この再確認は、ＡＢ間の関係を変化させたり新たな関係を生じさせたりするわけではなく、また、のちのＡＢ間の特定の「やりとり」の実現のために不可欠だというわけでもない。

　Ｂによる「⑤Ａへの応答^{2}」がなされた場合、Ａは、Ｂによる「④Ａから自身になされた応答^{1}への気づき」について把握することができる。しかしながら、この「応答^{2}」は、論理上、単純な「応答」の無限の繰り返しを誘発する。そして、ＡＢ間の関係の点からみて、「応答^{2}」は、Ａに、すでに生じているＡＢ間の「個別的な関係」を再確認させるにすぎず、かりに「応答^{2}」がなされずともＡＢ間の「やりとり」に問題を発生させることはない。これらを総合的に考えると、ＡとＢにとっては、Ｂが「⑤Ａへの応答^{2}」を行なうことは完全に無意味というわけではないものの、むしろ、それが行なわれずに差し控えられる場合にこそ、日常生活上の利点が大きいといえる。Ｂが「⑤Ａへの応答^{2}」を差し控えることによって、ＡとＢの「やりとり」に何ら問題が発生しないばかりでなく、生じる可能性のあった、単純な「応答」の無限の繰り返しの誘発という問題を回避することが可能になっているからである。

（3）相互作用と呼ばれうるものの生成の基準

　以上の考察によって明らかになったのは、「応答^{1}」と「応答^{2}」のあいだには、当事者間（ＡＢ間）の「やりとり」にとって不可欠であるかどうかという点で明白な違いがあるということである。Ａによる「③Ｂへの応答^{1}」が行なわれない場合には、ＢにとってＡＢ間の「個別的な関係」が生じず、この場合、そののちに当事者間で特定の「やりとり」が確実に実現することはない。したがって、「応答^{1}」は、ＡＢ間での「やりとり」にとって不可欠の重要性を有している。これに対して、Ｂによる「⑤Ａへの応答^{2}」は、それを差し控えたとしても、ＡＢ間の「やりとり」

がなされるうえで何ら問題はない。このことを踏まえれば、表6-6（一八四頁参照）における①から⑩までの作用のうち、①から④までの作用と⑤以降の作用とのあいだに、はっきりと境界線を引くことができる。そして、AB間の「やりとり」が実現するうえで必須であるのは、①から④までの作用なのである。以下では、日常生活における「やりとり」と「相互作用と呼ばれうるもの」の関係をあらためて確認しつつ、「相互作用と呼ばれうるもの」の生成の基準について整理しよう。

われわれの日常生活においては、人びとのあいだでさまざまな「やりとり」がなされている。この意味でわれわれはさまざまな「やりとり」を体験・経験しており、それをよく知っているはずである。しかしながら、われわれは、すでに実現している「やりとり」に言及することはできたとしても、その「やりとり」が、どの瞬間にどのような行為・行動の連関によって生成したのかについては明確に述べることはできない。日常生活における「やりとり」は、明示的な定義を要せずとも人びとによって実際に体験・経験されており、それがいかにして生まれているのかは自明のものとみなされているからである。この自明のものとみなされている「やりとり」は、観察者の観点からみれば、「相互作用」として認識しうる。だが、そうした「やりとり」は、「当事者による生成の位相」にまなざしを向ける社会学者の観点からみれば、観察者による認識がなくとも、日常生活を生きている当事者たちによって、そして当事者たちにとって生成している何かである。われわれは、この何かを「相互作用と呼ばれうるもの」と名付け、それがいかなる瞬間に生成するのかを明らかにしようとしてきた。「相互作用」と「相互作用と呼ばれうるもの」を明確に区別することによって、「やりとり」を「相互作用」として認識する場合に陥る「特権的観察者視点の陥穽」を回避し、あくまで「やりとり」を、当事者たちによって、そして当事者たちにとって生成しているものとして、それぞれの当事者に内属する観点に立って記述することが可能となるのである。

当事者たちによって、そして当事者たちにとって特定の「やりとり」が実現するうえで不可欠の四つの作用とは、表6-6を参照すれば、「①BからAへの他者作用」「②AによるBから自身（A）になされた他者作用への気づき」「③

Aから B への応答」「④ B による A から自身（B）になされた応答への気づき」である。これらの作用が AB 間で順に行なわれ、「④ B による A から自身（B）になされた「応答」への気づき」がなされるときに、当事者間の「個別的な関係」が当事者の双方にとって生じる。

これらの四つの作用が当事者たちによってなされた時点では、その当事者たちは、必ずしも「やりとり」が実現しているかどうかを意識しているわけではない。日常生活における「やりとり」は、それに関与している当事者にとって自明のものとして体験されているがゆえに、当の「やりとり」がどの瞬間に生成しているのかは、その「やりとり」を行なっている当事者自身にも不明だからである。しかしながら、「やりとり」における「当事者による生成の位相」にまなざしを向けるならば、それらの四つの作用がなされた時点で、当事者たちにとって当事者間の関係が顕著に変化していることが見出される。このとき、当事者の双方にとっての当事者間の「個別的な関係」がはじめて生じているからである。そしてそれ以降、この当事者の双方にとっての当事者間の「個別的な関係」を前述定的明証性を有する「土台」として、その当事者たちによって、あるいはその当事者間で、具体的な諸々の「やりとり」が実現する。日常生活世界において自明のものとして体験・経験されている当事者間の「やりとり」は、この原本的にその存在が確信される「土台」によって可能となるのであり、この「土台」が生まれる瞬間が、そうした当事者間の「やりとり」の起点なのである。当事者たちによって、そして当事者たちにとって生成しているこの「土台」は、「やりとり」の起点であるがゆえに、それ自体、「やりとり」だとみなしうる。そして、この「土台」こそが、当事者たちにとっては「やりとり」として意識されていないのだが、事実上、「やりとり」として生成している何か、つまり「相互作用と呼ばれうるもの」にほかならない。したがって、「相互作用と呼ばれうるもの」が生成するのは、当事者間で前述の四つの作用がなされ、当事者の双方にとって当事者間の「個別的な関係」が生じるときなのである。

第五節　相互作用と呼ばれうるものはいかにして可能か

(1) 相互作用と呼ばれうるものと自明性

本章の前節までの議論によって、「相互作用と呼ばれうるもの」の生成の基準が明らかになった。それを明らかにするうえでは、二つの事例——大阪出張における傘の購入の事例と公園で遊ぶ幼児の事例——を用いて考察を進めたのだが、「相互作用と呼ばれうるもの」は、これらの事例に限らず、まさに日常的なさまざまな状況のなかで生成する。次頁の**表6-7**を参照しつつ、新たな事例を用いてこのことを確認したうえで、さらに、「相互作用と呼ばれうるもの」の或る含意を明らかにしておきたい。

「相互作用と呼ばれうるもの」は、「①BからAへの他者作用」「②AによるBから自身（A）になされた他者作用への気づき」「③AからBへの応答」が順に行なわれたのちに、「④BによるAから自身（B）になされた応答への気づき」がなされるときに生成する。日常生活でもよくある、店舗での商品の購入の例で確認しよう。その店舗で、売場をひとりで担当していた店員Aが、バックヤードで仕事をしている最中に、客Bが商品を購入しようとしてレジに訪れたとする。そして客Bは、レジにも売場にも店員が誰もいないため、バックヤードにいると思われる店員に、少し大きな声を出して「呼びかけ」たとしよう。この「呼びかけ」は、「①BからAへの他者作用」であり、バックヤードにいる店員Aが、「②Bから自身（A）になされた他者作用（「呼びかけ」）に気づき」、バックヤードから「はい」と返事をしたとすれば、この返事は、「③AからBへの応答」である。そして、客Bが、「④Aから自身（B）になされた応答に気づいた」場合、Bはレジでしばらく待つだろう。このとき、AB間で「相互作用と呼ばれうるもの」が生成している。しかしながら、かりに店員Aが「③Bへの応答（返事）」を明確に行なっていたとしても、バックヤードからの声が届かず、それに客Bが気づかなければ、Bは、再度「呼びかけ」を行なう可能性も高いが、時

表6－7　相互作用と呼ばれうるものの生成と4つの作用

	Aの観点からみたAB間の作用	Bの観点からみたAB間の作用
	A ⇄ B	A ⇄ B
第四の類型	（2）Bから自身になされた他者作用への気づき ←（1） 【AB間の「個別的な関係」の生起】 ↓ （3）Bへの応答 →	（1）Aへの他者作用 （4）Aから自身になされた応答への気づき 【AB間の「個別的な関係」の生起】
	AとBの両者にとって、当事者間の「個別的な関係」が生じている	

間に余裕がなければ、商品の購入を断念して店を出てしまうかもしれない。「④BによるAから自身（B）になされた応答への気づき」がなされない場合には、AB間で「相互作用と呼ばれうるもの」は生成しないのである。

右の例でも、前節の事例と同様に、「④BによるAから自身（B）になされた応答への気づき」がなされるかどうかが、AB間で「相互作用と呼ばれうるもの」が生成するかどうかの分岐点であることを再確認できる。「④BによるAから自身（B）になされた応答への気づき」によってAB間で生成する「相互作用と呼ばれうるもの」に秘められている含意は、「キャッチボール」を例に挙げることによって明らかにしうる。

運動場で、ひとりでボール遊びをしていたBが、その運動場にあとから来た初対面のAをみつけ、「キャッチボール」をしたいと思ってAにそのボールを軽く投げ、Aがボールをキャッチしたとしよう。このときAが選びうる選択肢は多岐にわたる。AはBにそのボールを投げ返さずに持ったままでいる可能性もあるし、Aが、Bがいる場所とはまったく異なる方向にそのボールを投げてしまう可能性もあるかもしれない。これらのいずれの場合にも、AB間の「キャッチボール」が始まることはない。だが、Aが、Bと同様にボール遊びが好きで、Bに向けてそのボールを投げ返し、Bがそれをキャッチしたとすれば、どうだろうか。こののちAB間で実際にしばらく「キャッチボール」が行なわれたとすれば、AがBにボールを投げ返してBがそれをキャッチした瞬間が、「キャッチボール」の始まりとみてよいだろう。この状況において、Bが投げたボールをAがキャッチしたときには、「①BからAへの他者作用」が行なわれ、Aは、「②Bから自身（A）になされた他者作用に気づいて」いる。そして、Aが投げ返したボールをBがキャッチしたときには、「③AがBに応答」し、Bが「④Aから自身（B）になされた応答に気づいている」ことから、このとき、AB間で「相互作用と呼ばれうるもの」が生成しているといえる。つまり、この例では、AB間の「相互作用と呼ばれうるもの」が生成する瞬間に、「キャッチボール」が生まれているように思われるのだが、この点についてさらに踏み込んで考察することによって、「相互作用と呼ばれうるもの」の或る含意を見出すことができる。

この例で「相互作用と呼ばれうるもの」が生成し、「キャッチボール」が始まると思われるのは、AがBに向けてボールを投げ返し、Bがそれをキャッチしたときである。このときBにとっては、或る予期が生まれているはずである。その予期とは、かりにもう一度Aにボールを投げたなら、再度、Aは自身（B）にそのボールを投げ返してくる可能性があるという予期である。最初にBがAにボールを投げた時点では、Aがボールをキャッチして、それをBに向けて投げ返す保証はまったくない。だが、AがBに向けてそのボールを一度投げ返し、Bがそれをキャッチしたのちには、Bは、一度、Aが自身（B）にそのボールを投げ返してきていることを根拠として、もしもう一度自身（B）がAにボールを投げれば、ふたたび先ほどと同様に、Aが自身（B）にボールを投げ返してくる可能性が十分にあると予期するのである。翻って、Aにとってこれと同様の予期は、Bからの最初のボールをキャッチしたのちに生まれると考えられる。つまりAは、一度、Bが自身(A)にそのボールを投げてきていることを根拠として、もし自身(A)がBにそのボールを投げ返したならば、ふたたび先ほどと同様に、Bが自身（A）にボールを投げ（返し）てくる可能性が十分にあると予期するのである。

この「キャッチボール」の例で発生している当事者たちによる「予期」が、私が指摘したい「相互作用と呼ばれうるもの」の含意である。Aにとっては、Bから自身（A）に投げられた最初のボールをキャッチしたのちに（「②Bから自身（A）になされた他者作用に気づいた」のちに）、そしてBにとっては、Aが自身（B）に向けて投げ返したボールをキャッチしたのちに（Bが「④Aから自身（B）になされた応答に気づいた」のちに）、自身が相手（他方の当事者）にボールを投げ返せば、相手（他方の当事者）もふたたび先ほどと同様に、自身にボールを投げ返してくるという「予期」が生まれている。つまり、このそれぞれの場合に、当事者のそれぞれ自身にとって、当事者間の「やりとり」の反復可能性の予期が生じているのである。そして、この予期が当事者の双方にとって生じるのは、①から④までのAB間の作用がなされたときであり、このとき「相互作用と呼ばれうるもの」が生成している。したがって、「相互作用と呼ばれうるもの」が生成しているならば、当事者であるAとBの双方にとって、当事者間（AB間）の「やりとり」の反復可能性の予期が生じているのである。

前節で明らかにしたように、日常生活における当事者間（AB間）の「やりとり」の起点は、その当事者間の「相互作用と呼ばれうるもの」の生成の瞬間にある。この起点の「相互作用と呼ばれうるもの」は、分析的には、「やりとり」全体から区別しうるのだが、当事者に内属する観点からみれば、それらは連続している。では、日常生活における当事者のそれぞれは、どのようにしてそれらを連続するものとして体験することができるのか。それには、前述の当事者間（AB間）の「やりとり」の反復可能性の予期が深く関係している。つまり、「相互作用と呼ばれうるもの」が生成するときには、当事者のそれぞれにとって、当事者間（AB間）の「やりとり」の反復可能性の予期が生じており、この予期によって、当事者のそれぞれは、はじめに生じる「相互作用と呼ばれうるもの」とそののちの「やりとり」とを連続するものとして体験しているのである。

当事者間ではじめに生成する「相互作用と呼ばれうるもの」とそののちの「やりとり」の関係は、「水の流れ」によってAB間につくられる「水路」の比喩を用いて表現することで、おそらくより明確なイメージを得ることができる。**表6-7**（一九五頁参照）を参考にしつつ、AB間につくられる「水路」をイメージしてみよう。「①BからAへの他者作用」および「②AによるBから自身（A）になされた他者作用への気づき」によって、Bの地点からAの地点まで水が流れると同時に、その「水路」がつくられる。そして、Aによる「③Bへの応答」ののちに、Bによって「④Aから自身（B）になされた応答への気づき」がなされれば、すでにあるBの地点からAの地点までの「水路」が、水流とともにBの方向に折り返して延びていき、Bの地点に至る。このとき、Bの地点からAの地点に向かい、またAの地点からBの地点に向かう双方向の「水路」は、ひとつながりの「環」をなし、AB間を循環する「水路」として完成するのである。AB間の「やりとり」を「水の流れ」として表すなら、AとBの双方にとって、AB間に環をなす「水路」があるがゆえに、AB間の「やりとり」である水の流れの反復可能性が予期され、またAの地点かBの地点で水流が堰きとめられない限り、その「水路」には水が流れるのである。

敢えて繰り返すまでもなく、当事者間で環をなす「水路」とは比喩的表現であり、決してそれが当事者間に実在するわけではない。この環状の「水路」は、あくまでそれぞれの当事者によって、そしてその当事者にとって生じているからである。この意味で、その「水路」は当事者自身の意識を離れたどこかに実在するわけではない。しかしながら、当事者間ではじめて「相互作用と呼ばれうるもの」が生成するときの「水の流れ」によって「水路」がつくられ、日常生活において「やりとり」が実現しているときに、当事者間の環状の「水路」に水が流れているというイメージは、あながち的外れではないと思われる。日常生活の「やりとり」は、人びとによって自明のものとして体験・経験されている。それゆえ、それが、どの瞬間にどのような行為・行動の連関によって生成したのかについては明確に述べることはできないのだが、実現している「やりとり」について言及することはできる。このときわれわれが言及しているのが、「水路」に「水が流れている」状態としての「やりとり」だと考えるならば、日常生活を生きる人びとにとって、「やりとり」が自明のものとして体験・経験される道理に光が射し込んでくる。

「相互作用と呼ばれうるもの」は、表6-7（一九五頁参照）の第四の類型の場合に、「①BからAへの他者作用」「②AによるBから自身（A）になされた他者作用への気づき」「③AからBへの応答」が順に行なわれたのちに、「④BによるAから自身（B）になされた応答への気づき」がなされるときに生成する。このうち、「②AによるBから自身（A）になされた他者作用への気づき」によって、Aにとって、当事者間（AB間）の「個別的な関係」と当事者間（AB間）の「やりとり」の反復可能性の予期が生じる。そして、「④BによるAから自身（B）になされた応答への気づき」によって、Bにとって、当事者間（AB間）の「個別的な関係」と当事者間（AB間）の「やりとり」の反復可能性の予期が生じる。

ここで注目すべきなのは、「相互作用と呼ばれうるもの」の生成過程で、それぞれの当事者にとって当事者間の何かが明確に生じる瞬間は、その当事者が自身に対してなされる「他者作用」や「応答」に気づくときにあるということである。「他者作用」や「応答」への気づきとは、何らかの外的行動についての知覚によって生じており、「同一化作用」だといえる。「他者作用」や「応答」への気づきがなされるときには、何らかの外的な行動と「他者作用」あるいは「応答」にかんする知が、同一化的に綜合されているのである。だとすれば、「他者作用」や「応答」への気づきとは、第三章で論じた「対象の知覚」と同様に、あくまで暫定的に成立するものであるはずである。しかしながら、Aが「②Bから自身（A）になされた他者作用に気づく」とき、Aにとって、その「他者作用」ばかりでなく、当事者間（AB間）の「個別的な関係」と当事者間（AB間）の「やりとり」の反復可能性も、あたかも実在するかのように信憑される。そして、Bが「④Aから自身（B）になされた応答に気づく」ときには、Bにとって、その「応答」ばかりでなく、当事者間（AB間）の「個別的な関係」と当事者間（AB間）の「やりとり」の反復可能性もまた、あたかも実在するかのように信憑される。あくまで当事者自身にとってのみ、暫定的に成立しているはずの「他者作用」や「応答」への気づきは、当事者間（AB間）の「個別的な関係」および当事者間（AB間）の「やりとり」の反復可能性が実在するという信憑を生み出しているのである。このとき、それぞれの当事者にとって、当事者間（AB間）の環状の「水路」が実在し、そこに「水が流れている」ことに疑問の余地はない。日常生活の「やりとり」が、われわれにとって自明のものとして体験・経験されているのは、「相互作用と呼ばれうるもの」の生成過程で、当事者の双方にとって、当事者間（AB間）の「個別的な関係」と当事者間（AB間）の「やりとり」の反復可能性が、自明のものとみなされるからなのである。

(2) 相互作用と呼ばれうるものはいかにして可能か

「相互作用と呼ばれうるもの」が生成するのは、当事者間(AB間)で「①BからAへの他者作用」「②AによるBから自身(A)になされた他者作用への気づき」「③AからBへの応答」が順に行なわれたのちに、「④BによるAから自身(B)になされた応答への気づき」がなされるときである。[82] そして、これらの四つの作用は、AB間で「環」をなすイメージで捉えることができる。

①と②はともに「他者作用」に関係する作用であるが、「他者作用」を行なう側(B)にとっての作用と「他者作用」に気づく側(A)にとっての作用が区別される。これと同様に、③と④はともに「応答」に関係する作用であるが、「応答」を行なう側(A)にとっての作用と「応答」に気づく側(B)にとっての作用が区別される。この区別に基づいて指摘できるのは、「他者作用」に関係する作用では、それを行なう側と気づく側の立場が逆転しているということである。つまり、最初に「他者作用」を行なう側であるBは、「応答」にかんしては気づく側になり、「他者作用」に気づく側であるAは、「応答」にかんしては行なう側になる。また、一見すると当然のことであるが、「他者作用」に関係する作用(①と②)と「応答」に関係する作用(③と④)の順序は、必ず「他者作用」に関係する作用が先行し、そののちに「応答」に関係する作用がなされる。

じつは、これらのことを踏まえると、「相互作用と呼ばれうるもの」を生じさせる四つの作用のそれぞれについて、各々の個人が、誕生以後の成長のなかでどのような順序でそれらの作用をめぐる経験を獲得していくのかを示すことができる。そうした経験を利用可能な知識集積として保持しているがゆえに、諸個人は、繰り返し「相互作用と呼ばれうるもの」を生み出すことが可能となるのである。あらかじめ述べておけば、四つの作用をめぐる経験がいかなる順序でなされていくのかを考察することは、翻って、「他者」概念を要しない原初的な他者経験に光を当てる。この原初的な他者経験とは、「他者と呼ばれうる存在」の経験だといってよいだろう。

四つの作用をめぐる経験を次のように簡略化して表記しよう。「相互作用と呼ばれうるもの」が生成するときになされる順序どおりに挙げれば、「①他者作用を行なう経験」「②他者作用への気づきの経験」「③応答を行なう経験」「④応答への気づきの経験」である。だが、各々の個人が誕生以後の成長のなかでそれらを経験していく順序は、「相互作用と呼ばれうるもの」が生成するときの①②③④という順序とは異なる。誕生以前の胎児にとって、「人間」とは何か、そして「他者」とは何かがあらかじめ知られることはないという前提に立てば、これらの四つの作用をめぐる経験は、諸個人によって、必ず決まった順序で獲得されていくと考えられる。その順序は、「②他者作用への気づきの経験」「③応答を行なう経験」「①他者作用を行なう経験」「④応答への気づきの経験」である。

「他者作用」あるいは「応答」とは、特定の他者に向けてなされる社会的行為・行動である。それゆえ、何らかのかたちで「他者」とは何かを知っている場合にはじめて、「他者作用」や「応答」を行なうこともそれらに気づくことも可能になる。この意味で、生まれながらに「他者作用」あるいは「応答」を行なうことができる者はいない。ここで容易に想像できるのは、何らかのかたちで「他者」概念を習得したのちにはじめて、前述の四つの作用をめぐる経験はなされるということである。

しかしながら、四つの作用をめぐる経験のうち、じつはひとつだけ、「他者」概念を習得したのちになされるというよりも、むしろ、原初的な「他者」経験を生み出すような経験がある。それは、「②他者作用への気づきの経験」である。ただし、精確にいえば、「②他者作用への気づきの経験」自体は、「他者」概念を前提とするといったほうがよい。原初的な「他者」経験を生み出すのは、「②他者作用への気づきの経験」のいわば前身にあたる「他者と呼ばれうる存在」からの「自身に対する働きかけへの気づき」の経験である。われわれは、「他者」概念を要する「他者作用への気づき」以前に、「他者」概念を要しない、「自身に対する働きかけへの気づき」を経験することができる。この「自身に対する働きかけへの気づき」の経験に基づけられて、「②他者作用への気づきの経験」が生じるのだが、生まれてはじめての、原初的な「②他者作用への気づきの経験」が生じるときに、原初的な「他者」経験としての「他者と呼ばれうる存在」の経験がなされるのである。この原初的な「②他者作用への気づきの経験」とは、「他者と呼ばれうる存在」からの「自身に対する働きかけへの気づき」の経験である。

「自身に対する働きかけへの気づき」の経験は、「自身に対する働きかけ」を行なってくる存在がいったい何なのかを知らずとも、可能である。生まれたばかりの赤子があげる産声は、人間が誕生直後から、自身とは区別される外界からの「自身に対する働きかけ」に気づく存在であることを示している。そして、新生児から乳児・幼児として成長していくあいだに、何らかの違いがあるさまざまな種類の「自身に対する働きかけ」について、徐々に区別がなされていくはずである。たとえば、耳から入る音、光、暑さや寒さ、口から入ってくるミルク等の感覚は、どれも異なるはずである。それらを区別できれば、或る種類の「自身に対する働きかけ」が、何度も繰り返されることに気づくことが可能となる。自身に対するA・B・C・D・E等の「働きかけ」の種類の区別のもとで、或る時点でのAという種類の「働きかけ」に気づくということは、以前のAという種類の「働きかけ」と同様の「働きかけ」に気づくことでもあるからである。このように、或る種の「自身に対する働きかけ」の「繰り返し」に気づくならば、その或る種の「自身に対する働きかけ」を繰り返す「何か」に意識を向けることができる。そうした諸々の「何か」のなかでも、ほかとは区別されるような「働きかけ」を行なう特別な「存在」があり、その「存在」についての経験が、原初的な「他者」経験、すなわち「他者と呼ばれうる存在」の経験なのである。このようなロジックで、のちに「他者」と呼ばれうるような、「自身に対する働きかけ」を繰り返す特別な「存在」が識別されれば、この「他者と呼ばれうる存在」による「自身に対する働きかけ」に気づくことになる。それが、原初的な「②他者作用への気づきの経験」である。

「他者と呼ばれうる存在」について識別できていない段階では、「自身に対する働きかけ」に対してなされる赤子による行動は、すべて「反応」である。そうした行動は、「他者と呼ばれうる存在」についての識別が欠如した状態でなされており、それゆえ特定の他者に向けてなされているわけではないからである。しかしながら、「他者と呼ばれうる存在」による「自身に対する働きかけ」への気づきである、原初的な「②他者作用への気づきの経験」がなされたのちには、「反応」ではなく、「応答」が可能となる。「他者と呼ばれうる存在」による「自身に対する働きかけ」

に関係づけられた行動を、その特定の「他者と呼ばれうる存在」に向けて行なうことが可能となるからである。これが、原初的な「③応答を行なう経験」である。

原初的な「②他者作用への気づきの経験」とそれに関係づけられた原初的な「③応答を行なう経験」を繰り返すことは、「他者と呼ばれうる存在」が充実化される過程でもある。それらの経験が重ねられることによって、「他者と呼ばれうる存在」が自らの傍にいることがその度に確認され、さらに、特定の「他者と呼ばれうる存在」がいかなる「働きかけ」を自身に対して行なってくるのかをめぐる経験が、次第に蓄積されていくのである。特定の「他者と呼ばれうる存在」が、自身に対していかなる「働きかけ」を行なう存在であるのかが一定の程度明確になれば、今度は、その「他者と呼ばれうる存在」に向けて、自身が起点をつくって「働きかける」ことが可能になる。特定の「他者と呼ばれうる存在」が自身に対する特定の種類の「働きかけ」を行なう存在であるということが一定の程度認識できていれば、それをひき出すことを期待（予期）して、自らがその「他者と呼ばれうる存在」に「働きかける」ことが可能となるからである。特定の「他者と呼ばれうる存在」への行動は、すでに原初的な「応答」を行なうときに経験されている。今度は、自身が起点をつくって特定の「他者と呼ばれうる存在」に「働きかける」のである。これが原初的な「①他者作用を行なう経験」である。そして、自身が特定の「他者と呼ばれうる存在」に向けて行なった原初的な「他者作用」と、そののちのその「他者と呼ばれうる存在」による自身に対する「働きかけ」が関係づけられるならば、そのとき、原初的な「④応答への気づきの経験」が生じるのである。

あらためて確認すれば、「自身に対する働きかけ」を繰り返す特別な「存在」である「他者と呼ばれうる存在」の経験が、原初的な「他者」経験である。この見方によれば、誕生以前の胎児による「人間」あるいは「他者」のアプリオリな認識を前提とすることなく、各個人が、誕生以後の成長のなかで、いかにして、「相互作用と呼ばれうるもの」の生成にかかわる四つの作用をめぐる経験を獲得できるのかを示すことができるのである。[83]「①他者作用を行なう経験」の沈澱は、いかなる状況においてどのように「他者作用」を行なうことができるのかについての「知」となる。

同様に、「③応答を行なう経験」の沈澱は、いかなる状況においてどのように「応答」を行なうことができるのかについての「知」となる。また、「②他者作用への気づきの経験」の沈澱は、自身に対してなされる「他者作用」についての「知」となり、「④応答への気づきの経験」の沈澱は、自身に対してなされる「応答」についての「知」となる。われわれは、誕生以後の成長のなかで、「②他者作用への気づきの経験」「③応答を行なう経験」「①他者作用を行なう経験」「④応答への気づきの経験」を順に獲得している。そうした経験が、自らの生にとってきわめて重要な「知」として利用可能な知識集積に沈澱し保持されているがゆえに、われわれは、「他者作用」を行ない「応答」に気づく立場で、あるいは、「他者作用」に気づき「応答」を行なう立場で、「相互作用と呼ばれうるもの」の生成に、その生成の担い手である当事者として関与することができるのである。

「相互作用と呼ばれうるもの」はいかにして可能なのだろうか。「自身に対する働きかけ」に気づく存在としての人間は、原初的な「②他者作用への気づきの経験」において原初的な「他者」(「他者と呼ばれうる存在」)を経験する。そしてそれにひき続いて、「③応答を行なう経験」「①他者作用を行なう経験」「④応答への気づきの経験」の順で、「相互作用と呼ばれうるもの」の生成に関与するうえで必須となる経験を獲得していく。「自身に対する働きかけ」に気づく存在としての人間が、原初的な「他者」を経験し、前述の四つの作用をめぐる経験を獲得しているならば、観察者による認識を一切必要とすることなく、そうした人間たちによって、そしてそうした人間たちにとって、「相互作用と呼ばれうるもの」が生成するのである。

第七章　統一体と呼ばれうるものはいかにして可能か

第一節　統一体と呼ばれうるものへのアプローチ

(1) 当事者に内属する観点からの二つの見方

ここまでの議論によって、「相互作用と呼ばれうるものはいかにして可能か」という問いについては探究した。だが、本書で立てた問いは、「社会的なるものはいかにして可能か」であり、「社会的なるもの」とは、「相互作用と呼ばれうるもの」と「統一体と呼ばれうるもの」の総称である。そこで本章では、「統一体と呼ばれうるものはいかにして可能か」という問いの探究を試みていく。

第一章で論じたように、「統一体と呼ばれうるもの」は、観察者による「統一体としての社会」の認識の後に、その認識以前に生成していたはずの何かとして、その観察者によって見出されるという特徴がある。この特徴から、「統一体と呼ばれうるものはいかにして可能か」という問いに対する回答の半面を導出しうる。すなわち、「統一体と呼ばれうるもの」は、観察者による「統一体」としての認識によって、可能となるのである。しかしながら、厳密にいえば、その回答は、「統一体と呼ばれうるもの」を「見出すことは」いかにして可能かという問いへの回答でしかない。そして、その「統一体と呼ばれうるもの」は、あくまで観察者によって見出されるのであって、決して当事者たちによって、そして当事者たちにとって生成しているわけではない。

ここまでわれわれは、当事者たちによって、そして当事者たちにとって生成している「相互作用と呼ばれうるもの」がいかにして可能かという問いを、当事者自身にとっての「現われ」を当事者に内属する観点から記述していくことを通じて、探究してきた。その探究によって得られた諸々の成果を応用するならば、「統一体と呼ばれうるもの」の生成が、当事者たちによって、そして当事者たちにとって、いかにして可能かを検討できる可能性がある。「統一体と呼ばれうるもの」は、一方で、観察者による「統一体」としての認識の後に見出されるけれども、他方で、複数の「相互作用と呼ばれうるもの」からなっていると考えられる。「相互作用と呼ばれうるもの」を基体として「統一体と呼ばれうるもの」が生成しているはずであり、また、それらのあいだに「連続性」があるのであれば、観察者による「統一体」認識がなくとも、当事者たちにとって「統一体と呼ばれうるもの」の生成が可能かどうかを、「相互作用と呼ばれうるもの」の生成をめぐる議論を参考にして検討できる可能性がある。

ここで、前章の議論を踏まえつつ、連続してなされうる「相互作用と呼ばれうるもの」間の関係について述べておきたい。前章では、「相互作用と呼ばれうるもの」の生成がいかにして可能かに議論の焦点を絞っていたがゆえに、連続する個々の「相互作用と呼ばれうるもの」の関係についてはほとんど述べていない。しかしながら、複数の「相互作用と呼ばれうるもの」からなる「統一体と呼ばれうるもの」について考察するうえでは、連続する「相互作用と呼ばれうるもの」どうしの関係について、簡単にでも言及しておく必要があるだろう。

日常生活の「やりとり」は、「相互作用と呼ばれうるもの」を起点とするのだが、その起点となる「相互作用と呼ばれうるもの」が生じたのちに、それにひき続いて同一の当事者間で諸々の「相互作用と呼ばれうるもの」が生成しうる。日常生活でわれわれは、それらを一括して捉え、「やりとり」という語を用いて言及している。だが、分析的には、個々の「相互作用と呼ばれうるもの」を区別することは可能である。「相互作用と呼ばれうるもの」は、当事者間（ＡＢ間）――ＡとＢは互換可能――で「（１）ＢからＡへの他者作用」「（２）ＡによるＢから自身（Ａ）になされた他者作用への気づき」「（3）AからBへの応答」「（4）BによるAから自身（B）になされた応答への気づき」がなされたときに生成する。その状況において、「（4）BによるAから自身（B）になされた応答への気づき」ののちに、それにひき続くかたちでBからAに新たな「他者作用」（以下、（1）における最初の「他者作用」を「他者作用^{1}」、新たな「他者作用」を「他者作用^{2}」とする。）がなされたとすれば、その新たな「他者作用^{2}」を始点とする、後続の新たな「相互作用と呼ばれうるもの」が生成する可能性が生まれるのである。「他者作用^{1}」が行なわれる時点では、当事者のどちらにとっても、当事者間の「個別的な関係」も当事者間の「やりとり」の反復可能性の予期も生じていないのに対して、「他者作用^{2}」が行なわれる時点では、当事者の双方にとって、当事者間の「個別的な関係」も当事者間の「やりとり」の反復可能性の予期が生じている。したがって、「他者作用^{1}」を始点とする場合に比して、「他者作用^{2}」を始点とする場合のほうが、のちに当事者間で「相互作用と呼ばれうるもの」が生成する可能性が高い。この意味で、或る「相互作用と呼ばれうるもの」の生成は、その延長線上に位置づけられうる、あるいはそれとは別個の、後続する「相互作用と呼ばれうるもの」の生成につながりうるのである。

　この知見から、当事者にとって生成しうる「統一体と呼ばれうるもの」について検討するうえで役立ちうる、二つの見方を導出することができる。第一の見方は、次のことから導出される。すなわち、或る「相互作用と呼ばれうるもの」の生成が、その当事者間における後続の「相互作用と呼ばれうるもの」の生成につながりうるのであれば、観察者による認識がなくとも、当事者に内属する観点からみて、複数の「相互作用と呼ばれうるもの」のあいだの「接続」が把握されている可能性があるということである。もし、当事者が複数の「相互作用と呼ばれうるもの」の「接続」を把握しうるのであれば、そのときに、当事者にとって、「統一体と呼ばれうるもの」が生成するといえる可能性が考えられる。

　そして、第二の見方は、当事者たちによる「相互作用と呼ばれうるもの」の生成が、後続の「相互作用と呼ばれうるもの」の生成につながりうるということを、まったくべつの視点から、次のように考えてみることによって導出できる。或る「相互作用と呼ばれうるもの」が生成するときには、当事者（たち）は、当の「相互作用と呼ばれうるもの」に還元しきれないような、「べつの何か」が生じていることに気づいているのではないかということである。その「べつの何か」を、当事者間でなされる、後続の「相互作用と呼ばれうるもの」とみなすのが、前述の「第一の見方」である。だが、その「べつの何か」は、後続の「相互作用と呼ばれうるもの」以外である可能性もあり、この見方を採るのが「第二の見方」である。もし、当事者が、「相互作用と呼ばれうるもの」のなかに、たんなる「相互作用と呼ばれうるもの」の生成以上の――後続の「相互作用と呼ばれうるもの」以外の――そうした「何か」に気づきうるのであれば、当事者に内属する観点からみて、その「何か」が感じ取られているかどうかを基準として、複数の「相互作用と呼ばれうるもの」が「統一体と呼ばれうるもの」になるといえる可能性がある。

これらの二つの見方はともに、或る「相互作用と呼ばれうるもの」が生成するときに、それに還元しえない「何か」が生み出されており、当事者がそれを把握したりそれに気づいたりすることができるという見解に立っている。第一の見方に基づくならば、その「何か」とは、後続する「相互作用と呼ばれうるもの」であり、その当事者たちが、複数の「相互作用と呼ばれうるもの」の「接続」を把握するときに、――たんなる複数の「相互作用と呼ばれうるもの」ではなく――「統一体と呼ばれうるもの」が生成する、といえる可能性がある。この第一の見方は、すでに第一章で扱っている「公園で遊ぶ幼児たち」の事例を用いれば具体的にイメージもしやすく、すぐに次の議論に進むことができる。しかしながら、第二の見方における、「相互作用と呼ばれうるもの」の生成以上の――次なる「相互作用と呼ばれうるもの」以外の――「何か」が、いったいいかなるものなのかについて、まだほとんど述べていない。そこで、第二の見方における「何か」を探るための補助線として、G・バタイユによる、「非―知（non-savoir）」の体験をめぐる議論を参考にすることにしたい。ここで、「非-知」の体験をめぐる議論を参考にする理由は、それが、日常生活世界における、明確に言語化できない「何か」への気づきを扱った研究だからである。

(2) 非─知

バタイユは、「非─知から出発して新たに可能な知がある」(Bataille 1976: 205= 1999: 42) と主張する。「非-知」をめぐる彼の議論は、「日常生活世界」における、「既知への還元」としてのいわゆる「知識」とは異なる、新たな「知」を探ろうとする研究として展開されている。当事者にとって生成する「統一体と呼ばれうるもの」について検討するうえでは、彼がアプローチしようと努めている、日常生活を生きている人びとにとっての──いわゆる「既知への還元」とは異なるタイプの──「知」としての「非-知」の議論に、有用な示唆を見出すことができる。

バタイユは、「非─知の体験」の例として、笑い、涙、供犠、死、恍惚、詩的な感情、聖なるものの感情、不安、恐怖などを挙げている (Bataille 1976)。これらのうち、彼は、「笑い」をとくに重視する。というのは、「笑わせるものは、知られていない〔未知〕というだけでなく、知りえぬもの〔不可知〕」で、ここに、既知への還元とは異なる「新たに可能な知」を探りうる「ひとつの可能性がある」(Bataille 1976: 205, 216= 1999: 42, 63) からである。「非-知」をめぐる彼の議論の要約は決して容易ではないため、以下で、「非─知」の体験のまさに核心を衝いていると思われる、「笑い」についての叙述を引用し、それをもとに簡潔に要点をまとめることにしたい。

> 笑わせるものとは単純に知りえぬものなのかもしれない。言いかえれば、笑わせるものが知られていないというのは、たまたまそうなのではなく、笑わせるものの本質的な性質なのかもしれない、ということです。われわれが笑うのは、ただ情報や検討が不充分なためにわれわれが知るに到らないといった性質のもつ何らかの理由のためではなく、知らないもの、知りえないものが笑いを惹き起こすからこそ笑うのです。
>
> (Bataille 1976: 216= 1999: 63)

個々のものがはっきり性格づけられてそれぞれに安定しており、また全般的な安定した秩序の内にあるような世界から、不意にわれわれの確信が覆されるような世界へ急激に移行すると、われわれは結局笑わされるのです。

> その世界でわれわれは、この確信がまやかしだったこと、すべてが確実に予見しうると思い込んでいたところに予期しえないもの、予期しえず転覆をもたらすような要素が襲ってきたことに気づくのですが、それが結局はわれわれに最終的真理を知らしめるのです。つまり、皮相な外観が、われわれの期待に対する解答の完全な不在を覆い隠しているのだということを。
>
> (Bataille 1976: 216= 1999: 64)

彼は、右の引用箇所で、「笑わせるもの」とは、「知りえぬもの（l'inconnaissable）」かもしれないと仮定している。そして、「笑い」は、われわれが「安定した秩序の内にあるような世界」の内で生きているとき、そこに「予期しえないもの、予期しえず転覆をもたらすような要素」が不意に侵入してくるときに惹き起こされることを指摘している。言い換えれば、「疑問の余地のない状況」において、「知らない何か」が不意に侵入してくることによって、「笑い」という「非―知の体験」が生じるのである。

ここで注目に値するのは、「笑い」という「非―知の体験」は、日常生活世界において、（多くの場合で）意図することなく惹起されるものとみなされているのだが、このとき笑っている人は、不意に侵入してくる「知らない何か」に気づいているといえるのではないかと考えられることである。この「知らない何か」とは、決して既知に還元することができず、いったいいかなる「対象」なのかさえまったく分からない「何か」でありうる。けれども、笑っている人は、何であるかは分からない「知らない何か」に前述定的レヴェルで気づいているがゆえに、日常生活世界において笑うことができているとみなしうるのである。

この「非―知の体験」をめぐるバタイユの知見は、当事者に内属する観点からみて、「相互作用と呼ばれうるもの」が生成するときと、観察者による「統一体」認識の後にしか見出されないはずの「統一体と呼ばれうるもの」が生成するときとのあいだには、いかなる「違い」があるのかを考えるための示唆を与えてくれる。日常生活において、おそらくわれわれの誰もが、「笑う」ことがある。したがって、「笑う」ことに特殊な能力は必要とされない。だとすれば、日常生活において、われわれの誰もが、たとえ自覚はされていないとしても、「知らない何か」に気づくことができているといってよいだろう。日常生活世界において、当事者間で「相互作用と呼ばれうるもの」が生成するとき、「笑い」が惹き起こされることがある。このとき、当事者たちは、当の「相互作用と呼ばれうるもの」のなかに、「知らない何か」が侵入してきていることに、気づいているといえる。もしそうであれば、当事者に内属する観点からみて、「相互作用と呼ばれうるもの」と、それに還元できない「知らない何か」に気づく「非-知」の体験とが同時に生じるとき、「相互作用と呼ばれうるもの」以上のものとしての、「統一体と呼ばれうるもの」が生成している可能性がありうるのではないか、と考えられるのである。

その「何か」が、「既知への還元」ができない「知らない何か」である以上、それを明確に言語化することは不可能かもしれない。しかしながら、たとえ言語化できなくても、日常生活では、われわれの誰もが、そうした「何か」に気づいているといえる。われわれは、「笑う」ことができているからである。もしそうであれば、日常生活世界において、われわれが当事者として数多くの「相互作用と呼ばれうるもの」を生成するなかで、たんなる「相互作用と呼ばれうるもの」とは言い切れない、それ以上の「何か」に気づいているケースがあったとしても、不思議ではない。もちろん、生成する「相互作用と呼ばれうるもの」に含まれる、そうした「何か」に気づくときに、必ず「統一体と呼ばれうるもの」が生成しているとみなすことには、無理があるかもしれない。しかしながら、当事者に内属する観点からみて、そうした「相互作用と呼ばれうるもの」の生成以上の「何か」に気づいているときに、「相互作用と呼ばれうるもの」が「統一体と呼ばれうるもの」になりつつある（なっている）可能性があるという発想は、当事者にとって生成しうる「統一体と呼ばれうるもの」について検討するうえで、何らかの糸口になるかもしれない。

第二節　統一体概念なしに統一体と呼ばれうるものの生成は可能か

前節で、第一章の議論を踏まえて述べたように、「統一体と呼ばれうるもの」は、一方で、特定の「統一体」概念を前提とした、「統一体」としての認識の後に見出される何かであり、観察者による「統一体」認識によって、可能となる面がある。だが他方、「統一体と呼ばれうるもの」が複数の「相互作用と呼ばれうるもの」を基体として生成しているはずである点に注目すれば、「統一体」認識がなくとも、当事者に内属する観点からみて、「相互作用と呼ばれうるもの」が「統一体と呼ばれうるもの」になりうる道筋の検討を試みる方途もありうる。

この方途としては、二つの見方が区別される。第一は、当事者に内属する観点からみて、或る「相互作用と呼ばれうるもの」の生成と、後続する「相互作用と呼ばれうるもの」の生成との「接続」が把握されるときに、「統一体と呼ばれうるもの」が生成するという見方である。この見方では、当事者が、複数の「相互作用と呼ばれうるもの」の「接続」を把握することが、「相互作用と呼ばれうるもの」が「統一体と呼ばれうるもの」になる「基準」となる。そして第二は、当事者が、生成する「相互作用と呼ばれうるもの」のなかに、「非―知」の体験における「何か」に類する「何か」[84]に気づくときに、当事者がそれに気づくことを「基準」として、「相互作用と呼ばれうるもの」が「統一体と呼ばれうるもの」になるという見方である。

しかしながら、一段階議論を先取りして結論を述べるならば、第一の見方および第二の見方のいずれの場合も、「統一体」認識がなくとも、当事者に内属する観点からみて、複数の「相互作用と呼ばれうるもの」が「統一体と呼ばれうるもの」になるとみなすことはできない。前章で明らかにしたように、「相互作用と呼ばれうるもの」は、観察者による認識が一切なくとも、当事者たちによって、そして当事者たちにとって生成可能である。「自身に対する働きかけ」に気づく存在としての人間は、「人間」あるいは「他者」とは何かを知らずとも、「他者と呼ばれうる存在」を経験することが可能であり、この原初的な「他者」経験をもとに、「相互作用と呼ばれうるもの」の生成にかかわる必須の経験を獲得することができる。しかしながら、「統一体と呼ばれうるもの」については、所与の「統一体」概念に依拠することなしに、当事者たちによって、そして当事者たちにとって生成することはないのである。事例を用いつつ確認していこう。

第一章で「相互作用と呼ばれうるもの」と「統一体と呼ばれうるもの」に言及した際、公園における幼児たちの「鬼ごっこ遊び」の例を挙げておいた。もし、その幼児たちのすべてが、「鬼ごっこ遊び」を過去に経験したことがあり、いかなる「やりとり」(の連続)が「鬼ごっこ遊び」といえるのかをあらかじめ知ったうえで、その「遊び」をしている場合、その幼児たちは、いくつかのルールとやりとりによって構成される「鬼ごっこ遊び」という「統一体」概念によって、当の「遊び」を認識しているといってよい。

この例に新たな設定を加え、その「遊び」が始まったのちに、偶然、その遊んでいる幼児のうちのひとり(男児)の妹が、兄であるその男児と遊ぶつもりでその公園に来たとしよう。そこで、過去に「鬼ごっこ遊び」をしたことのない、その妹(以下、「幼児A」とし、彼女は公園にいる幼児たちのうちの最年少だとする)も、その「鬼ごっこ」の仲間に入れて一緒に遊ぶことになったとする。ただし、「幼児A」が最年少で、「鬼ごっこ」を理解できない可能性も高く、また、彼女が一度「鬼」になってしまうとずっと「鬼」のままになって「遊び」がつまらなくなる可能性があるため、「幼児A」以外の幼児たちのあいだで、「幼児A」が「鬼」にタッチされても、「鬼」にはならないという特別ルールを事前に取り決めたうえで、「遊び」を始めたとしよう。実際に「鬼ごっこ遊び」が始まったのち、それが円滑に進行しているとすれば、おそらく、「鬼ごっこ」をまったく知らない「幼児A」に内属する観点からみても、「追いかけっこ」に似た「やりとり」が、自分を含む幼児たちのあいだで、次から次へと連続(「接続」)しているのに気づくはずである。そして、自分より年長の幼児たちと重ねる楽しい「やりとり」のなかに、「幼児A」が、「非-知」の体験における「何か」に類する「何か」も感じたとしよう。

このケースで、最年少の「幼児A」は、或る「相互作用と呼ばれうるもの」の生成が、次なる「相互作用と呼ばれうるもの」の生成につながっていることを把握できており（第一の見方）、また、「非—知」の体験における「何か」に類する「何か」に気づくこともできている（第二の見方）。しかしながら、このケースで、当事者である「幼児A」に内属する観点からみて、複数の「相互作用と呼ばれうるもの」が「統一体と呼ばれうるもの」になっているといえるかどうかを考えるためには、さらにべつのケースと比較しつつ検討するほうがよい。

この「幼児A」が、前述の公園での「遊び」の翌日、親に連れられて、親の買物のために二人で百貨店に行ったとしよう。その店内の食器販売店で、親が商品を手にとってチェックしつつ選んでいる最中に、退屈を感じてきた「幼児A」は、少し離れた位置にいる食器販売店の販売員をみつけ、その販売員と、前日の公園での「追いかけっこ」に似た「遊び」をしたくなったとする。そこで、「幼児A」が販売員に駆け寄り、その販売員の周辺を走り回ったところ、それに気づいたその販売員が、「幼児A」が走り回るのを制止して穏やかに注意し、「幼児A」をその親のいる場所に連れ戻したとしよう。

この「百貨店の店内」のケースでも、「幼児A」は、或る「相互作用と呼ばれうるもの」、すなわち、店内を走り回る「幼児A」に対する販売員による制止と注意の生成が、販売員によって「幼児A」が親の元に連れ戻されるという、次なる「相互作用と呼ばれうるもの」の生成につながっていることに気づくことが可能であり（第一の見方）、また、「非-知」の体験における「何か」に類する「何か」にも気づいていると考えることができる（第二の見方）。この意味で、先の「公園」のケースと同様に、この「店内」のケースでも、複数の「相互作用と呼ばれうるもの」が、「統一体と呼ばれうるもの」になっている可能性はある。しかしながら、「公園」のケースと「店内」のケースのあいだには、前述の共通点ばかりでなく、無視できない「違い」がある。

「幼児A」は、「公園」のケースでも「店内」のケースでも、当事者間での複数の「やりとり」（「相互作用と呼ばれうるもの」）の「接続」を把握しているのだが（第一の見方）、「幼児A」にとって、その「接続」の仕方には明らかに「違い」があるはずである。「公園」のケースでは、自らの関与する「追いかけっこ」に似た「やりとり」は、べつの「追いかけっこ」に似た「やりとり」に、次々とつながっている。これに対して、「店内」のケースでは、販売員との「追いかけっこ」に似た「やりとり」が、販売員によって制止され注意され、親の元に連れ戻されるという、意図せざる「やりとり」につながっている。これらの「違い」から、複数の「相互作用と呼ばれうるもの」の「接続」には、きわめて多岐にわたる「接続の仕方」がありうることが、容易に想像できる。だとすれば、さまざまな「接続の仕方」のうち、どの場合に「統一体と呼ばれうるもの」が生成し、どの場合には生成しないのかを検討する必要がある。

もう一方で、「幼児A」がそれぞれのケースで感じる、「非―知」の体験における「何か」に類する「何か」（第二の見方）についても、「違い」がある。「公園」のケースで、「幼児A」が感じ取る、「非―知」の体験における「何か」に類する「何か」とは、「楽しさ」や「嬉しさ」をもたらす「何か」かもしれない。これに対して、「店内」のケースで感じられる、「非―知」の体験における「何か」に類する「何か」とは、もしかすると、自らの行動が制止（注意）された「驚き」や、状況の認識を誤ったことの「後悔」、あるいはそれらが複雑に入り混じった「悲しみ」をもたらす「何か」かもしれない。敢えて大別するならば、「幼児A」が、「公園」のケースで感じ取る、「非―知」の体験における「何か」に類する「何か」とは、「肯定的感情」に関係し、「店内」のケースで感じ取る「何か」とは、「否定的感情」に関係するといえるかもしれない。たしかに、「幼児A」がその「何か」に気づいているということは、その状況における「相互作用と呼ばれうるもの」が、たんなる「相互作用と呼ばれうるもの」以上のものに変化している可能性はある。しかしながら、そのときに、「統一体と呼ばれうるもの」が生成しているかどうかは、「非―知」の体験における「何か」に類する「何か」に当事者が気づくことと、「相互作用と呼ばれうるもの」の変化の関係について考えてみなければ、判断できないだろう。

第一の見方を採用する場合にも第二の見方を採用する場合にも、当事者にとって、特定の「統一体」概念に依拠した認識なしに、複数の「相互作用と呼ばれうるもの」が「統一体と呼ばれうるもの」となるとはいえない理由は、前記の事例をもとに示すことができる。以下で確認しつつ、その理由を明らかにしたい。

まず、第一の見方の場合の、複数の「相互作用と呼ばれうるもの」の「接続」については、多岐にわたる「接続の仕方」のうち、どの場合に、複数の「相互作用と呼ばれうるもの」が「統一体と呼ばれうるもの」になるのかが問われる。しかしながら、どのような「接続の仕方」の場合に「統一体と呼ばれうるもの」が生成するのかを判断するためには、特定の「統一体」の定義が必要になる。その「統一体」概念が、諸々の具体的な「接続の仕方」のうちに、「統一体と呼ばれうるもの」が生成しているといえるものがあるかどうかを判断する参照軸となるからである。だが、ここでの文脈では、当事者に内属する観点からみて、特定の「統一体」概念なしに、複数の「相互作用と呼ばれうるもの」が「統一体と呼ばれうるもの」となるといえるかどうかを検討している。したがって、一定の仕方による複数の「相互作用と呼ばれうるもの」の「接続」という「基準」によって、当事者にとって、複数の「相互作用と呼ばれうるもの」が「統一体と呼ばれうるもの」になるとはいえない。

第二の見方の場合には、生成する「相互作用と呼ばれうるもの」における、「非―知」の体験における「何か」に類する「何か」への気づきに目が向けられる。この見方について検討するうえでは、「非―知」の体験における「何か」に類するその「何か」が、当事者間で生成している「相互作用と呼ばれうるもの」に、何らかの変化をもたらすかどうかが問われうる。たしかに、当事者に気づかれたその「何か」が、たとえば「結合」や「分離」の誘因となって、当事者間の複数の「相互作用と呼ばれうるもの」に影響を及ぼす可能性はあるといえるかもしれない。当事者のひとりによるその「何か」への気づきが、次に生成する当事者間の「相互作用と呼ばれうるもの」に変化をもたらし、またそれがさらに次の「相互作用と呼ばれうるもの」にも影響を及ぼす、という「連鎖」が生じることも想像できる。しかしながら、そうした複数の「相互作用と呼ばれうるもの」が、どの段階で「統一体と呼ばれうるもの」となるのかについては、やはり、特定の「統一体」概念を引き合いに出して判断せざるをえないだろう。したがって、第一の見方の場合と同様に、第二の見方の場合にも、特定の「統一体」概念に依拠した認識なしに、当事者にとって、複数の「相互作用と呼ばれうるもの」が「統一体と呼ばれうるもの」になるとはいえない。

複数の「相互作用と呼ばれうるもの」を基体として生じているはずの「統一体と呼ばれうるもの」は、当事者による「生成の位相」において見出される。しかしながら、以上の議論を踏まえれば、特定の「統一体」概念に依拠した認識なしに、当事者に内属する観点からみて、複数の「相互作用と呼ばれうるもの」が「統一体と呼ばれうるもの」になるとはいえない。日常生活世界において生成している「統一体と呼ばれうるもの」を見出すためには、やはり、「統一体」概念に依拠した認識が必要なのである。

先に例として挙げた、「公園」における幼児たちの「鬼ごっこ遊び」のケースでは、「幼児A」は「鬼ごっこ遊び」を知らないが、「幼児A」以外の幼児たち全員は、「鬼ごっこ遊び」を知っていた。そのケースでのその「遊び」は、「幼児A」に内属する観点からみれば、連続する「追いかけっこ」に似た「やりとり」として生成している。これに対して、「幼児A」以外の幼児たちに内属する観点からみれば、その「遊び」はまさに「鬼ごっこ遊び」として、精確にいえば、「幼児A」は「鬼」にならないという特別ルールが付加された「鬼ごっこ遊び」として、認識されつつ、生成している。それは、「幼児A」以外の幼児たちが、当の「状況」において生成される複数の「やりとり」（「相互作用と呼ばれうるもの」）を、「鬼ごっこ遊び」という「統一体」概念を用いて認識しているからであり、「鬼ごっこ遊び」という認識のもとで、自らがそうした「やりとり」を生成しているからである。また、もし、その公園にいた大人が、「鬼ごっこ遊び」という「統一体」概念を用いて、そこでの幼児たちの「遊び」を「鬼ごっこ遊び」として認識するならば、その大人は、自らのその認識以前に、幼児たちによってすでに「鬼ごっこ遊び」と呼ばれうるもの（「統一体と呼ばれうるもの」）が生成していたことに気づくことができるだろう。[85]

「統一体と呼ばれうるもの」について、「相互作用と呼ばれうるもの」と比較対照しつつ、整理してみよう。「相互作用と呼ばれうるもの」は、日常生活世界において、観察者による認識がなくとも、当事者たちによって、そして当事者たちにとって生成している。これに対して、「統一体と呼ばれうるもの」は、複数の「相互作用と呼ばれうるもの」からなるがゆえに、日常生活世界において当事者たちによって生み出されているはずではあるのだが、特定の「統一体」概念に依拠して認識する「観察者」の観点からのみ、見出すことが可能となる。そして、このとき「統一体」概念に依拠して認識する「観察者」には、二つの立場がありうる。それは、当の「統一体と呼ばれうるもの」の生成には関与していない、「当事者以外の観察者」の立場と、その生成に関与する「当事者でもある観察者」の立場である。「統一体と呼ばれうるもの」は、「当事者」たちによる複数の「相互作用と呼ばれうるもの」の生成と、前記の二ついずれかの「観察者」の立場からなされる、特定の「統一体」概念を用いた「統一体」としての認識が、両方とも揃う場合に、「観察者」の観点から見出しうるのである。

第三節　統一体と呼ばれうるものはいかにして可能か

(1) 当事者=観察者の観点からみた統一体と呼ばれうるものの生成

ここまでは、当事者に内属する観点からみて、特定の「統一体」概念に依拠した認識なしに、複数の「相互作用と呼ばれうるもの」が「統一体と呼ばれうるもの」になるといえるかどうかを検討してきた。そして、この問いに対して得られた回答は、否定的なものである。「統一体と呼ばれうるもの」は、「当事者」たちによる複数の「相互作用と呼ばれうるもの」の生成と、「観察者」の立場からの特定の「統一体」概念に依拠した認識とが、ともになされる場合に可能となるからである。このとき、「統一体と呼ばれうるもの」は、「当事者以外の観察者」あるいは「当事者でもある観察者」のいずれかの観点から見出される。

ところで、前述の二つの「観察者」のうち、「当事者でもある観察者」に注目するならば、「統一体と呼ばれうるもの」の生成をめぐる別様の探究を検討することができる。「当事者でもある観察者」は、「相互作用と呼ばれうるもの」

の生成に関与するばかりでなく、特定の「統一体」概念に依拠した認識を通じて、「統一体と呼ばれうるもの」を見出しうる立場にある。この「当事者でもある観察者」は、「統一体」認識を行ないつつその生成に関与している点で、「相互作用と呼ばれうるもの」を生み出している「当事者」とは違いがある。「当事者でもある観察者」は、当事者による生成の位相と、観察者による認識の位相とのあいだを行き来しながら、「相互作用と呼ばれうるもの」というよりも、むしろ「統一体と呼ばれうるもの」を生み出している可能性があると考えられるのである。

「当事者でもある観察者」が、当事者による生成の位相と観察者による認識の位相のあいだを行き来しているのであれば、それは、「観察者でもある当事者」と言い換えることができる。そして、「当事者でもある観察者」と「観察者でもある当事者」が互換可能なのであれば、両者を示しうるという点で、「当事者＝観察者」と表現するほうがより適切だろう。以下では、「当事者」と「観察者」を兼ねている「当事者＝観察者」が、「統一体と呼ばれうるもの」を生成しうるのかどうかについて、探究していく。

この探究の参考となる例のひとつは、すでに前節で、幼児たちの「鬼ごっこ遊び」のケースを用いて示している。そのケースでは、「幼児A」以外の幼児たち全員が、自分たちが行なっている「遊び」を、最年少の「幼児A」は「鬼」にならないという特別ルールが付加された「鬼ごっこ遊び」として、認識しつつ、生成していた。このとき、「幼児A」以外の幼児たちは、「当事者＝観察者」として、「特別ルールが付加された鬼ごっこ遊び」という「統一体」概念を用いた認識のもとで、その「遊び」に関係する諸々の「やりとり」を実現している。これらの「やりとり」は、一方で、複数の「相互作用と呼ばれうるもの」として生成しているのだが、つねに「統一体」概念との関係のもとで生成しているがゆえに、たんなる「相互作用と呼ばれうるもの」というよりも、むしろ「統一体と呼ばれうるもの」として生成している可能性があると考えられる。もしそうであれば、「統一体と呼ばれうるもの」は、見出すことだけが可能だというわけではない。

この幼児たちの「鬼ごっこ遊び」のケースと同様の事例は、おそらくわれわれの日常生活のなかから、無数に挙げることができるだろう。たとえば、公式・非公式の組織内でのさまざまな「やりとり」は、その事例となりうる。より具体的に示してみよう。或る組織内で定例会議が開催される場合、事前に関係者への会場・日時の告知や出欠確認の連絡等の諸々の「やりとり」がなされることが多く、この「やりとり」は、「相互作用と呼ばれうるもの」として生成しているといいうる。けれども、このそれぞれの「やりとり」は、関係者が、当の組織にかんする「統一体」概念を参照しつつ、その組織の運営に必要なものと認識したうえで生成している点では、むしろ「統一体と呼ばれうるもの」として生成しているとも考えられるのである。この「定例会議」開催の連絡をめぐるケースを用いて、「当事者＝観察者」に内属する観点からみて、或る「やりとり」が「統一体と呼ばれうるもの」として生成する可能性について、検討してみよう。

この「定例会議」開催の連絡をめぐっては、次のような「やりとり」がなされたとしよう。まず、組織Ｘの関係者一〇名（この一〇名のうちに関係者Ａを含む）のもとに、連絡担当者Ｂから「定例会議」（月に一度、原則として毎月第三週火曜日に開催されるとする）にかんする日時・場所の告知および出欠返信依頼の電子メール（以下、「電子メール」は「メール」と略記する。）が送られたとする。そして、関係者ＡはＢに対して出席の旨のメールを返信し、Ｂはこの返信を確認したとしよう。このとき、Ａ以外の九人もそれと同様のやりとりをＢとのあいだで行なっているが、Ａの観点からはその様子を知ることはできない。また、「定例」会議であるがゆえに、会議開催日の約二週間前を目途に、毎回、こうした会議開催の告知と出欠確認にかんする「やりとり」がなされるとする。本論文第六章の議論をもとにいえば、このケースで、ＢからＡに送られたメールは、ＢからＡへの「他者作用」であり、ＡからＢに返信されたメールは、その自身（Ａ）に対する「他者作用」に気づいたＡからＢへの「応答」であり、ＢはＡからの「応答」に気づいている。この「定例会議」開催の連絡をめぐる「やりとり」について、「当事者」あるいは「当事者＝観察者」としてのＡに内属する観点に立って記述していく。

この「定例会議」開催にかんするメールが、連絡担当者Ｂから関係者Ａに「はじめて」届いたとしよう。この「定例会議」は、以前から繰り返し開催されていたが、Aは、新たにその会議に参加すべき立場となったためである。そして、AはBに対して出席の旨のメールを返信し、Bはこの返信を確認したとする。最初にこのBからのメールを受け取ったとき、Aは、そのメールの文面や組織Xについての自らの過去の経験に応じて、組織Xにおけるこの「定例会議」の位置づけを即座に理解できる場合も、また理解できない場合もあるだろう。ここでは、「定例会議」をめぐる状況を、Aが理解できなかったと仮定する。この場合、Aは、出席の返信メールを送る前に、連絡担当者Bやべつの関係者に尋ねて必要事項を確認するかもしれないけれども、とにかく出席してみることにして、すぐに出席の返信メールを送ったとしよう。そして会議当日、実際にその「定例会議」に出席するならば、Aは、その「定例会議」の諸々の議題や議事進行の具体的状況、そして組織Xにおけるその「定例会議」の位置づけ等、数多くの知識を得るに違いない。そして、Aがはじめて「定例会議」に出席した日から約二週間後、連絡担当者Bから、Aを含む関係者一〇名に、前回と同様に、次回の「定例会議」開催にかんするメールが届いたとする。そして、Aは、Bに対して出席の旨のメールを返信し、Bはこの返信を確認したとする。

Aに内属する観点からみてたしかなことは、「定例会議」開催の連絡をめぐるこうした「やりとり」を、「はじめて」（「一回目」に）行ったときも「二回目」に行ったときも、Aにとって、AとBのあいだで「相互作用と呼ばれうるもの」が生成しているということである。だが、このケースを用いてわれわれが見究めようとしているのは、「当事者＝観察者」に内属する観点からみて、或る「やりとり」が、「統一体と呼ばれうるもの」として生成しうるかどうかである。この点を考慮に入れれば、Aに内属する観点からみて、「一回目」と「二回目」のやりとりのあいだには、違いがある。

AとBのあいだでなされた、「定例会議」開催の連絡をめぐる「一回目」のやりとりでは、Aは、組織Xにおける「定例会議」の位置づけを理解していない。かりに、この組織Xが中小企業であり、Aが約三〇年べつの企業で勤務した後にXに転職してきた五〇代の会社員だったとしたら、Xという企業における「定例会議」の位置づけを、まったく想像できないということはないだろう。しかしながら、この組織Xが大学内のサークルであり、Aが大学新入生であったとしたら、Aにとっては、Xというサークルにおけるこの「定例会議」の位置づけを、まったく想像できないということが十分にありうる。この場合、サークルXの連絡担当者B（大学二年生）が送った「定例会議」開催告知メールの文面や、AとBの関係性によっては、Aが、「定例会議」が何であるかはまったく考えず、それをたんにBからの個人的な誘いと解して返信していたとしても、不思議ではない。[86] 組織Xを大学内のサークルとするこのケースで考えれば、新入生である関係者Aは、「定例会議」開催の連絡をめぐる連絡担当者Bとの「一回目」のやりとりを、Bからの個人的な誘いとみなし、組織Xにかんする「統一体」概念はとくに参照することなく、その「やりとり」が実現することがあると想定できる。このとき、Aに内属する観点からみて、Bとのあいだで「相互作用と呼ばれうるもの」は生成しているが、「統一体と呼ばれうるもの」が生じているとはいえない。

しかしながら、このケースで、新入生Aが連絡担当者Bと「二回目」の「定例会議」開催の連絡をめぐる「やりとり」を行なうときには、Aに内属する観点からみて、「一回目」の「やりとり」とは違いがある。Aはすでに一度、「定例会議」に出席しており、この「定例会議」がどのようなもので、大学内サークルである組織Xにおいてそれがどのような位置づけをもっているのかについて、少なくとも一定の程度、認識しているはずである。Aにとって、「二回目」のやりとりは、Bとのあいだでのたんなる個人的な「やりとり」（「相互作用と呼ばれうるもの」）ではない。その「二回目」のやりとりでAがBに出席の旨を返信するときには、その「やりとり」が、組織Xの存在を前提とする「やりとり」であること、また、組織Xの運営等に寄与する諸々の「やりとり」のうちの一部であることを認識しているはずである。このことは、Aにとって、当の「やりとり」は、組織Xにかんする「統一体」概念と関係づけられたうえで生成していることを意味する。このとき、「当事者＝観察者」であるAの観点からみて、自らの関与するその「やりとり」は、たんなる「相互作用と呼ばれうるもの」としてではなく、特定の「統一体」概念と関係づけられた、「統一体と呼ばれうるもの」として生成していると考えられるのである。

(2) 統一体と呼ばれうるものはいつ生成するのか

前項の議論をもとにいえば、「当事者＝観察者」の観点からみて、特定の「統一体」概念と関係づけられるかたちで、他者とのあいだで「相互作用と呼ばれうるもの」が生じるとき、それは「統一体と呼ばれうるもの」として生成する。ところで、この知見では、「当事者＝観察者」の観点からみて、特定の「統一体」概念に関係づけられた「相互作用と呼ばれうるもの」が生成することが、「統一体と呼ばれうるもの」の生成の「基準」となっている。だが、本論文第六章までに「相互作用と呼ばれうるものはいかにして可能か」という問いについて探究してきたわれわれは、この「基準」をさらに厳密に考察することができる。

「相互作用と呼ばれうるもの」は、たとえば、BによるAへの「他者作用」に対して、それに気づいたAがBに「応答」し、BがAからの「応答」に気づくときに生成する。そして、この「相互作用と呼ばれうるもの」が、特定の「統一体」概念に関係づけられて生じるとき、それは「統一体と呼ばれうるもの」として生成する。日常生活における「やりとり」は、「相互作用と呼ばれうるもの」として生成する場合と、「統一体と呼ばれうるもの」として生成する場合がありうるのである。では、或るやりとりが「統一体と呼ばれうるもの」として生成するとき、その生成過程のどの位相において、特定の「統一体」概念との関係づけはなされているのだろうか。前項で扱った、大学内のサークルX（組織X）の「定例会議」開催の連絡をめぐる、新入生Aと連絡担当者Bのあいだでなされた「やりとり」のケースを用いて考察してみよう。

まず、連絡担当者Bによる「定例会議」開催告知のメールは、組織Xにかんする「統一体」概念を前提とする、Aを含む関係者一〇名への「他者作用」である。この行為は、「他者」である関係者たちの定例会議への参加や出欠の返信といった未来の行動・行為に方向づけられた「社会的行為」であるがゆえに、「他者作用」にほかならない。そしてそののち、その「他者作用」に方向づけられるかたちで、AからBへの「応答」（出席の旨の返信）がなされ、Bがそれを確認したとすれば、最初に「他者作用」を行った連絡担当者であるBに内属する観点からみれば、その「やりとり」は、「統一体と呼ばれうるもの」として生成している。それはBにとって、組織Xにかんする「統一体」概念に関係づけられた「やりとり」だからである。しかしながら、「他者作用」に対して「応答」する側であるAに内属する観点からみれば、前項で述べた「一回目」のやりとりの場合のように、かりにA自身が、BからAへの「他者作用」を、たんなる個人的な誘いとみなしているとすれば、その「やりとり」は、たんに「相互作用と呼ばれうるもの」として生成しているにすぎない。Aにとっては、何ら「統一体」概念を参照することのないままに、その「やりとり」は実現しているからである。

前記のケースでは、AとBのあいだの当の「やりとり」は、最初に「他者作用」を行った側であるBにとっては「統一体と呼ばれうるもの」として生成しているのに対して、その「他者作用」に対して「応答」した側であるAにとっては、「相互作用と呼ばれうるもの」として生成している。ここで理解できることは、或る「やりとり」が「相互作用と呼ばれうるもの」として生成しているのか、あるいは「統一体と呼ばれうるもの」として生成しているのかは、それぞれの「当事者（＝観察者）」に内属する観点からみて、当の「やりとり」が特定の「統一体」概念と関係づけられているかどうかによって規定されるということである。そして、或る「やりとり」において最初に「他者作用」を行なう側の観点からみれば、自らが行なう「他者作用」を特定の「統一体」概念と関係づけていれば、その「他者作用」に対して相手から「応答」がなされ、それに自分が気づいた時点で、当の「やりとり」は、「統一体と呼ばれうるもの」として生成しうるのである。

では、或る「やりとり」が「統一体と呼ばれうるもの」として生成するとき、「他者作用」に対して「応答」する側の観点からみれば、その「やりとり」の生成過程のどの位相において、「統一体」概念との関係づけが生じているといえるのだろうか。前項で言及した、「定例会議」開催の連絡をめぐる「一回目」のやりとりは、「他者作用」に対して「応答」する側であるAにとって、「Bという他者」（以下では、「他者B」と表記する）とのあいだの「相互作用と呼ばれうるもの」として生成していた。Aは、その「やりとり」における「他者B」による自身（A）への「他者作用」を、たんなる個人的な誘いとみなしていたからである。これに対して、「二回目」のやりとりでは、Aは、「他者B」による自身（A）への「他者作用」を、個人的な誘いとはみなしていない。Aは、それを組織Xにかんする「統一体」概念と関係づけており、それゆえ、その「やりとり」は、Aにとって「統一体と呼ばれうるもの」として生成しているのである。

整理しよう。或る「やりとり」が「統一体と呼ばれうるもの」として生成するためには、当の「やりとり」に関与する「当事者＝観察者」に内属する観点からみて、その「やりとり」が、特定の「統一体」概念と関係づけられている必要がある。そして、「やりとり」の生成に関与する「当事者＝観察者」は、「他者作用」を最初に行なう側と、その「他者作用」に気づいて「応答」する側に分けることが可能であり、当の「やりとり」が特定の「統一体」概念と関係づけられる仕方は、このそれぞれの側に応じて異なる。「他者作用」を最初に行なう側の「当事者＝観察者」に内属する観点からみれば、自らが「他者作用」を行なうときに、その「他者作用」を特定の「統一体」概念と関係づけている場合に、当の「やりとり」は「統一体と呼ばれうるもの」として生成しうる。他方、「他者作用」に気づいて「応答」する側の「当事者＝観察者」に内属する観点からみれば、「他者」による自身への「他者作用」を特定の「統一体」概念と関係づけている場合に、当の「やりとり」は「統一体と呼ばれうるもの」として生成しうるのである。(87)

(3)　統一体と呼ばれうるものと自明性

「統一体と呼ばれうるもの」が生成するとき、或る「やりとり」と特定の「統一体」概念との「関係づけ」は、日常生活世界において、「当事者＝観察者」によって行なわれている。言い換えれば、当の「やりとり」の生成過程で、各々の「当事者＝観察者」の立場に応じた「関係づけ」がなされているとき、当の「当事者＝観察者」に内属する観点からみて、その「やりとり」は、「統一体と呼ばれうるもの」として生成する。「統一体と呼ばれうるもの」の生成は、「当事者＝観察者」にとって、一度きりのことではない。それは、その「当事者＝観察者」が日常生活を生きるなかで、繰り返し生じうる。このことを考慮に入れると、「当事者＝観察者」の観点からみた「統一体と呼ばれうるもの」の生成については、本書第二章で提示した図2-3の「行為と行動の循環的関係」（七三頁参照）を適用しうる可能性がある。前項でも参考事例とした、大学内のサークルX（組織X）における「定例会議」開催の連絡をめぐるケースを用いて検討してみよう。

このケースでは、連絡担当者Bが、「他者作用」を最初に行なう側であり、新入生Aが、その「他者作用」に対して「応答」する側である。新入生Aは、「一回目」のやりとりでは、Bからの「定例会議」開催にかんするメールを個人的な誘いとみなして返信（「応答」）しているのに対して、「定例会議」に一度出席してから約二週間後の「二回目」のやりとりでは、Bからのその同様のメールを、サークルXにかんする「統一体」概念と関係づけたうえで、返信（「応答」）している。そして、「定例会議」が、毎月開催されることを踏まえると、その連絡をめぐる「やりとり」は、「三回目」以降も、AとBのあいだで繰り返されるはずである。

新入生Aに内属する観点からみれば、「一回目」と「二回目」のやりとりには大きな違いがある。「一回目」のやりとりは、たんに「相互作用と呼ばれうるもの」として生成しているのに対して、「二回目」のやりとりは、「統一体と呼ばれうるもの」として生成している。他方で、「二回目」のやりとりと、「三回目」以降のやりとりのあいだには、連続性があると考えられる。「三回目」以降は、「二回目」のやりとりにおける経験に基づいて、連絡担当者Bからの「定例会議」開催にかんするメールは、つねに、サークルXにかんする「統一体」概念と関係づけて解釈されるはずだからである。「二回目」のやりとりにおいて、Aは、Bからのそのメールを、個人的な誘いとはみなさず、サークルXにかんする「統一体」概念と関係づけて解釈しており、この解釈は、複数の選択肢間の「選択」だといえる。そして、「三回目」以降のやりとりでは、「二回目」のやりとりにおける、その「選択」に基づいて、Bからのそのメールは、「問題的状況」が生じない限り、サークルXにかんする「統一体」概念と関係づけられたものとして「選定」されるのである。このように考えると、日常生活世界において、以前の状況と類型的に類似する状況を繰り返し経験するとき、「他者作用」と特定の「統一体」概念の「関係づけ」にかんしても、「行為と行動の循環的関係」を適用できるとみて差し支えないだろう。

新入生Aと連絡担当者Bのあいだの「三回目」以降のやりとりでは、Aに内属する観点からみて、Bによる自身(A)に対する「他者作用」(「定例会議」開催にかんするメール)と特定の「統一体」概念との関係づけの「選定」がなされるとみてよい。換言すれば、「三回目」以降のやりとりでは、「四回目」「五回目」とやりとりが繰り返されるなかで、新たな修整がなされない限り、Aにとっては、Bによるその「他者作用」と特定の「統一体」概念の「関係づけ」は「自明のもの」となっていくのである。

BによるAに対する「他者作用」と特定の「統一体」概念との「関係づけ」が自明のものとなったとき、繰り返されるこの「やりとり」は、Aにとって、「統一体と呼ばれうるもの」というよりも、むしろ、「相互作用と呼ばれうるもの」として生成しているように思えるかもしれない。しかしながら、あたかも「相互作用と呼ばれうるもの」であるかのように生成しているその「やりとり」は、実際は「統一体と呼ばれうるもの」として生成しているはずである。たとえ「自明のもの」となったとしても、その「やりとり」において、Bによるその「他者作用」と特定の「統一体」概念は、たしかに関係づけられているからである。このとき、Aは、Bによる「他者作用」と特定の「統一体」概念との関係づけを自明視することで、当の「やりとり」を、あたかも「相互作用と呼ばれうるもの」であるかのように生成しているが、実際はそれを「統一体と呼ばれうるもの」として生成しているのである。

(4) 統一体と呼ばれうるものへの二つのアプローチ

「統一体と呼ばれうるもの」は、一方で、「当事者以外の観察者」の観点からみれば、特定の「統一体」概念に依拠した「統一体」としての認識の後に、「当事者」たちによって生成していたはずの何かとして見出される。他方、「当事者＝観察者」の観点からみれば、特定の「統一体」概念と関係づけられるかたちで、他者とのあいだで「相互作用と呼ばれうるもの」が生じるとき、それは「統一体と呼ばれうるもの」として生成する。これらを踏まえれば、社会学的研究における「統一体と呼ばれうるもの」へのアプローチには、大別して、次の二つのアプローチがあると考えることができる。すなわちそれは、「当事者以外の観察者」の観点からのアプローチと「当事者＝観察者」の観点からのアプローチである。

これらの二つのアプローチを区別すべき理由のひとつは、当事者による生成の位相における「統一体と呼ばれうるもの」について、「当事者以外の観察者」が、その生成には無関係の立場であるのに対して、「当事者＝観察者」は、実際にその生成に関与する立場であるからである。そして、この点と、「統一体と呼ばれうるもの」が、あくまで特定の「統一体」概念の参照を通じて、見出されたり生成したりする点をあわせて考えれば、これらの二つのアプローチを区別すべきもうひとつの理由が浮かび上がってくる。その理由は、「統一体と呼ばれうるもの」の生成には無関係の「当事者以外の観察者」が依拠している「統一体」概念と、それの生成に関与している「当事者＝観察者」が依拠している「統一体」概念とのあいだには、「違い」があるはずであることに関係する。

とはいえ、依拠する「統一体」概念の「違い」に意識を向けるのであれば、「当事者以外の観察者」にとっての「統一体」概念と「当事者＝観察者」にとっての「統一体」概念とのあいだの違いだけでなく、或る「統一体と呼ばれうるもの」の生成に関与している個々の「当事者＝観察者」が、それぞれ依拠している「統一体」概念のあいだの「違い」についても検討すべきだろう。たしかに、こうした「当事者＝観察者」たちのあいだでも、それぞれの個人が依拠している「統一体」概念には「違い」がありうる。しかしながら、前節で参考事例とした、幼児たちの「鬼ごっこ遊び」のケースを用いて考えれば、「当事者＝観察者」たちそれぞれが依拠している「統一体」概念には「相違点」がありうるものの、そうした「相違点」は、「やりとり」の進行に伴って解消される可能性があるものだといえる。

確認すれば、そのケースでは、「幼児A」以外の幼児たち全員は、自分たちが行なっている「遊び」を、最年少の「幼児A」は「鬼」にならないという「特別ルール」が付加された鬼ごっこ遊び」として認識しつつ、生成していた。このケースに、次のような仮定を加えてみよう。それは、この「遊び」の当初、「幼児A」以外の幼児たちのうち、「幼児B」は、「特別ルールが付加された鬼ごっこ遊び」をよく理解できず、全員が鬼になりうる通常の「鬼ごっこ遊び」のつもりで、「やりとり」をしていたという仮定である。この場合、「幼児B」の観点からみれば、「幼児B」（自分）が「幼児A」にタッチすれば、「幼児A」が鬼になるはずである。しかしながら、「特別ルールが付加された鬼ごっこ遊び」という「統一体」概念に依拠して「遊び」を行なっている幼児たちの観点からみれば、鬼は「幼児B」のままである。この認識の齟齬は、「特別ルールが付加された鬼ごっこ遊び」の円滑な進行を妨げ、「問題的状況」を生じさせる。そのため、おそらくすぐに、幼児たちのうちの誰かが「幼児B」に、いま自分たちが行なっているのは、「特別ルールが付加された鬼ごっこ遊び」であることを説明するだろう。そして、この説明を理解したのちには、「幼児B」も、通常の「鬼ごっこ遊び」ではなく、「特別ルールが付加された鬼ごっこ遊び」という「統一体」概念に依拠して、その「遊び」に関係する諸々の「やりとり」を円滑に行なうことができるはずである。

　前記のケースでは、その「遊び」の時間的経過のなかで、「幼児B」の依拠する「統一体」概念は、通常の「鬼ごっこ遊び」から「特別ルールが付加された鬼ごっこ遊び」に変更されている。そして、この「遊び」の当初に生じていた「問題的状況」は、「幼児B」の依拠する「統一体」概念が変更されたのち、解消している。「幼児A」以外の幼児たちのそれぞれが依拠する「統一体」概念には「相違点」があったのだが、「やりとり」の進行に伴って、それが解消する方向で調整されていると指摘できるだろう。

　この「統一体」概念をめぐる相違点の解消は、日常生活世界において、「統一体と呼ばれうるもの」の生成にともに関与している「当事者＝観察者」どうしのあいだでなされうる。つまり、「当事者＝観察者」どうしのあいだでは、それぞれが依拠している「統一体」概念は異なりうるが、ともに当の「統一体と呼ばれうるもの」の生成に関与するなかで、お互いが抱いている「統一体」概念の相違を知ることが可能であり、さらにはその相違点を解消するためのべつの「やりとり」（自分たちが行なっているのは「特別ルールが付加された鬼ごっこ遊び」であることの説明をめぐる「やりとり」）を生み出すことも可能である。これに対して、「当事者以外の観察者」は、「統一体と呼ばれうるもの」の生成には無関係の立場から、自らの抱く「統一体」概念に依拠して「統一体と呼ばれうるもの」を見出しているがゆえに、その立場から観察している限り、「当事者＝観察者」たち自身にとっての「統一体」概念を知ることはできない。この意味で、「当事者以外の観察者」にとっての「統一体」概念と「当事者＝観察者」たち自身にとっての「統一体」概念のあいだには、いわば「断絶」がある。これが、「統一体と呼ばれうるもの」をめぐる、「当事者以外の観察者」の観点からのアプローチと「当事者＝観察者」の観点からのアプローチを区別すべき、もうひとつの理由である。

（5）統一体と呼ばれうるものの探究

「当事者以外の観察者」の観点からアプローチするならば、「統一体と呼ばれうるもの」は、特定の「統一体」概念に依拠した認識ののちに、生成しているはずの何かとして見出すことができる。この「当事者以外の観察者」は、日常生活を生きているなかで、当の「やりとり」を傍観している観察者である場合も、科学的態度を採用する「科学的観察者」である場合もありうる。こうした「当事者以外」の立場からは、たしかに、「統一体と呼ばれうるもの」の生成に関与しているはずの「当事者（＝観察者）」が自覚していないような日常的な発見や、さらには「統一体」をめぐる科学的説明やモデルなどを提供できる可能性はある。しかしながら、「当事者以外の観察者」の観点からのアプローチでは、当事者による生成の位相における「統一体と呼ばれうるもの」については、生成しているはずの何かとして、ただ見出すことができるにすぎない。

他方、「統一体と呼ばれうるもの」について、「当事者＝観察者」の観点からアプローチするならば、「当事者＝観察者」が、当の「やりとり」をいかなる「統一体」概念と関係づけながら、「統一体と呼ばれうるもの」として生成しているのかを記述することが可能となる。つまり、このアプローチでは、「当事者＝観察者」に内属する観点に立つことによって、「統一体と呼ばれうるもの」がまさに生成する有り様を捉えることができるのである。

「統一体と呼ばれうるもの」の生成に関与している「当事者＝観察者」は、「他者作用」を最初に行なう側と、その他者作用に気づいて「応答」する側に分けられる。このうち、「他者作用」を最初に行なう側の「当事者＝観察者」は、当の「やりとり」において、自らの行なう「他者作用」と特定の「統一体」概念を関係づけている。これに対して、他者作用に「応答」する側の「当事者＝観察者」は、当の「やりとり」において、「他者」による自身に対する「他者作用」を特定の「統一体」概念に関係づけている。これらのことを踏まえると、次のことがいえる。すなわち、「当事者＝観察者」に内属する観点に立ち、その「当事者＝観察者」が、当の「やりとり」において自らが最初に行なう「他者作用」を、あるいは「他者」による自身への「他者作用」を、いかなる「統一体」概念と関係づけているかについて問うならば、その「やりとり」が「統一体と呼ばれうるもの」として生成する有り様の核心を、記述することができるのである。

「統一体」概念には、さまざまなものがありうる。たとえば、日常生活において用いられる「家族」「学校」「サークル」「会社」「町内会」等の「統一体」概念は、「常識的知識（日常知）」のカテゴリーに属するものとみてよいが、これらの概念は、学問・科学の文脈で用いられるときには、「科学的知識（学知）」のカテゴリーに属するといえるだろう。こうした「統一体」概念は、特定の価値理念や規範を含むものとも解しうる。本論文第一章第六節で言及した、「理念」としての「社会的」概念（市野川 二〇〇六）は、おそらく特定の「統一体」概念に含まれる「理念」を示している。他方、「ゲマインシャフト／ゲゼルシャフト」「コミュニティ／アソシエーション」等の社会学における理念型は、さまざまな「統一体」を分類・区別するうえで有用である。しかしながら、社会学的研究において、こうした「統一体」概念を、観察者として「統一体」を認識する場合に依拠する道具立てとしてのみ用いるならば、日常生活世界において実際に生成する「統一体と呼ばれうるもの」は、手元からすり抜けてしまう。このとき、その眼前には「特権的観察者視点の陥穽」が待ち受けている。

これまでの社会学では、「統一体としての社会」をめぐって、きわめて多様で豊穣な概念が彫琢されてきた。しかしながら、当事者による生成の位相における「統一体と呼ばれうるもの」を、十分に捉えることができていたかどうかを問うならば、この問いには否定的に回答せざるをえない。「統一体と呼ばれうるもの」は、「当事者＝観察者」に内属する観点に立ったアプローチを採用する場合にはじめて、その生成の有り様を捉えることが可能となるのである。

第八章　社会的なるものと社会学

第一節　社会的なるものという現象

社会学の研究対象は、端的にいえば「社会」である。だが、「社会」は、それについての社会学的認識がなされていない場合でも、日常生活を生きる人びとを担い手（当事者）として生み出されている。この「社会」が日々生み出される位相こそが、観察者による「認識」の位相とは区別される、当事者による「生成」の位相である。そして、当事者による「生成」の位相において、当事者たちによって生み出され、当事者たちにとって体験・経験されている「社会」が、「社会的なるもの」（＝「社会と呼ばれうるもの」）である。この「社会的なるもの」は、社会学的研究の観点からみれば、社会学が扱う研究対象のすべてに必ず含まれている。

「社会的なるもの」は、「相互作用と呼ばれうるもの」と「統一体と呼ばれうるもの」からなる。「相互作用と呼ばれうるもの」は、観察者による認識とは無関係に、その担い手である当事者たちによって生み出されており、そしてその当事者たちにとって生成している。「自身に対する働きかけ」に気づく存在としての人間は、誕生以後の成長過程において、原初的なレヴェルで、「他者作用への気づきの経験」「応答を行なう経験」「他者作用を行なう経験」「応答への気づきの経験」を重ね、「相互作用と呼ばれうるもの」を生み出すことが可能な存在となる。そして、「相互作用と呼ばれうるもの」は、その生成の担い手である当事者の双方にとって、前述定的明証性を有する確実な何かとして体験・経験される。他方、「統一体と呼ばれうるもの」は、当事者たちによって生成するとみなしうるのだが、当事者たちにとって前述定的明証性を有するものとして体験・経験されているわけではない。「統一体と呼ばれうるもの」は、その生成に関与する当事者が、特定の「統一体」概念と「相互作用と呼ばれうるもの」を関係づける限りで、その当事者にとって体験・経験されうるのである。

「相互作用と呼ばれうるもの」と「統一体と呼ばれうるもの」は、決して人間の手を離れた外界の「実在」ではない。それらは、その担い手である当事者たちによって生み出されている。だが、そればかりではない。それらは、その当事者たちの意識に「現われ」る何かとして体験・経験されているのであり、別言すれば、その当事者たちがその何かを体験・経験するときにはじめて、日常生活世界のなかで「現実のもの」として「現われ」るのである。

このように当事者たちに体験・経験されている何かとは、「現象」にほかならない。「相互作用と呼ばれうるもの」と「統一体と呼ばれうるもの」とは、当事者たちによって生じ、当事者たちにとって体験・経験されている「現象」なのである。したがって、「相互作用と呼ばれうるもの」とは、「現象」としての相互作用（「相互作用現象」）であり、「統一体と呼ばれうるもの」とは、「現象」としての統一体（「統一体現象」）だと言い換えることができよう。そして、当事者による「生成」の位相における「社会」、すなわち「社会的なるもの」（＝「社会と呼ばれうるもの」）とは、「現象」としての社会なのである。

「現象」について研究するためには、その現象を体験・経験している当人に内属する観点に立って、その当人にとっての「現われ」の記述・分析を進める必要がある。そして、「相互作用と呼ばれうるもの」という現象および「統一体と呼ばれうるもの」という現象が、必ず複数の当事者によって生み出されつつ体験・経験されていることを踏まえれば、「現象」としての社会について研究するうえでの鍵は、複数の当事者に内属する観点に立った記述・分析を行なうことにあるといえるだろう[88]。

「現象」としての社会について、複数の当事者の観点から記述・分析することは、一見、きわめて困難な課題であるように思われるかもしれない。しかしながら、人間は、「自身に対する働きかけ」に気づく存在であり、誕生以後、原初的な「他者」経験とともに「他者と呼ばれうる存在」からの自身に対する「働きかけ」への気づきを経験する。誕生以後に「他者」からの「働きかけ」が一切なされなければ、その人間が生命を維持することはできない。この「自身に対してなされる他者作用への気づき」の経験こそが、新生児・乳児・幼児として成長する人間によるさまざまな経験の根本あるいは起源をなすような経験だとすれば、人間の経験とは、その根源において相互主観的なものであるといえる。もしそうであれば、「現象」としての社会について、複数の当事者に内属する観点からアプローチすることは、人間の根源的経験へのアプローチに通じているのである。そして、根源的レヴェルで相互主観的であることが人間の経験の本質だとすれば、あらゆる明証性の起源である前述定的明証性も、そもそも相互主観的経験に基づけられているといってよい。「現象」としての社会である「社会的なるもの」について、複数の当事者に内属する観点から記述・分析していく社会学のアプローチは、人間社会の知の根源へのアプローチに通じるのである。

　社会学の歴史のなかで、「社会」の「認識」の位相と「生成」の位相の違いにまったく気づいていないような優れた社会学者は、おそらくひとりもいないだろう。もしその違いに気づいていなければ、深い洞察に裏打ちされた社会学的知見は提示されえない。だが、「生成」の位相における「社会」とは、「現象」としての社会であることを明確に自覚し、その生成に関与する当事者に内属する観点に立って、「現象」としての社会――「社会的なるもの」――を研究する方途を提示しようとした社会学者は、管見の限り、決して多くはない。そうした方途の提示を試みた、もっとも先駆的で注目に値する業績は、シュッツによる「三つの公準」をめぐる議論である。

　シュッツが提唱した「三つの公準」――「主観的解釈の公準」「論理一貫性の公準」「適合性の公準」――は、彼自身が明言しているわけではないが、「現象」としての社会である「社会的なるもの」を研究する社会学者にとって必須の要請である。ところで、社会学における一般的解釈としては、彼の「三つの公準」は、社会学者（あるいは社会科学者）が、社会科学における「理念型」（あるいは「モデル」）を構成する場合に、従うべき要請だとみなされているといえる。たしかにこの解釈は、決して誤りではない。しかしながら、――のちの議論を先取りして――強調しておきたいのは、シュッツ自身は明言していないけれども、「三つの公準」は、社会（科）学者だけに向けられた要請ではなく、「現象」としての社会（「社会的なるもの」）にまなざしを向けるすべての人に、捧げられたものだと考えうるということである[89]。このように考えるとき、社会学の前景には、より多くの人びとにとって魅力ある学問としての展開可能性が、現実的なものとして拓けてくる。

第二節　シュッツの「三つの公準」の意義

（1）三つの公準

シュッツの「三つの公準」は、「主観的解釈の公準」「論理一貫性の公準」「適合性の公準」からなる[90]。これらの「三つの公準」は、那須によって的確に指摘されているとおり、「それらが一緒に提起されているところにこそ意味がある」（那須 二〇〇一ａ：一〇八）。なぜなら、これらの公準は、かりに、そのうちのどれかひとつだけを恣意的に抜粋して論じてしまうならば、おそらくシュッツの意図とは対極にある誤解に向かってしまうからである。このことを念頭に置いたうえで、彼が定式化した「三つの公準」を簡潔に確認したい。彼は、「論理一貫性の公準」を定式化して、次のように述べる。

科学者の考案する諸々の類型的な構成概念から成るシステムは、最高度の明晰性と判明性をもった概念枠組みによって基礎づけられたうえで、確立されていなければならず、またそれは、形式論理学の諸原則と完全に両立するものでなければならない。この公準が充足されるならば、社会科学者の構成する諸々の思惟対象の客観的妥当性が保証される。

（Schutz［1953］1962: 43＝1983: 97）

また、「主観的解釈の公準」とは、次のような要請である。

社会的世界についての科学的説明はすべて、社会的現実の起源を成す人間の諸行為の主観的意味に言及することができるし、また或る一定の目的のためにはそれに言及しなければならない。

（Schutz［1954］1962: 62＝1983: 127）

人間行為を説明しようとすれば、科学者は、次のことを問わねばならない。すなわち個人の精神についてどのようなモデルが構成されうるのか、観察された諸々の事実を理解可能な関係におけるそうした精神活動の所産として説明するためには、どのような類型的な内容をその精神のモデルに帰属させるべきなのか、これらのことを問わねばならない。

（Schutz［1953］1962: 43＝1983: 98）

「適合性の公準」について、彼は次のように述べる。

人間行為の科学的モデルに含まれるそれぞれの言葉は、次のようにして構成されていなければならない。すなわち、個々の行為者が類型的な構成概念によって指示されたように生活世界のなかで行為を遂行するならば、そうした人間行為は、その行為者の相手にとってと同じく行為者自身にとってもまた、日常生活の常識的な解釈という観点から理解可能であろう、というように構成されていなければならない。

（Schutz［1953］1962: 44＝1983: 98）

これらの公準を一瞥すると、彼の「三つの公準」は、やはり社会（科）学における「モデル」（あるいは「理念型」）構成のために定式化された、もっぱら社会（科）学者に向けられた要請ではないか、という印象が抱かれたとしても不思議ではない。しかしながら、このことの判断は、いったん留保したい。なぜなら、前記の諸公準が提示されている、一九五三年と五四年に公刊された二本の論稿は、プリンストンで開催された「社会科学におけるモデル構成（Model Constructs in the Social Sciences）」会議とニューヨークで開催された「哲学と科学の方法（Methods in Philosophy and the Sciences）」会議のために書かれたものだという事情があるからである。(91)

この事情が、定式化された「三つの公準」における表現に何らかの影響を与えたかどうかについては、両方の解釈の可能性があるだろう。つまり、「三つの公準」は、そうした会議における報告だという事情とはまったく無関係に、もっぱら社会（科）学における「モデル構成」に寄与する目的で定式化されたという解釈もありうるし、それとは逆に、そうした会議における報告だという事情があったからこそ、社会科学における「モデル構成」の側面がより強調されるかたちで定式化されたという解釈もありうるのである。(92) もちろん、いずれにせよ、「三つの公準」が、「モデル」を構成する社会(科)学者に向けられた要請だという側面があることはたしかだろう。だが他方で、「三つの公準」が、社会（科）学の「モデル構成」のための要請であるという認識を「括弧に入れ」ることによってこそ、むしろ、「モデル構成」の側面に限定されない、社会学における「三つの公準」のより深い意義を明らかにできる可能性もある。

以下では、前記の引用も参考に、「三つの公準」のそれぞれが相互に補足し合うかたちで一緒に提起されることによって、社会（科）学者に何を要請していると考えられるのかについて、「日常生活の世界と科学の世界を区別すると同時に、それらの世界を関連づける」（那須 一九九七、二〇〇一a; Nasu 2005）というロジックを念頭に置きながら確認したい。そののち、本書の論脈に即して、「三つの公準」に秘められているさらなる意義を明らかにしていくことにする。

（2）「三つの公準」の意義

「論理一貫性の公準」では、「三つの公準」のうちで唯一、（社会）科学的構成概念の「客観的妥当性」[93]に言及されている。[94] しばしば、シュッツの社会科学方法論においては、あたかも、この「論理一貫性の公準」のみによって（社会）科学知の妥当性が保証されているかのように誤解されることがあるけれども、そうではない。（社会）科学知の「（客観的）妥当性」にかんする彼の見解は、F・カウフマンの『社会科学方法論』（Kaufmann 1944）で提示されている、「科学の手続上の諸規準」「科学の集成体」「科学的状況」「科学上の決定」等をめぐる議論に依拠しているからである。[95] シュッツは、カウフマンの社会科学方法論を踏まえつつ、「論理一貫性の公準」を提起することによって、科学的観察者の観点を採る社会科（学）者が、日常知あるいは常識的知識とは区別される社会（科）学知を産出するうえで従うべき要請を定式化するのである。

「主観的解釈の公準」について、シュッツは、おもに二つの理由から、社会（科）学はその公準を採用すべきだと考えている。第一は、「社会的現実[96]」のなかで人びとによって生み出されている「いかなる文化対象も、それをその起源を成す人間活動に帰属させない限り、理解することはできない」（Schutz［1953］1962: 10＝1983: 58）からである。自然科学者が究明する自然界は、それを構成する「分子、原子、電子にとってはいかなる『意味』も有してはいない」。これに対して、社会（科）学者がまなざしを向ける「社会的現実」は、日常生活を生きている人びとにとって「或る特定の意味と関連性《レリヴァンス》の構造を有して」おり、「それらの人びとは、自らが日常生活の現実として経験するこの世界を、一連の常識的な構成概念によって社会科学者に先立ってあらかじめ選定し解釈している」（Schutz［1954］1962: 59＝1983: 122-3）。したがって、社会（科）学の構成概念は、日常生活を生きる人びとの常識的構成概念についての、いわば「二次的な構成概念」（Schutz［1953］1962: 6＝1983: 52; ［1954］1962: 59＝1983: 123）であり、社会（科）学は、「一次的」な常識的構成概念のレヴェルにおける人びとの主観的意味に言及する必要があるのである。

第二の理由は、それぞれの人に応じて、日常生活世界あるいは社会的現実の「意味」や「解釈」が異なることに関係する。かりに、すべての人にとってそれらの「意味」が同じなのであれば、敢えて「主観的解釈の公準」を提起する必要はないだろう。しかしながら、実際には、すべての人の「主観的意味」が一致するとみなす見解に無理があることは、いうまでもない。「行為の意味」もまた然りであり、とりわけ、次のそれぞれに応じて区別したうえで、その「意味」の「理解」を問う必要がある。

> （a）行為者にとっての意味、（b）相互行為においてその行為者と関わりをもち、それゆえに一連の関連性と目的を行為者と共有している、行為者の相手にとっての意味、（c）行為者とのそうした関係にない観察者にとっての意味。
>
> (Schutz［1953］1962: 24＝1983: 75)

補足すれば、引用中の「（a）行為者にとっての意味」とは、行為者自身にとっての意味を指す。日常生活世界において、われわれは、他の人の行為の「主観的意味」を、あらゆる過去の経験の沈澱としての諸々の「行為経路類型」等を前反省的あるいは反省的に参照しつつ、概して難なく「理解」[97]している。人はみな、社会（科）学者である前に、そうした「常識的な認識という経験形式」(Schutz［1954］1962: 57＝1983: 120）としての「理解」をすでに日常生活で実践して生きているのである。そうした常識的な「理解（可能性）」に基づけられているがゆえに、社会（科）学者は、科学的観察者の観点から「人間行為のモデル」を構成するに際して、「人間の諸行為の主観的意味に言及することができる」。そして、「行為の意味」が、それぞれの人あるいは立場に応じて異なる以上、「或る一定の目的のためにはそれぞれに言及しなければならない」(Schutz［1954］1962: 62＝1983: 127）のである。シュッツは、おもに以上の二つの理由から、「社会的現実」を把握しようとする社会（科）学者は、「常識的な経験のなかで行為経路類型を構成する際のひとつの一般原理」である「主観的解釈の公準」を「採用しなければならない」(Schutz［1953］1962: 34＝1983: 87）と述べている。

ここで、次に「適合性の公準」を論じる前に、のちの議論にもかかわるがゆえに、シュッツが「主観的解釈の公準」を要請する第一の理由を踏まえて先に述べておきたいことがある。それは、シュッツの「社会的現実」をめぐる見解と、第一章で言及したジンメルの「社会的結合」をめぐる見解とのあいだに見出される、興味深い共通点についてである。ジンメルは、もっぱら観察する主観において成立する自然の統一とは異なり、社会的な統一あるいは結合が実現されるときには、「いかなる観察者をも必要とはしない」（Simmel［1908］1922: 22= 1994: 上39）と述べていた。そして、シュッツは、前述のとおり、日常生活を生きる人びとは、「社会的現実」を、「一連の常識的な構成概念によって社会科学者に先立ってあらかじめ選定し解釈している」（Schutz［1954］1962: 59= 1983: 123）と指摘している。つまり、両者はともに、科学的観察者としての社会科学者が認識する以前に、人びとによって生きられている「日常生活世界[98]」にまなざしを向けていたと考えられるのである。

しかしながら、ジンメルは、「日常生活世界」を概念化しえなかったがゆえに、観察者による認識がなくとも実現している「社会（的結合）」に視線を向けながらも、その「認識」の位相とその「生成」の位相を区別しえず、入り組んだ叙述にとどまらざるをえなかった。他方、シュッツは、「日常生活世界」あるいは「社会的現実」についての組織化された知識の獲得を、社会（科）学の第一の目標とみなし（Schutz［1954］1962: 53= 1983: 115）、それゆえに、いわゆる「社会」を対象とした研究を行なうというよりも、むしろ、日常生活を生きる人びとに「内属する観点」から、「経験」「行為」「相互作用」等を記述する道を切り拓いた。私がシュッツを、「生成」の位相における「社会」とは、「現象」としての社会であることを明確に自覚し、その生成に関与する当事者に内属する観点に立って、「現象」としての社会――「社会的なるもの」――を研究する方途を開拓した社会学者の代表とみなす理由はここにある。そして、そうした道を開拓したシュッツだからこそ、「科学的モデル」あるいは「科学の体系」に含まれる「人間行為」をめぐるそれぞれの「言葉」（Schutz［1953］1962: 44=1983: 98;［1943］1964: 85= 1991: 125）は、社会（科）学者の観点からばかりでなく、日常生活を生きる人びとの観点から「理解可能」でなければならないという「適合性の公準」

を提起しているように思われる。

「適合性の公準」には、その要請に誠実に従おうとする社会（科）学者が、実際に日常生活を生きている人びとに「内属する観点」――シュッツの表現でいえば「常識的解釈の観点」あるいは「主観的観点」――からの見方の想像的試演を経験することになるという特徴がある。かりに、構成される「人間行為の科学的モデル」が、「科学的観察者」としての社会（科）学者の観点からみて理解可能であるだけでは、「適合性の公準」に従っていることにはならない。そのモデルで提示される行為経路類型は、日常生活でまさに「行為」を実行している人びとの常識的な解釈という観点から――実際に日常生活を生きている人びとに内属する観点から――、理解可能でなければならない。

この要請がさらに興味深いのは、「モデル構成」に際して、その要請に従おうとする社会（科）学者が、日常生活を生きている人びとに内属する観点からの見方を想像的に試演するとき、必然的に、日常生活の「自然的態度」と「（社会）科学的態度」の相違が、そして日常生活世界における知としての「利用可能な知識集積」と科学の世界における専門知の総体としての「科学の集成体」の相違が、自覚的に認識されるようになる点である。

シュッツが知識の社会的配分をめぐる論稿（Schutz［1946］1964）で定式化している、「専門家」「見識ある市民」「市井の人」という知の在り方の三つの理念型[99]を参考にすれば、次のように考えることができるだろう。「適合性の公準」に従おうとするとき、その社会（科）学者は、科学的観察者として自らが拠って立つ、確立された「専門知（科学知）」の体系（「科学の集成体」）の内部に安住することはできない。日常生活を生きる人びとに内属する観点からの見方も想像的に試演しつつ、社会（科）学知を生み出さなければならないからである。このとき、その社会（科）学者は、構成する「人間行為の科学的モデル」の別様の見方の可能性を自覚した、――「見識ある市民」という知の類型に該当する――より高度な知的営みを実践することになるだろう。また、この要請に従おうとする社会（科）学者は、科学的観察者の観点に付随する、「当事者たちが見ている以上のことを観察しているのと同時に、当事者たちが見ているることを見落としている」（Schutz［1953］1962: 26＝1983: 77）という「問題」（あるいは「限界」）を「克服」し続ける「回路」をおそらく手にすることになる。科学的観察者としての社会（科）学者の観点から見ている自分が「見落としている」何かについて、日常生活を生きる「当事者」に内属する観点からの見方を記述・分析することによって、あるいは、その何かが見えている立場の人からの助言や批判を受けることによって気づくことができるならば、それは社会（科）学知のさらなる向上につながりうるに違いない。

以上の議論によって、「三つの公準」のそれぞれが、相互に補足し合うことによって、「日常生活の世界と科学の世界を区別すると同時に、それらの世界を関連づける」ことが可能になるというロジックの要点は、ほぼ示しえているように思われる。若干の補足を加えつつ、あらためて確認しておこう。

シュッツの「三つの公準」では、カウフマンの社会科学方法論を踏まえつつ、「論理一貫性の公準」によって、日常知と区別される（社会）科学知を産出するうえで従うべき要請が定式化されている。そして、「主観的解釈の公準」では、社会（科）学は、社会（科）学的認識以前にすでに人びとによって生きられている、「（社会）科学の世界」とは区別される「日常生活世界」あるいは「社会的現実」を扱うという洞察のもと、また、「行為の意味」が、それぞれの人あるいは立場に応じて異なることから、社会（科）学者が、行為者（あるいは当事者）による行為の主観的意味を「理解」し、それに言及すべきであることが要請されており、これに従うことは、（社会）科学の世界と日常生活世界のあいだの「橋渡し」をなすことを意味している。

これらの二つの公準によって、日常生活世界と（社会）科学の世界の区別と連続性はともに示されてはいるのだが、これらだけでは、一方的に、科学的観察者の観点から、日常生活を生きる行為者の主観的意味が扱われているにすぎない。言い換えれば、これらの両公準に従うだけでは、その社会（科）学者が、その「主観的意味」に紋切り型で表層的に言及しただけでも、あるいは非常に偏った認識に基づいてそれに言及しただけでも、事足りてしまう事態が生じうるのである。このことは、日常生活世界を生きる人びとの日常知を、それより優位に置かれた（社会）科学知に、躊躇なく「回収」する「科学主義」につながることを意味する。したがって、この科学主義の困難を克服するために、

「適合性の公準」が提起されているのである。「適合性の公準」では、日常知に対する科学知の優位性は想定されていない。この要請によって、常識的な解釈という観点、あるいは日常生活を生きている人びとに内属する観点からの「理解可能性」が、科学主義を回避しうる「社会（科）学知」を生み出すための条件として、担保されることになる。それは、社会（科）学者が、「人間行為のモデル構成」にあたって、自らが特権的地位から人間行為の解釈の唯一の「最終完結的な答え」を与えうるという錯誤に陥らないための警鐘でもある。

前記の議論を踏まえれば、「三つの公準」によって、日常生活世界（日常知）と科学の世界（科学知）が、区別すると同時に、関係づけられていることが分かる。だが、そればかりではない。それらの要請すべてに同時に従うときには、日常知と科学知の関係は、いずれか一方に絶対的（特権的）な優位性があるような関係ではなく、「日常知によって科学知を、また科学知によって日常知をそれぞれ相対化」（那須 一九九七：一八三）するような関係として想定されているのである。

社会（科）学者は、「三つの公準」に同時に従おうとすることによって、「日常生活世界」における行為を生み出す行為者の主観的意味の「理解」に基づく「人間行為の科学的モデル」を、「（客観的）妥当性」を有すると同時に、「科学主義」の困難を回避しうる「モデル」として、構成する。そしてこのとき、科学的観察者としての社会科学者は、行為者に内属する観点からみて適合的な言葉によって、「人間行為の科学的モデル」を構成することが可能となるのである。

「三つの公準」は、一方で、「人間行為の科学的モデル」（「理念型」）を構成する社会（科）学者に向けられた要請であることはたしかである。とりわけ「適合性の公準」については、シュッツが日常生活世界における「人間行為」の「モデル構成」を念頭に置いているがゆえに、社会（科）学者が用いる、当の科学的モデルに含まれる「人間行為」に言及する「言葉」が、日常生活を生きている人びとの常識的解釈の観点から「理解可能」でなければならないという洞察を、より具体的に想像可能な仕方で適切に定式化できている側面がある。「人間行為」のモデルであれば、ま

表8－1　社会の4つの位相と社会的なるもの

	単独のやりとり	「まとまり」として捉えうる複数のやりとり
日常生活世界における当事者による生成（現象）の位相	相互作用と呼ばれうるもの	統一体と呼ばれうるもの
	【社会的なるもの】	
科学の世界における科学的観察者による認識の位相	相互作用	統一体

さに日常生活で諸々の「行為」を実行しながら生きている人びとこそが、そうした「行為」に関連することがらについてのいわば専門家である面があり、そうした人びとの観点からこそ、そのモデルの「適合性」を判断しうると考えられるからである。しかしながら、「三つの公準」は、「人間行為の科学的モデル」を構成する「社会（科）学者」のみに向けられた要請として、限定的に捉えるべきではない。

第三節　社会学における「三つの公準」の秘められた意義

社会学の研究対象である「社会」には、観察者による「認識」の位相と当事者による「生成」の位相がある。当事者による「生成」の位相における、当事者たちにとっての「現象」としての社会が、「社会的なるもの」（＝「社会と呼ばれうるもの」）である。この「社会的なるもの」という「現象」は、シュッツが「三つの公準」を定式化するなかでまなざしを向けていた「人間行為」と同様に、「日常生活世界」（あるいは「社会的現実」）において、当事者たちによって生み出され、当事者たちにとって体験・経験されている。そして、社会学的認識とは、科学の世界における「科学の集成体」（科学知の体系）に依拠した「社会的なるもの」にかんする科学的認識である。このことを踏まえれば、社会学的研究の文脈でいえば、第一章の**表1-1**（三五頁参照）は、**表8-1**のように書き換えることができる。

以下では、前章までに示した、「相互作用と呼ばれうるもの」および「統一体と呼ばれうるもの」をめぐる探究の成果と、本章で確認してきたシュッツの「三つの公準」

をめぐる議論とを重ね合わせることによって、「社会的なるもの」という現象を研究する学問としての社会学の具体的方途とその可能性について示したい。

ここではじめに述べておくべきなのは、「相互作用と呼ばれうるものはいかにして可能か」および「統一体と呼ばれうるものはいかにして可能か」という問いの探究そのものを、本書では、「三つの公準」の要請に同時に従いつつ、進めてきたということである。「相互作用と呼ばれうるもの」および「統一体と呼ばれうるもの」は、日常生活世界において、社会学的認識とはおよそ無関係に、当事者たちによって生成し、当事者たちにとって体験・経験されている、事後的に「相互作用」あるいは「統一体」と呼ばれうる「何か」である。これらが、当事者たちによって、そして当事者たちにとって実現している以上、それらがいかにして生成しているのかを探るためには、「当事者に内属する観点」に立って、その生成に関与する当事者にとっての体験・経験を記述し、その当事者自身による見方を「理解・解釈」する必要がある（「主観的解釈の公準」）。もちろん、こうした研究にあたっては、一方で、これまでの社会学で受容されてきた、当の科学上の問題設定にレリヴァントな社会学知を再活性化させつつ、場合によってはさらなる分節化を進めたうえで、活用しているのだが（「論理一貫性の公準」）、他方、そうした研究が日常生活を生きる人びとの観点から「理解可能」でありうることを、つねに念頭に置いて同時に吟味している（「適合性の公準」）。可能な限り、普段の生活からイメージしやすいと思われる事例に言及しながら考察を進めてきたのは、そのためである。

あらためて確認すれば、「相互作用と呼ばれうるもの」は、観察者による認識とは無関係に、その担い手である当事者たちによって生み出されており、そしてその当事者たちにとって生成している。「自身に対する働きかけ」に気づく存在としての人間は、誕生以後の成長過程において、原初的なレヴェルで、「他者作用への気づきの経験」「応答を行なう経験」「他者作用を行なう経験」「応答への気づきの経験」を重ね、「相互作用と呼ばれうるもの」を生み出すことが可能な存在となる。そして、「相互作用と呼ばれうるもの」は、その生成の担い手である当事者の双方にとって、前述定的明証性を有する確実な何かとして体験・経験される[100]。

人間は、「相互作用と呼ばれうるもの」を繰り返し生み出すことができるがゆえに、日常生活世界において、数多くの特定の「他者」とさまざまな「やりとり」を実現することができる。この意味で、「相互作用と呼ばれうるもの」の生成に関与する経験は、人間が生きていくうえで根本的な経験であるが、それは、社会学の観点からみても、この学問の根本をなすような意義がある。この「相互作用と呼ばれうるもの」の経験は、「前述定的明証性」としての確実性を有しており、さらにいえば、その経験は、複数の人びとのあいだでの「前述定的明証性(101)」であるがゆえに、相互主観的な社会的世界としての日常生活世界を、内属的に基づけるような、根源的な経験であると考えられるからである。「相互作用と呼ばれうるもの」という現象について、「三つの公準」に従って、当事者に内属する観点から記述・分析を行なうことは、相互主観的な社会的世界としての日常生活世界の核心を抉り出すことを可能にするのである。

日常生活世界において生成する「相互作用と呼ばれうるもの」が、当事者たちにとって前述定的明証性を有するという知見に基づけられて、はじめて、社会学は、「社会」の研究を正当に進めることが可能となる。日常生活を生きている人びとにとって「確実」に経験されている「相互作用と呼ばれうるもの」という現象が間違いなく存在するがゆえに、少なくともこの現象にかんする社会学的研究は、決して「虚構」ではないと言い切れるからである。「相互作用と呼ばれうるもの」という「社会的なるもの」の存在は、「社会的なるもの」を研究対象とする社会学という学問がたしかに成立することを保証し、さらにいえば、それはあらゆる社会科学の成立可能性をも担保するのである。

社会学的研究において社会学者が、「相互作用と呼ばれうるもの」を研究対象として捉え、認識するならば、それは、「相互作用」として認識されることになる。ただし、科学的観察者の観点から認識された「相互作用」と、当事者たちによって生み出され体験・経験されている「相互作用と呼ばれうるもの」のあいだにある「違い」や「ずれ」に、注意を払い続ける必要がある。「相互作用と呼ばれうるもの」が、いかなる「相互作用」として認識されるべきかについての唯一の「最終完結的な答え」はないからである。「相互作用」研究を進めるうえで、「相互作用と呼ばれうるもの」を軽視するならば、「科学主義」の困難あるいは「特権的観察者視点の陥穽」が待ち受けている。この困難・

陥穽を回避して社会学知を彫琢し続けるためには、「三つの公準」の要請に従い、当事者たちによって、そして当事者たちにとって生成している「相互作用と呼ばれうるもの」にまなざしを向け続ける必要がある。

「相互作用と呼ばれうるもの」が、その生成に関与する当事者たちにとって前述定的明証性を有するのに対して、「統一体と呼ばれうるもの」は、当事者たちにとって前述定的明証性を有する現象として体験・経験されるわけではない。「統一体と呼ばれうるもの」は、その生成に関与する当事者が、特定の「統一体」概念に関係づけられた「相互作用と呼ばれうるもの」を生み出しているときにのみ、その当事者にとって体験・経験されうる。したがって、社会学者が、「統一体と呼ばれうるもの」にアプローチするときには、まずは次の問いかけを行なう必要があるだろう。当事者たちが、特定の「統一体」概念に依拠した認識のもとで、当の現象を生成しているかどうか、という問いかけである。

当事者たちのすべてが、いかなる「統一体」概念にも依拠することなく、たんに諸々の「相互作用と呼ばれうるもの」が生成しているにすぎない、と社会学者が解釈する場合には、その諸々の「相互作用と呼ばれうるもの」を「統一体（と呼ばれうるもの）」とみなしているのは、当事者以外の科学的観察者の観点からそれを観察しているその社会学者だけである。この場合、その社会学者は、当事者たちがいかなる意味でも「統一体」とみていない現象を、自らが「統一体」とみなすことの根拠について、問題設定の妥当性を含めて吟味することが求められる。そのうえで、「三つの公準」に同時に従い、科学的観察者の観点から自らが提示する認識が、当事者にとって「理解可能」かどうかを想像的に試演すること、そして、その「統一体」に含まれる「相互作用と呼ばれうるもの」の生成に関与する当事者による見方を「理解・解釈」することが、その社会学者には要請される。かりに、これらの要請に従って「統一体と呼ばれうるもの」という現象にまなざしを向けることを拒否するならば、そうした社会学者による「統一体としての社会」の社会学的研究は、容易に「特権的観察者視点の陥穽」に嵌ることになる。

他方、その社会学者が、当事者たちも、何らかの特定の「統一体」概念に関係づけながら、諸々の「相互作用と呼ばれうるもの」からなる「統一体と呼ばれうるもの」を生み出していると解釈する場合には、次のことにとりわけ注意が必要である。それは、当事者たちが抱いている「統一体」概念と、社会学者である自身が抱いている「統一体」概念のあいだの「違い」である。この「統一体」をめぐる「意味の相違」を自覚しない場合に生じうる難点について、前章の幼児たちによる「鬼ごっこ遊び」の例を再度用いて確認しよう。

その例では、幼児たちが公園で「鬼ごっこ遊び」をしていると、偶然、その遊んでいる幼児のうちのひとりである男児の妹（「幼児A」）が、兄であるその男児と遊ぶつもりで、あとからその公園に来たとされていた。そして、幼児たちは「幼児A」も仲間に加え、特別ルールが付加された「鬼ごっこ遊び」を始めている。そののち、社会学者がその公園に来て、公園での幼児たちの「遊び」に目を向けたとしよう。おそらく、その社会学者は、その「遊び」を「鬼ごっこ遊び」としてすぐに認識することができるはずである。しかしながら、その社会学者と幼児たちとは、実際にはその「遊び」を認識するうえで依拠している「統一体」概念が異なっている。社会学者が、その「遊び」を「鬼ごっこ遊び」として認識しているのに対して、「幼児A」以外の幼児たちは、その「遊び」を、「特別ルールの付加された鬼ごっこ」として認識しつつ、生成しているからである。

その社会学者が、自らが抱く「理念型」としての「鬼ごっこ遊び」という「統一体」概念の正しさに固執して認識し、「当事者に内属する観点」からの見方にまなざしを向けることを怠るならば、その社会学者は、当の「統一体」認識において自らが依拠している「鬼ごっこ遊び」という「統一体」概念と、「当事者＝観察者」である幼児たちが依拠している「特別ルールの付加された鬼ごっこ遊び」という「統一体」概念との違いに気づくことはできない。あるいは、鬼にタッチされても鬼にならない幼児がいる場合があることを目にしていても、それを不完全なあるいは欠損のある「鬼ごっこ遊び」として認識してしまうならば、やはり、その認識と、幼児たちの遊びのうえでの知恵によって生まれている「特別ルールの付加された鬼ごっこ遊び」という現象（「統一体と呼ばれうるもの」）のあいだには、適切な「橋渡し」への可能性が閉ざされた「断絶」があるに違いない。これに対して、その「断絶」を乗り越え、適切な「橋渡し」の可能性への道を拓く「回路」を明示しているのが、シュッツの「三つの公準」をめぐる議論なのである。

社会学者が、科学主義に陥らずに「統一体としての社会」を考察しようとするならば、「認識」の位相における「統一体」とは区別される、「生成」の位相における「統一体と呼ばれうるもの」に真摯なまなざしを向けることが不可欠である。そして、「統一体と呼ばれうるもの」を適切に記述・分析しようとするならば、「三つの公準」に従いつつ、とりわけ、「科学的観察者」と日常生活を生きている「当事者＝観察者」とのあいだで、前提とされている「統一体」概念が違いうることに配意して、「当事者＝観察者」に内属する観点からの見方を「理解」していくことが要請されるのである。

以上の考察から、シュッツによって提起された「三つの公準」が、「人間行為モデル」の構成という課題のみに特化した要請でないことは明らかだろう。「三つの公準」は、諸々の「社会」を考察しようとする社会学者すべてに、「日常生活世界」あるいは「社会的現実」のなかで生成している「社会的なるもの」に、真摯なまなざしを向けることを要請しているのである。そして、「三つの公準」に同時に従いつつ、社会学者の観点と日常生活を生きている人びとである「当事者」あるいは「当事者＝観察者」に内属する観点とを繰り返し往還しながら「社会的なるもの」にまなざしを向け、社会学的研究を進めるときに、社会学者は、日常生活を生きる人びとの観点からみて、より適合的な社会学知を彫琢しうる途を歩むことができるのである。

さらには、「三つの公準」の意義を自覚した、「社会的なるもの」という現象をめぐる社会学的研究が展開されていくならば、そうした展開は、おそらく社会学的研究の枠を超えた寄与をもたらすことになる。前述の「専門家」「見識ある市民」――精確には、「見識あることを目指そうとする市民」――「市井の人」という知の在り方の三つの理念型でいえば、科学的観察者としての社会学者の知的営みは、まずもって「専門家」という知の在り方の理念型によって特徴づけられる。たしかに、社会学者が、自らの拠って立つ、諸々の科学的手法も含む「専門知（科学知）」の正しさに何の疑いももたず、その正しさが自らの特権的地位を保証すると素朴に信憑しているならば、その「知」の在り方は「専門家」にあてはまる。しかしながら、「日常生活世界」（あるいは「社会的現実」）における「社会的なるもの」という現象にまなざしを向ける社会学者は、「三つの公準」に同時に従うことによって、自らの拠って立つ「専門知（科学知）」の妥当性に批判的まなざしを向けながら、日常生活を生きる人びとに「内属する観点」からの見方・意味を理解しようとし、そうした人びとにとっての理解可能性を有する「社会学知」を彫琢しようとする。このとき、一方で、その社会学者自身が、「見識ある市民」という知の在り方を実践しようとしている。他方、その社会学者がそうした「社会学知」を提示するとき、その社会学知を「理解可能」な人びととして想定しているのは、その知を生み出している社会学者と同様に、「見識ある市民」という知の在り方を実践しようとする人びとであるに違いない。

「市井の人」と「専門家」という知の在り方の「理念型」では、両者ともに、自らの拠って立つ「知」の体系を、与えられたとおりに疑問の余地なく受け容れており、それとは異なる見方を採る可能性については、あらかじめ排除していると特徴づけられている。かりに、そうした知の在り方に従うことによってのみ生きている人びとがいるとすれば、そうした人びとは、決して「見識ある市民」という知の在り方の実践によって生み出された「社会学知」に関心を寄せることはないだろう。

しかしながら、実際に生きている「市井の人」あるいは「専門家」としての自己認識をもっている人びとは、折々の状況に応じて、自らがそれまでに受容してきた日常知や科学知を素朴に信憑することもあれば、「見識ある市民」という類型の知の在り方のように、自らが抱く見方とは異なる立場の見方に耳を傾け、より高度な知的営みを実践することもある。つまり、実際に生きている人びとはすべて、「見識ある市民」という知の在り方に、あるいは少なくともそうした知の在り方を実践しようとする可能性に、開かれているのである。「適合性の公準」で社会学者が想定する「理解可能性」とは、日常生活を生きている、「見識ある市民」という知の在り方を実践しうる人びとの観点からの「理解可能性」なのである。

これらの議論を踏まえれば、次のようにいえるだろう。すなわち、「三つの公準」に同時に従おうとする社会学者によって提示される、「社会的なるもの」という現象をめぐる「社会学知」は、「見識ある市民」という知の在り方を実践しうるすべての人に向けられた、「呼びかけ」でもあるのである。この「呼びかけ」という表現には、その「呼びかけ」を行なう人の立場と、その「呼びかけ」に気づいて「応答」する人の立場が含まれている。しかしながら、両者はいわば「同行者」であり、両者のあいだにある「違い」は、たんなる立ち位置の「違い」にすぎない。「三つの公準」に同時に従って、社会学知を生み出す社会学者は、その営みと「呼びかけ」を通じて、「見識ある市民」としての知の在り方の実践を目指している。他方、その「呼びかけ」に気づいて「応答」する人にとっては、まさにその「応答」が、「見識ある市民」としての知の在り方の実践そのものである。その「呼びかけ」は、たんなる「呼びかけ」ではなく、進むべき方向・方角に向けられた「指差し」を含む「呼びかけ」である。しかしながら、「呼びかけ」を行なう人も、その「呼びかけ」に気づいて「応答」する人も、その「呼びかけ」で示された「指」そのものを目指すことは決してないだろう。そこで目指されるのは、その「指」の先にある方向であり、この意味で、「呼びかけ」を行なう人も、その「呼びかけ」に気づいて「応答」する人も、同じく「見識ある市民」という知の在り方という方向を目指して歩んでいく「同行者」なのである。

第四節　社会的なるものと社会学

社会学的認識がなされるいかなるときにも、日常生活世界においては、その認識以前に、すでに「社会的なるもの」(＝「社会と呼ばれうるもの」)という現象が生成している。そして、社会学とは、この「社会的なるもの」という現象を研究する学問である。「社会的なるもの」は、社会学的認識がなされる以前にすでに生成している。だが、特定の「社会」概念に即した「社会」としての認識がなされた後には、「社会的なるもの」は、その「社会」概念によっていわば覆われた、表面上からは捉えられない「核」となる。

社会学的研究は、たとえ想像を超えるほどに飛躍的な進展を遂げたとしても、決して完成することはない。なぜなら、「社会的なるもの」は、人間が生きている限り、絶えず生成し続け、また変化し続けているからである。このことから、次の含意を導き出すことができるだろう。それは、もし、将来的に、社会学的研究が停滞したり、社会学教育において社会学が魅力のない学問とみなされたりして、社会学の存在意義が否定されるようなことがあるとすれば、その理由はおそらく、社会学者の多くが、日常生活世界において生成している「社会的なるもの」という現象に、真摯なまなざしを向けることを忘却しているからである。日常生活世界において絶えず生成し、変化している「社会的なるもの」にまなざしを向け続けている限り、そこには必ず、社会学的に意義のある、そして日常生活世界を生きている人びとにとっての「社会」あるいは「社会的なるもの」という現象の理解をより豊かにするような、新たな発見があるに違いない。

社会学の歴史を顧みると、「社会」と呼ばれうるような「何か」にもっとも目が向けられていたのは、社会学の草創期であるかもしれない。社会学が誕生して間もなければ、「社会」をめぐる社会学的語彙もきわめて限定される。そのため、一方では、他の学問領域（ディシプリン）で確立された既存の語彙や方法を当て嵌めて、「社会」を認識せざるをえない面もおそらくあっただろう。しかしながら、他方では、そうした諸学の潮流に学びつつ対峙しながら、「社会」と呼ばれうるような「何か」に真摯に向き合い、新たな語彙を紡ぎ出すことを通じて、学問領域としての社会学の確立が目指されていたであろうことは、想像に難くない。この意味において、「社会」と呼ばれうるような「何か」に向き合うことこそが、社会学という学問の「原点」だといってよいだろう。

この「原点」に支えられた研究の蓄積によって、学問領域としての軌道に乗り始めた社会学は、二〇世紀に入って以降、きわめて多岐にわたる展開を遂げた。ヨーロッパを発祥として進展してきた社会学は、第二次世界大戦の影響もあり、少なくとも一定の時期、アメリカ社会学によってより中心的な役割が担われることになり、その時期には、

「構造―機能主義」の社会学――あるいは「機能主義的社会学」――を「通常科学」として「指定」しうる（塩原 一九七五：一八）と述べられる状況も生じた。その後、諸々の研究伝統が、「規範的パラダイム」（「機能学派」）と「解釈的パラダイム」（「意味学派」）などの「対立軸」によって認識された時期を経て、今日では、パラダイムの「多極化」あるいは「多元化」を経由して「液状化」（「混沌状態」）に至っているといわれることもある。また、「社会」の個別領域の研究に特化した、いわゆる「連字符社会学」あるいは「分科社会学」においては、専門分化した社会学として、より洗練された計量的調査手法や質的調査手法も用いながら、数多くの研究が蓄積されてきた。

もちろん、社会学のこのような多様な展開と長年の研究の成果が、社会学の普及に大きく貢献していることはいうまでもない。今日では、社会学の草創期とは比べものにならないほどの膨大な社会学的知識が蓄積・継承されており、どのようなタイプの「社会」であれ、「社会」について考察しようとすれば、そうした社会学の知識を当て嵌めることによって、一定の認識は得ることができる。しかしながら、ここに見過ごせない「罠」が潜んでいる。「社会」にかんする既存の特定の「知識」あるいは「概念」を前提とし、それに即した「社会」認識に満足するとき、われわれは、「プロクルステスの寝台」を使用した「プロクルステス」の地位に、図らずとも立ち、「特権的観察者視点の陥穽」に嵌ることになるからである。このとき、「社会」と呼ばれうるような「何か」に真摯に向き合うという社会学の原点は、忘れ去られている。

あらためて強調すれば、社会学におけるこれまでに蓄積された知見は、今後の社会学的研究に示唆を与える貴重な成果である。しかしながら、それを疑いのない「前提」として社会的現実に当て嵌めて「社会」を認識するとき、貴重な成果だったはずの「社会学知」は、一転して、「プロクルステスの寝台」と化してしまう。この「特権的観察者視点の陥穽」を回避するための鍵は、社会学の原点である、「社会」と呼ばれうるような「何か」へのまなざしを取り戻すことにある。

「社会」と呼ばれうるような「何か」とは、観察者による社会学的認識がなされる以前に、日常生活世界において、当事者たちによって生み出され体験・経験されている「現象」である。本書では、この「現象」を「社会的なるもの」と呼び、社会の「生成」の位相と「認識」の位相の区別に留意しながら、「社会的なるもの」に含まれる「相互作用と呼ばれうるもの」および「統一体と呼ばれうるもの」という現象がいかにして可能かという問いを探究してきた。日常生活世界において、当事者たちによって生み出され体験・経験されている「相互作用と呼ばれうるもの」および「統一体と呼ばれうるもの」という「現象」そのものに自覚的にまなざしを向けた社会学的研究を進めるならば、その研究は、「特権的観察者視点の陥穽」を回避することができる。

社会学の草創期から、「社会的なるもの」には、真摯なまなざしが向けられていたはずである。しかしながら、「社会的なるもの」そのものについては、これまでの社会学において、適切に主題化されることも、十分に明らかにされることもなかった。それには、大別すれば二つの理由がある。第一の理由は、「社会的なるもの」は、「社会」としての認識がなされた後では、いわば、その「社会」概念という「容器」によって覆い隠されてしまうからである。もしそうであれば、社会学において、研究成果が蓄積され、「社会」を認識するための術語や語彙が充実すればするほど、逆説的に、「社会的なるもの」へのアプローチは困難になる。この困難にもかかわらず、「社会的なるもの」を捉えるためには、日常生活世界と科学的理論の世界の関係をめぐる諸知見を踏まえて、「社会」をめぐる観察者による「認識」の位相と、当事者による「生成」の位相とを区別できる必要がある。それらの区別が、「社会」概念によって覆われた、「生成」の位相における「社会的なるもの」という現象を見分けるうえでの第一歩だからである。

第二の理由は、「社会的なるもの」が、日常生活世界において、当事者たちによって生み出され体験・経験される「現象」だからである。それが当事者たちにとっての「現象」である以上、「社会的なるもの」の生成を明らかにするためには、「当事者に内属する観点」に立って、「社会的なるもの」の生成を記述・分析するための道具立てが必要となる。しかしながら、これまでの社会学においては、いわゆる「主観主義」と「客観主義」をめぐる誤解もあり、そうした道具立てを十分に共有するまでには至っていなかった。この道具立てがなければ、どれほど「社会的なるもの」

にアプローチしようとしても、「社会的なるもの」における、「当事者以外の観察者」の観点から観察可能な側面に光を当てることができるにすぎない。

本書では、第一章で、観察者による社会「認識」の位相と、当事者による社会「生成」の位相とを区別したうえで、とりわけ「特権的観察者視点の陥穽」を回避するために、さらには、より魅力ある社会学を今後も展開していくために、「社会はいかにして可能か」という社会学の根本問題を、「〈社会的なるもの〉はいかにして可能か」という問いへと再定式化した。そして、「社会的なるもの」に含まれる「相互作用と呼ばれうるもの」および「統一体と呼ばれうるもの」の生成を「当事者に内属する観点」から記述・分析しうる道具立てを準備するために、「行為と行動の循環的関係」を明らかにし（第二章）、「対象の知覚」および「状況の知覚」について当事者に内属する観点から解明し（第三・四章）、「社会的行為」概念を分節化したのである（第五章）。そうした道具立てを手にしたわれわれは、第六章で、「相互作用と呼ばれうるものはいかにして可能か」という問いを、そして第七章で、「統一体と呼ばれうるものはいかにして可能か」という問いを探究した。これらの問いの探究を通じて示してきた諸知見は、「〈社会的なるもの〉はいかにして可能か」という問いの探究の成果にほかならない。

社会学においては、一方で、専門分化した個別の分科社会学（あるいは連字符社会学）の各領域内で、それぞれの専門領域が研究対象とする「社会」の研究が進められ、長年をかけて数多くの成果が蓄積されてきた。他方、いかなる類型のものであれ、認識される「社会」には、その「生成」の位相において、「社会的なるもの」を見出しうる。これらの両項のそれぞれの意義を最大限に汲み尽くそうとするならば、これまでの社会学知を適切に継承しつつ、なおかつ、社会学を新たな段階に進めていくことが可能となる道筋に、光が射し込んでくる。日常生活世界において生成する「社会的なるもの」という現象の記述・分析を加味することによって、既存の個別専門領域のほとんどすべての社会学的研究を、再活性化し、より豊かなものにすることができると考えられるからである。

「社会的なるもの」は、各々の個別領域の社会学における研究対象に即していえば、たとえば、認識される「家族」

「都市」「文化」等における「生成」の位相に、見出すことができるだろう。[102] そして、「社会的なるもの」には、「相互作用と呼ばれうるもの」と「統一体と呼ばれうるもの」を区別することができる。したがって、それらの（研究）対象の「生成」の位相に視点を定めるならば、当事者たちによって生み出され体験・経験されている「相互作用と呼ばれうるもの」と「統一体と呼ばれうるもの」を、それぞれ記述・分析することができる。本書では、「相互作用と呼ばれうるものはいかにして可能か」という問いと「統一体と呼ばれうるものはいかにして可能か」という問いの探究を通じて、「相互作用と呼ばれうるもの」および「統一体と呼ばれうるもの」を記述・分析するための基本となる道具立てを提示してきた。そして、そうした記述・分析に基づく社会学を展開していくうえでは、日常生活を生きている人びとによって生み出され体験・経験されている「社会的なるもの」という現象に真摯なまなざしを向け続けることが不可欠なのである。

日常生活世界において絶えず生成し、変化している「社会的なるもの」という現象にまなざしを向け続ける限り、社会学は、「社会」のより深奥を捉えるような知見を生み出し続けることができる。そのような社会学は、人間社会に少なからず関心を抱く人びとにとって、魅力ある学問であり続けるだろう。そして、この学問が生み出す知は、日常生活世界において生きているわれわれを、新たな気づきとさらなる学びの土壌へと誘うに違いない。

注

（1）現象学的社会学・シンボリック相互作用論・エスノメソドロジー等において繰り返し述べられてきた、「社会」を「多様性と複数性からなるもの」とする見方は、おそらく今日では、なかば暗黙の前提として、社会学において広く共有されている。したがって、事例はいわば無数にあるが、たとえば、P・バーガーの「多元的社会論」とA・シュッツの「多元的現実論」の異同を明らかにした論稿（那須 一九九七：一一―五〇）において、そして、「世界の複数性」という鍵概念のもとで現象学的社会学とエスノメソドロジーを特徴づけた研究（浜 一九九二）においてそうした見方が示されており、この見方は、エスノメソドロジーやシンボリック相互作用論に先鞭をつけた研究にも見出される（Garfinkel 1952; Blumer 1969）。また、シュッツの社会理論は「複眼の社会理論」（西原 1998）といわれることもある。

（2）「日常生活世界」が、A・シュッツによって分節化された概念であることは、今日の社会学においてもよく知られている。彼は、「生活世界」をめぐるE・フッサールの着想に影響を受けながら、それを多元的現実論によって彫琢するかたちで、「日常生活世界」を概念化している。「多元的現実について」論文におけるシュッツの論述（Schutz [1945] 1962）、および那須壽によるその定式化（那須 一九八五、一九九七）を踏まえていえば、自然的態度において経験される「現実」である「日常生活世界」とは、一方で、「限定的意味領域（finite provinces of meaning）」として、諸々の現実のひとつであるにすぎないともいえるのだが、他方、この（日常生活世界という）現実によってほかの諸々の現実が基づけられている点で、「至高の現実（paramount reality）」と呼ばれるのである。一見、矛盾するように感じられるこの両義的特徴は、次の二つの位相を区別することによって整理しうる。すなわち、ほかの諸々の現実と同様の位置づけであることを含意する「限定的意味領域」としての「日常生活世界」の位相と、ほかの諸々の現実とは異なり、「身体上の動き」を通じた外的世界への関与が可能であり、それゆえに他者との「やりとり（exchange）」が可能な現実である（シュッツのいう）「労働《ワーキング》の世界」としての「日常生活世界」の位相である。本書では、「労働《ワーキング》の世界」としての「日常生活世界」の位相――身体上の動きを伴う「作用」によって、外的世界への関与や他者とのやりとりが可能となる位相――が、諸々の現実のうちでも日常生活世界のみに含まれていることを念頭に置きながら、「社会」（「社会的なるもの」）がいかにして可能かを論じることになる。

（3）いわゆる「秩序問題」の探究の系譜において、「社会秩序はいかにして可能か」という問題が社会学において意義があるのは、その「社会秩序」に「懸案性」が抱かれる場合であることが論証されている（佐古 一九九八）。「懸案性」をもとに「秩序問題」を捉える場合、「同語反復的陥穽」の回避は可能だと考えられ、この意味でこの「秩序問題」の解釈は興味深い。ただし、「懸案性」を有するという条件が付された「社会秩序」がいかにして可能かという問いを探究するときには、それが誰にとって「懸案性」を有するのかが問われなければならない。この「懸案性」の解釈の違いによって、社会学における「秩序問題」の位置づけも、その回答の内容も大きく変わることになる点には、注意を払う必要がある。「特殊問題」としての「秩序問題」は、社会学の「根本問題」とは異なるからである。

（4）日本の社会学においては、少なくとも一定の時期に、「秩序問題」がまさに社会学の根本問題だとみなされる傾向があったように思われる（大澤 一九九七）。だが、その文脈のもとで「秩序問題」に言及されるときには、「社会はいかにして可能か」という問いと「秩序問題」とは、とくに十分な議論のないままに、重ねて捉えられていることも多い。これらの問いの両方を視野に入れたうえで「秩序問題」を社会学の根本問題とみなす論稿においては、しばしばこの「問題」をめぐるN・ルーマンの議論（Luhmann 1981）が参考にされている。たしかに、ルーマンの著作には興味深い着想が散見されるが、そのことと、ルーマンの視座からの「社会はいかにして可能か」という問いの見方の妥当性とは、いったん区別する必要があるだろう。その妥当性について、いずれかの判断を下すためには、社会学におけるルーマンの社会システム理論の位置づけをめぐる検討が不可欠であるように思われる。

（5）論理的な可能性としては、この「観察者」としては、当の社会的結合に実際に関与している「当事者」である諸個人と、それに実際に関与していない「当事者以外」の諸個人とがともに該当すると考えられる。つまり、「当事者＝観察者」である諸個人も、「もっぱら観察者」である諸個人も、両方とも「観察者」でありうる。だが、ジンメルが「観察者」という語を用いるときには、当事者以外の「もっぱら観察者」である諸個人が想定されていたとみてよい。

（6）Wechselwirkung（「相互作用」）という語が物理系の諸要素間の関係を指すニュアンスを含むがゆえに、それとの違いを示す意図で、ジンメルがseelische Wechselwirkung（「心的相互作用」）という表現も用いていることは、社会学者にとっては周知である。しかしながら、それらの表現をジンメルの用法に即して使い分けようとした場合、本書の議論の文脈では、むしろ混乱を招きかねない。したがって、本書では「心的相互作用」という語は使用せず、一貫して「相互作用」という語を用いることにしたい。

（7）ジンメルが「社会」を概念化するときの核心は、「統一化に少なくとも相対的な客観性をあたえるたんにひとつの根拠のみは存在する。それは諸部分の相互作用である。われわれはそれぞれの対象を、その諸部分が相互の動的な関係にある程度に応じて統一的と呼ぶ」（Simmel 1890: 12-3＝1998: 16）という彼の見解によって言い尽くされている（那須 二〇〇一b：一三六）という指摘がなされている。このジンメルの見解は、「相互作用」と「統一体」をめぐる彼の議論の簡潔な要約にもなっている。本節以降の議論では、「社会はいかにして可能か」という問いの「再定式化」を試みるため、「相互作用」と「統一体」をめぐるジンメルの議論のさらなる分節化を進めている。

(8)この疑問は、「創発特性」をめぐる議論(Durkheim [1895] 1973)にもあてはまる。「社会」が「創発特性」を有することを認めるとしても、諸個人の相互作用を含む社会的な現象のうち、どの現象が「創発特性」を有しており、どれがそれを有していないかをはっきりと特定することは、きわめて難しい(門口二〇〇一、大野 一九九〇参照。Cf. Giddens 1984)。

(9)これが、「社会はいかにして可能か」という問いにおける「社会」を、観察者によって認識されるものと解釈する立場での探究において、「特権的観察者視点の陥穽」を回避できない理由である。「社会はいかにして可能か」という問いを、「社会秩序」あるいは「相互作用秩序」はいかにして可能かという問いに変更する場合、それらの「秩序」が、観察者による認識対象だという暗黙の前提を採用してしまうがゆえに、ほぼ必然的に、「特権的観察者視点の陥穽」に陥ることになる。

(10)「相互作用と呼ばれうるもの」も、「相互作用」と類似する「概念」なのではないか、という疑問が呈される可能性があることは予想できる。しかしながら、第四節で論証したように、「相互作用と呼ばれうるもの」は、日常生活世界において、認識以前にすでに当事者たちによって生み出され体験・経験されている「相互作用」と呼ばれうる「何か」を指すための語である点で、「相互作用」概念とは異なる。「相互作用」の場合は、「相互作用」の定義に応じて、それが「相互作用」であるかどうかが判断される。しかしながら、「相互作用と呼ばれうるもの」の場合は、そうではない。かりに、「基礎づけ主義」の立場からみれば、「相互作用と呼ばれうるもの」をめぐる議論が、無限後退に陥るように誤解されるかもしれないが、相互作用と呼ばれうる「何か」は、認識論的基礎づけがなくとも、日常生活世界において当事者によってたしかに「生成」しているのである。

(11)林恵海(林 一九五三)の調査によれば、明治維新前後には、社会・会社・交際・世態の四語以外にも、仲間、一致、交り、仲間交り、風俗、民俗、仲間会社、仲間会所、衆人結社、公会、人間公会、人間会社、人間仲間、党、人間相生養之道、社、俗間、俗化、会、人間世俗、衆民会合、人間公共、公社、世交、世間、交社、交態、社交等のきわめて多岐にわたる訳語があった。

(12)なお、市野川(市野川二〇〇六)は、「社会的」という言葉の特定の時期の西欧での「用法」をもとに、「政治的理念」としての「社会的」概念の使用を提唱しており、それは、一見すると妥当な主張のようにも思える。しかしながら、或る語についての過去のそうした用法のみを根拠として、その語の現在の用法を制限できるわけではない。かりに、それが妥当な根拠となるとすれば、現在、多くの人びとによって用いられている「社会」という言葉は、もともと「社の会合」の意で構成される(蔵内 一九五三:二一―三)がゆえに、「社の会合」を意味する場合のみに、「社会」という語の現在の使用を制限しなければならなくなる。

(13)これまでの社会学においては、さまざまな社会学理論あるいは研究伝統が、「主観主義」と「客観主義」という誤解を生じさせるにすぎないような「二分法」によって腑分けされることがあった。私はその「二分法」にはまったく同意できないが、敢えてそれを用いるならば、社会学における、行為者の「主観的観点」という語の用法の「齟齬」について簡潔に示すことができる。一方で、いわゆる「科学的客観性」を重んじる「客観主義」の立場からは、あくまで「客観的な観察者」の観点から認識されうる限りでの行為者の観点こそが、行為者の「主観的観点」だとみなされる。これに対して、行為者自身にとっての意味を重視する「主観主義」の立場からは、当の「行為者自身」の観点こそが「主観的観点」だと想定されている。この「齟齬」が、いわゆる「シュッツ＝パーソンズ論争」における「すれ違い」の主要因のひとつであった（那須 一九九一、一九九七。浜 一九八九）。私が「行為者の主観的観点」という語の使用を避けたいのは、この語の捉え方が、それぞれの社会学者の立場に応じて異なるがゆえに、誤解の温床となりかねないからである。

（14）社会学において「当事者」という語が用いられるとき、しばしば「当事者」の観点からの見方のみがすべて「正しい」と暗黙のうちに想定されてしまっている場合がある。この場合には、観察者が陥る「特権的観察者視点の陥穽」と類似するかたちで、「当事者」の立場に特権性を与えることになる点に注意が必要である。「当事者」による「何か」の体験・経験自体は前述定的明証性を有するが、「当事者」によるその「何か」についての解釈は、「最終完結的な答え」を意味するわけではない。

（15）このとき、その「何か」は、「前述定的明証性」を有するものとして体験・経験されている。簡潔にいえば、「明証性」とは、対象や事態が明らかなものとして意識に現出していることである。フッサールは、「明証性」を問うなかで、「前もって与えられる対象自体の明証性」あるいは、「対象自体の明証性の与えられ方の条件」にかんする問いと、「対象の明証性に基づけられてなされる明証的な述定判断」にかんする問いとを区別している。前者が「前述定的明証性」をめぐる問いで、後者が「述定的明証性」をめぐる問いであり、「述定的明証性」は「前述定的明証性」に基づけられている（Husserl 1939: 13-4, 36-7）。なお、外国語文献の引用にあたり、本書で統一的な訳語を用いるために邦訳に依拠せずに自ら訳出した場合には、引用ページとして原著ページのみ示している。

（16）現象学的社会学の源泉を生み出したシュッツは、その主著で、「自明のもの」を問うこと、これこそが「社会学の課題」にほかならない（Schütz 1932: 6）と明言している。またその後、彼は、「自明視されたものとしての世界――自然的態度の現象学に向けて」というタイトルで五部構成の研究を計画していたのだが、最終的に未完に終わることになった。現在、知られている「レリヴァンス草稿」（Schutz 1970）は、この五部構成の研究の第一部（「レリヴァンスの問題についての予備的覚え書き」）として書かれていたものである。

（17）シュッツが、「選択（choice）」と「選定（select）」を明確に区別していることは、すでに指摘されてきた（那須 一九九九）。後述するように、「選択」と「選定」の違いは、複数の選択肢のあいだで比較衡量がなされるかどうかにある。「選択」が、比較衡量を通じて選ぶ作用であるのに対して、「選定」は、選択肢の比較衡量を経由することなく、何かを選ぶ作用である。

（18）F・ブレンターノの主張を継承しつつ、フッサールは、「意識とはつねに何ものかについての意識である」とみなす（Husserl

1950a: 79, 83)。この見解に倣っていえば、「関心とはつねに何ものかについての関心である」といえるだろう。また、「関心」あるいは「〈関心〉状況」は、シュッツのレリヴァンス論(Schutz 1970)において、動機的・トピック的・解釈的レリヴァンスのそれぞれの位相の析出を可能にし、なおかつそれらを統合されたものとして結びつけているものとして、きわめて重要な位置づけをもつ。だが、本書では、レリヴァンス論に踏み込むことは禁欲する。終章で述べるように、社会学において、生成の位相における「社会的なるもの」を「当事者に内属する観点」から記述・分析することの意義が認められるならば、シュッツのレリヴァンス論は、そうした記述・分析を実践する社会学者にとって、さらなる道具立ての宝庫となるに違いない。

(19)現勢的な関心(prevailing interest)には、さまざまな「関心」がありうるが、本書では、その関心が、「或る(具体的な)時間と場所に結びつけられた」関心であることを明示したい場合に、「プラグマティックな」関心として言及したい。この「プラグマティック」の用法は、「pragma」の原義を踏まえることの重要性を指摘している森元孝(森 一九九五)の議論に大いに示唆を受けている。

(20)本項では、「行為の企図の選択」論文(Schutz [1951] 1962)の要約に基づきながら、私なりの事例の提示によってより明確に論じることを意図している。

(21)この「想像」は、あくまで「実行可能性」が想定されたものである。単なる「空想」とは、「願望法(modo optativo)」による思考のことである。空想は、すべて空想する者の自由裁量に委ねられる思考である。それに対して、行為を企図することとは、「可能法(modo potentiali)」における思考であり、「私の現在の知識からすれば、企図される行為は、もしその行為が過去に起こっていたならば、少なくともその類型に関しては実行可能だったであろうし、その手段と目的も少なくともそれらの類型に関しては入手可能だったであろうこと」(Schutz [1951] 1962: 73= 1983: 143)を要件としているのである。つまり、たとえば、単なる空想においては、瞬時にして「いま—ここ」から数百キロメートル離れた或る地点へ移動することを想像することができるが、そうした行為を企図することはできない。そうした行為が「実行可能でない」ことは、行為者のそれまでになされた過去の経験に照らせば明らかだからである。換言すれば、当の行為が企図されるのは、企図する時点において行為者が、その行為に、それまでになされた過去の経験に照らして、すなわちその企図しようとする行為に類型的に類似する過去の行為に照らして、「実行可能性」を想定しているからなのである。

(22)「結果としての行為(act)」を、事後的に行為者自身が振り返る場合の観点も、観察者の観点だといえる。このとき、行為者は、その行為を実行した当事者でありながら、なおかつ観察者でもあるということになる。この二つの立場は、当の行為者の内的時間において結び付けられている。

(23)図2-3においては、或る行動が選定されたのち、「疑問視されていない状況」に立ち戻り、問題に直面しなければ、またつぎの行動が選定されるというかたちで、この「連続」が示されている。

(24) 本章では、議論を複雑にしないために、「外的行為」を事例として考察しているが、シュッツが明確に論じているように（Schutz [1945] 1962: 211-2＝1985: 14-5）、「内的行為」も、行為者自身にとって「外的行為」と重なる意味をもつ。とりわけ、「反省的なまなざし」を向けられた体験としての「経験」が、「意識の流れ」に沈澱する過程はまったく同様である。

(25) これらが矛盾するように思われるとすれば、その理由のひとつは、たとえば日常生活の自然的態度と（哲学的・）科学的態度のあいだに一元的な優劣を想定してしまうからである。本書では、すでに多くの研究者が十分に議論しているシュッツの多元的現実論について、あらためて説明することはしないが、その彼の理論の主要な眼目のひとつは、諸々の限定的意味領域を区別したうえで、それらのあいだに一元的な序列を設けることなく、それぞれの領域の固有の価値を多元的に示すことにあったと考えられる。

(26) 本項のフッサール現象学の解釈は、フッサール自身の諸著作とともに、以下の研究を参考に整理している（浜渦 一九九五、村田 一九九五、那須 一九九七、貫 二〇〇三、斉藤 二〇〇〇、榊原 二〇〇九、谷 一九九八。Aguirre 1982; Held 1966; Landgrebe 1963; Mohanty 1982）。

(27) 浜渦辰二は、フッサールが、"Lebenswelt" という語とともに、"Weltleben"（「世界生」）という語を使用していることを指摘し、「生―世界」と「世界―生」が不可分な相関関係にあることを主張している（浜渦 一九九五：一四七。Cf. Husserl 1954）。

(28) 貫成人は、フッサールの「対象」概念は、「作用を反復できるがゆえに、対象は同一者として成立する」というロジックで成立していることを指摘している（貫 二〇〇三：一一―八。Cf. Husserl 1966: 109-16＝1997: 161-70）。

(29) 同一化作用が可能であるためには、複数の作用のあいだに同一的統一点が含まれている必要がある。この同一的統一点こそが「対象」だとすれば、この「対象」は同一化作用に含まれているということになる。同一化作用において綜合されている諸作用を項として分析する観点からみれば、当の同一化作用の一連の過程において「対象」が現前するがゆえに、この意味で、同一化作用によって対象が現前するといえる。他方、当の同一化作用をひとつのまとまりと捉えれば、同一的統一点なしには同一化作用は成立しないがゆえに、この意味で、同一化作用と同時に「対象」が現前するといえる。

(30) ルビンによって示された「ルビンの壺」(Cf. Blom 2010: 456-7)を参考にして筆者が作成した。この図3-1の絵は、厳密にいえば、左右対称ではない。この絵を左右対称とみなしている人と、左右非対称であるとみなしている人とでは、黒色の部分の「二つの顔」のみえ方におそらく違いが生じるだろう。

(31) ここでは、「壺」に類するものが文化にない社会を仮定しており、言語の相違は敢えて捨象して考えている。サピア＝ウォーフ仮説によって、たとえばエスキモーの人びとの用いるイヌイット語には、雪にかんするきわめて詳細な分類があることが知られているが、この意味での言語相対主義の評価に踏み込む意図がないからである。言語相対主義にかかわる重要な論点のひとつは、特定の言語がそれを用いる人びとの思考を規定するかどうかであろう。この点を厳密に考えれば、「言語が思考を規定する」というときに、

「規定」しているかどうかについて、具体的にどのような基準を設定するかを検討する必要がある。ただし、この「基準」は、いかなる問題関心から探究するかによって多様であり、一般的にその点を論じることは有意義ではない。

(32)「未知はいつでも同時に既知の一様態」(Husserl 1939: 34= 1975: 29) であり、「対象化」は、何らかの既知に媒介されることではじめて可能になる。別言すれば、「Sはpである」という以前になされた述定判断は、「pであるS」というかたちで言い換えることが可能であり、こうして既知性が対象化を可能にするといえる。

(33) この特権的立場の想定は、「壺」のある社会に生まれ育った人びとによる見方と、「壺」を見る機会のない社会に生まれ育った人びとによる見方のあいだに、一元的に優劣を定めうることを含意する。

(34) 今日では、いわゆる「物自体」の認識の不可能性は、多くの研究者に共有された見解だといってよいだろう。それにもかかわらず、知覚の対応説にあっては、「何か」がいかなる対象として知覚されるべきかについての「正答」を先取りしなければならない構造になっている。この「正答」とは、「物自体」の認識にかんする「正答」であり、この意味で、知覚の対応説では、不可能であるはずの「物自体」の認識が可能であるということ、そしてそれを実際に認識していることが、前提とされてしまっているのである。

(35) いわゆる「サイエンスウォーズ」における、自然科学者による科学論者に対する批判は、科学論者が、素朴実在論が自然科学の発展に寄与しうる点を等閑視している点にもっぱら向けられていた(金森 二〇〇〇)。

(36) たとえば、「駅」だと思って向かった建物が、到着してみると「百貨店」だったとする。この例で、その建物に向かって歩いているときは、それは「駅」として知覚されていたといえるが、その建物に到着した時点で、その「駅」としての知覚は「否定」されている。つまり、(その建物は「駅」であるという) 期待志向と両立不可能な (その建物は「駅」ではなく「百貨店」であるという) 志向充実が生じるとき、以前の期待志向は「打ち消し」されるのである。期待志向の「否定」あるいは「打ち消し」の経験が、「幻滅 (Enttäuschung)」である (Husserl 1939: 93-8)。なお、この語にはべつの訳語があてられる場合もある。

(37) シュッツは、フッサールから、超越論的現象学ではなく「自然的態度の構成的現象学」(Schutz [1940b] 1962: 132 = 1983: 214) を継承し、この学を発展させた社会学的研究を展開している。「自然的態度の構成的現象学」とは、簡潔にいえば、「超越論的領域で見出された、意識の構成作用と世界の相関関係にかんする知見を、世界内的領域 (自然的態度の領域) における意識体験に適用して構成分析を行なうときに、……成立する」(浜 一九九〇:六一) ものである。

(38) この点が、シュッツが素朴実在論を採用していないことの証左である。彼自身は、知覚の「同一化作用」論を主題的に論じてはいないが、彼の「自然的態度のエポケー」をめぐる議論は、知覚の「同一化作用」論の延長線上に位置づけうる。

(39) 前節で、東京駅での事例を用いて明らかにしたように、「プラグマティックな関心」によって、「何か」がいかなる「対象」として知覚されれば十分なのかが規定される。「自然的態度のエポケー」の文脈でいえば、その「関心」に応じて、何が「括弧に入れ」

られ、何が「括弧に入れ」られずに「対象」となるのかが規定されるのである。

(40) 浜渦は、「地平志向性」に対して、「対象」との志向的関係にある「志向性」を「対象志向性」と呼ぶ（浜渦 一九九五）。「対象志向性」という語は、浜渦による造語であり、フッサール自身は、この語自体を用いているわけではない。本章では、浜渦の解釈に依拠して、「対象志向性」と「地平志向性」を区別して用い、考察を進めていく。

(41) 構成作用からみれば、もっとも低次の層から順に、受動的志向性・触発・受容的な自我対向・自発的な高次の対象構成作用という段階が区別される。

(42) 魚住洋一は、「〈地平志向性〉とは〈対象志向性〉の可能性の制約」にほかならず、「対象志向性が究極において地平志向性である」（魚住 一九七九：五四）と述べている。

(43) もし、停電等の理由で照明が点灯できず、まったく明かりのないままに真夜中に洗面所に行ったとすれば、蛇口をひねることは、予想以上に困難なはずである。これと比較すれば、本文の例では、半ば目を瞑った状態だったとしても、蛇口を知覚できているといえることは明らかだろう。

(44) もちろん、「黒板消し」の部分としては、色・延長といった非自立的契機もある（Cf. Husserl 1939: 163-7= 1975: 127-31]）。

(45) 本節で、「対象の知覚」というときには、日常生活における「個物としての対象の知覚」を指す。また、「対象」についても、とくにことわりがない場合は「個物としての対象」を意味する。

(46) この点で、「統一的連関の知覚」は、受動性と能動性を区別する観点からみれば、両義的性格をもっているといえる。

(47) 前章でもたびたび言及しているように、「関心」とは精確にいえば「諸関心のシステム」である。以下で、とくに区別する必要がある場合を除き、「関心」と記す際にはこの意味で用いている。

(48) 「状況」という概念は、「状況定義」論（「状況規定」論）の文脈において、主観的に解釈・選択される環境として用いられるが、本書で論じている「状況」とは、そうした高次の能動的綜合のみにかかわるものではない。後述するように、状況にかんする知覚には、第二章で明らかにしたような、行為と行動の関係と同型の「循環的関係」を見出しうる。シュッツの論述においても、「状況定義（状況規定）」という概念は、「――シュッツは必ずしも明示的に述べてはいないが――トマスにあってはそうであったように問題的諸可能性からの〈選択〉に関わる用語としてだけでなく、開かれた諸可能性から問題的諸可能性の〈選定・構成〉に関わる用語として、それゆえ〈レヴェル〉の措定に関わる用語としても用いられている」（那須一九九七：一〇八―九）。また、H-G・ガダマー（Gadamer 1960）は、フッサールの「地平」概念と「状況」概念とを関連づけて考察している。

(49) このときの「視界」とは、高さや幅や距離を包含する「奥行」をもつ、特定のパースペクティヴから知覚される諸対象すべての領域である。

(50) たとえば、受験会場で、筆記用具以外の物は机上に置かないという注意事項を聞くとき、鉛筆・ボールペン・消しゴムは、一括して「筆記用具」として知覚される。

(51) 「信号機の表示は変わる」という文は、「雪は白い」と同様に、「信号機（の表示）」を主語とする述定判断である。この述定判断を含む文が示す現象は、「信号機の表示が変わること」として名詞化することによって、述定判断を含む「事態」として認識できるようになる。

(52) 現象学では、全体と部分の関係において、或る全体に対して独立的な部分のそれぞれが「断片（Stück）」と呼ばれるのに対して、或る全体に対して非独立的な部分のそれぞれは、「契機」と呼ばれる（Cf. Husserl 1984a）。

(53) この点を敷衍して確認しておこう。前章では、「ルビンの壺」の知覚の例を用いて、「壺」を知らなければ、「ルビンの壺」の絵を「壺」として知覚できないことを論じた。それと同様に、或る状況を「疑問の余地のない状況」として知覚できるのは、その状況に「問題がない」ことを知っているからである。この「疑問の余地のない状況」は、プラグマティックな関心ないし当面の目的に照らして「問題がない」ということによって、成立している。この意味で、その「状況」は、対象の知覚の場合とは異なり、能動的に対向されているわけではない。しかしながら、状況の知覚の場合に、当の状況が「問題的である」のか「問題がない」のかを区別しうるのは、そこに、当の状況にかんする「利用可能な知識集積」が関係しているからなのである。

(54) フッサールは、志向的体験の超越論的現象学的分析において、志向の特質をまずもって「対象意識」に見出した。このことは、対象と地平（ないし主題と地平）という二元的区別のもととなっているといってよい。彼が、「状況」にさほど光を当てていないように思えるのは、「地平」があくまで「対象」（ないし「主題」）との対比からなる概念であるがゆえに、「対象」と「地平」をともに含む、一定の範囲の統一的連関としての（日常生活における）「状況」の概念化を妨げた可能性も推察しうる。しかしながら、日常生活で、行動の選定や行為の選択がなされるのも、特定の対象が能動的に対向されるのも、ともに（「疑問の余地のない」あるいは「問題的」な）「状況」においてである。だとすれば、日常生活の自明視作用を考察するうえで、この「状況」の知覚の位相を明らかにすることは、きわめて意義があると考えられる。

(55) 「状況の知覚」にかんする自明視は、自然的態度において、日常生活を円滑に遂行しているなかで、「問題的状況」が生じない限り、継続的になされ続けている。そして、そうした「状況」は、明確に意識されることはあまりないかもしれないが、それは、自明視された――疑問の余地のない――状況のなかで生きている限り、「状況」に目を向けることがないからである。かりに、――実際には不可能なのだが――自明視されている「状況」をすべて自覚することができたとするならば、そうした「状況」のすべてこそが、「日常生活世界」だと考えることもできるように思われる。この「状況」は、限定的意味領域としての日常生活世界に関係しているが、同様に、限定的意味領域としての科学の世界における「状況」は、「科学的状況」と呼ばれる（Schutz ［1953］ 1962: 38＝1983: 91; ［1954］

1962: 63＝1983: 128. Cf. Kaufmann 1944）。この点で、「状況」と「科学的状況」には、「対照性」がある。「状況」あるいは「科学的状況」概念を導入するならば、（日常）生活世界の多義性、あるいは日常生活世界と科学の世界の関係をめぐる問題について、より明瞭に整理することが可能だと私は考えている。

（56）膝蓋反射や瞳孔の収縮といった生理学的な反射運動等の非自発的な自生性は、ここで述べている「行動（conduct）」には含まれていない。

（57）ウェーバーは、自らの展開する理解社会学に活用するための「理念型」として、「社会的行為」を定義している。これに対して、シュッツは、社会（科）学の課題は、「自明のもの」を問うことであり、「社会的現実についての組織化された知識を獲得すること」だと述べる（Schütz 1932: 6; Schutz [1954] 1962: 53＝1983: 115）。両者の展開する社会（科）学には、日常生活世界あるいは社会的現実の位置づけをめぐる違いがあり、それが、諸々の基礎概念の厳密化の程度の違いとなっているように思われる。

（58）志向的体験のうち、もっとも端的なものが知覚であり、現象学における志向的分析においては、しばしば知覚が範例とされる。「他者知覚」は、「他我と志向的に関係づけられた体験」のうちもっとも端的なものとみてよいだろう。

（59）「主観的意味付与」という基準は、曖昧な基準であるがゆえに、広く解釈される場合と、限定的に狭く解釈される場合とが論理的にはありうる。ウェーバーの行為概念が議論に付される場合、「主観的意味付与」という基準が、きわめて広く解釈しうるがゆえに批判されることが多い。だがここでは、この基準が狭く解釈された場合の問題も議論している。

（60）シュッツは、「膝蓋反射、瞳孔の収縮、まばたき、赤面のような単なる生理学的な反射運動」や「微小知覚」等を「非自発的な自生性」とよぶ。これらは「本質的に実際的な体験というカテゴリーに属して」おり、「反省的な態度でもっては把えられない」という特徴をもつ（Schutz [1945] 1962: 209-11＝1985: 12-4）。

（61）実際、ウェーバーは、「社会的行為」概念については、自覚的に定義したうえで繰り返しこの概念に言及しているのに対して、「社会的行動」については明確に定義することがなく、この語自体は、術語として用いていないといってよい。

（62）「社会的行動」概念を排除することが難点といえるのは、その場合、社会的行為と社会的行動の循環的関係を捉えることができず、ひいては、社会的行動をめぐる自明視作用を見落とすことになってしまうからである。この点は、のちに論じる。

（63）シュッツは、他者定位・社会的行動・社会的行為を「入れ子式」の関係で概念化したのち、「作用（Wirken）」の位相に注目し、社会的行為を、さらに「他者作用（Fremdwirken）」と「他者被作用行為（fremdbewirktes Handeln）」とに区別する（Schütz 1932: 162-7）。彼は、ウェーバーが「モデル」として想定していた「社会的行為」は、「他者作用」としての「社会的行為」であると指摘し、一連の定義づけによって、ウェーバーが想定していた「社会的行為」を適切に概念化するのである（那須 二〇〇〇参照。）。

（64）この他我構成論の超越論的現象学における位置づけにかんしては、フッサール他我構成論を批判的に吟味しつつ、その積極的意義を見出そうとする多くの研究において繰り返し言及されている（Theunissen 1964; 浜渦 一九九五、谷 一九九八、貫 二〇〇三）。

(65) 念のため補足すれば、この例では、腰掛けた姿勢のブロンズ像のあるベンチを、柵などを設けて展示されているものではなく、公共的な空間にある、誰でも座ることのできるベンチとして挙げている。美術館等で、「腰掛けた姿勢のブロンズ像のあるベンチ」が、柵などを設けて彫刻作品として展示されているケースがありうるが、ここではそうしたケースはいったん除外して考察している。

(66) もし、自分が乗るべきバスがその停留所に来るのを待つとき、同様にそのバスを待つ「他者」についてまったく考えないとすれば、バスの到着直前までその停留所から少し離れたベンチに座って待ち、バスが到着したら、列を無視して乗車するという行動がありうることは想像できる。しかしながら、一般的に考えて、そうした行動が列に並んでいた人とのあいだで何らかのトラブルの原因となることは、想像に難くない。だとすれば、自分以外の誰もいないバス停で、ひとりで待つという行動は、そうしたトラブルを回避するための社会的行動であるともみなしうるだろう。かりに、その停留所に誰かひとりでも並んでいることが積極的な動機づけとなり、先にひとりいるがゆえに自分も列に並ぶという特殊な事情がある場合には、列の二番目以降に並んで待つこととひとりで待つことには、違いを見出すべきだろう。だが、本文の停留所のケースの考察では、そうした詳細な論点は省略して論じている。

(67) シュッツは、「方向付け（Orientierung）」が、前もって企図された行動がなされる場合の「企図」において生じることを明言している（Schütz 1932: 162）。つまり、企図の選択に基づく行動としての「行為」のみが「方向付け」られうるのであり、行動一般は「方向付け」られているわけではないのである。したがって、彼が社会的行為・社会的行動について論じる場合に、他者の行動に「方向付けられる」ものとして言及しているのは、「社会的行為」である。本書でも、「方向付け」という語の使用にかんしてはシュッツの用法に従い、「企図の選択」に基づいている「社会的行為」について述べる場合に限定している。また、「他者被作用行為」あるいは「他者作用」が、社会的行為でも社会的行動でもありうる場合、それらについては、他者の行動に「関係づけられた」ものとして表現し、区別している。

(68) シュッツは、ウェーバーが「社会的行為」を概念化した際のモデルは、この「他者作用」であると指摘する（Schütz 1932: 165）。シュッツは、他者定位・社会的行動・社会的行為を「入れ子式」の関係で捉え、その延長線上に「他者作用」を概念化して整理することで、ウェーバーが想定していた「社会的行為」を明瞭に言語化しようとしたのである。

(69) 日常生活世界における「労働《ワーキング》」の位相を考慮に入れるならば、「他者作用」は、「他者定位」を含む人間行動のうち、外的世界においてなされる「企図された事態を身体上の動きを通して実現しようとする意図によって特徴づけられる行為」（Schutz [1945] 1962: 212 = 1985: 15）だということができる。「他者作用」には、身体上の動きを必要とする外的パフォーマンスである「労働《ワーキング》（working: Wirken）」として、現在あるいは未来の「他者」に作用を及ぼすことが企図されているといえる。

(70) 「他者作用」が、自らの行為によって他者による或る特定の行為・行動をひき出すような社会的行為であるとすると、いわゆる「客観的時間」を参照すれば、厳密にいえば、この「他者作用」が方向付けられているのは、「未来」の他者の行動・行為だといえるかもしれない。しかしながら、たとえば、電子メールで友人Aに、「来週、食事に行こう」と誘う場合には、たしかにその「他者作用」は、友人Aの「未来」の行為に方向付けられているといえるだろうが、後日、同じテーブルで食事をしているその友人Aに「そこの醤油をとって」と言う場合では、その「他者作用」は、友人Aの「現在」の行動・行為に方向付けられているとも、「未来」の行動・行為に方向付けられているとも考えられる。

(71) このとき、「熟慮」ののちに傘の購入を差し控えたとしても、「負の行為」の選択となり、「他者被作用行為」であることには変わりない。しかしながら、ここでは論脈を複雑にしないため、実際に傘を購入する例を用いて考察している。

(72) シュッツは、「定位関係（Einstellungsbeziehung）」と「作用関係（Wirkensbeziehung）」を区別したうえで、「作用関係」が「定位関係」に基づけられていることを指摘している（Schütz 1932: 164-81）。この指摘は、「相互作用と呼ばれうるもの」にアプローチするうえでの多大な示唆を与えてくれる。だが、この「定位関係」「作用関係」概念は、社会的世界の構造分析の文脈で論じられているがゆえに、「当事者に内属する観点」からみて、いかなる体験・経験がなされるときに「定位関係」「作用関係」が生成するのかについては、さらなる解明を要する一面がある。

(73) シュッツが、「ウムヴェルト（Umwelt）」「ミットヴェルト（Mitwelt）」「フォアヴェルト（Vorwelt）」「フォルゲヴェルト（Folgewelt）」という区別（Schütz 1932: 156-61）を示したうえで、社会的世界の構造分析を進めていることはよく知られている。彼は、『社会的世界の意味構成』の第四章で、ウムヴェルトにおける「純粋なわれわれ関係」を起点に据えつつ、ミットヴェルトやフォアヴェルトの「社会関係」を導出することを意図している（Schütz 1932: 174）。だが、「相互作用と呼ばれうるもの」の生成の基準を検討するうえでは、むしろ社会的世界の構造分析における「純粋なわれわれ関係」の重要な位置づけをいったん脇に置くことで、より適切な考察が可能となる。

(74) この分類は、「相互作用と呼ばれうるもの」の生成以前・以後の区別を考察するために、「定位関係」と「作用関係」をめぐるシュッツによる議論を参考にしつつ、私なりに分節化したものである。「他者定位」は、「基本的には一方向的に（einseitig）」生じる（Schütz 1932: 164）。前節で論じたように、「同一化作用」としての「他者知覚」は、基本的に、その知覚する者に内属する観点でのみ成立するからである。なお、「一方向的」な「他者定位」に基づけられて、「他者被作用行為」はなされうる。「定位関係」「作用関係」については、今後、シュッツが論じる社会的世界の構造分析の文脈と、「社会的なるもの」がいかにして可能かを問う本書の文脈をともに視野に入れて彫琢すれば、人びとによって体験・経験される「社会的なるもの」にまなざしを向ける社会学にとっての根本概念となるだろう。

(75) ただし、この場合、AはBに「他者定位」したうえでBの行動に関係づけられた「他者被作用行為」を行なっているのに対して、

Bは Aを「他者」として「知覚」するという意味で「他者定位」しているにすぎない。したがって、「他者定位」の内容にまで踏み込むのであれば、AからBへの「他者定位」とBからAへの「他者定位」とは、非対称的であるともいいうる。しかしながら、「他者定位」の対称性や非対称性をめぐる論点については、その基準が個々の当事者によってきわめて異なると考えられ、議論を複雑にしてしまうがゆえに、ここでは踏み込まない。

(76) シュッツは、他者の体験を理解するための「しるし（Anzeichen）」（「指標」）について、一九五五年の論稿において、――フッサールの「間接呈示」をめぐる議論を踏まえ――「目印」「指標」「サイン」という語を用いてより明瞭に分節化している（Schutz [1955] 1962）。また、彼の「シンボル」についての議論は、本書の終章で論じる「三つの公準」の含意を適切に汲み取るための示唆を提供してくれている。本章で用いている「しるし」とは、「サイン」に該当するのだが、ここでは、亡命前後でのシュッツの使用言語の違いも含めた議論が必要と思われる「目印」「指標」「サイン」の区別には踏み込まない。

(77) シュッツの行為理論では、たとえば難問を頭のなかで解決しようと試みるときのような内的行為は、企図を実現しようとする意図が存在する限りで、「内的行為」であるといわれる。他方、外的世界に関与し、「身体上の動き」を伴う「外的行為」としての「労働（ワーキング）」は、そうした意図の有無を区別する必要はない（Schutz [1945] 1962: 211-2＝1985: 14-5）。この点は、彼の行為理論が、単独の個人による「行為」だけではなく、「社会的行為」「社会的行動」「相互作用」等を射程に入れた、社会学的な行為理論として展開されているといえる根拠でもある。

(78) 「他者定位」の「双方向性」の成立の把握が、複定立的（多光線的）な作用であるのに対して、匿名的ではない特別な関係は、前述定的レヴェルで生じ、単定立的（単一光線的）に「何か」として体験・経験されうる。述定的明証性が前述定的明証性に基づけられていることを考慮に入れれば、この場合、Aにとっては、「他者定位」の「双方向性」の成立が把握されているというよりも、自身（A）とBのあいだの何らかの特別な関係そのものが生じていると表現するほうがより相応しいと考えられる。

(79) たとえば、或る行為者が、誰かから自身に向けられた「呼びかけ」に対して、「はい」とたんに返事をしただけである場合、この返事は「応答」であるが、自身に「呼びかけ」をした人に対する「他者作用」とはいえない可能性が高い。単純な返事を「他者作用」とみなすかどうかは、「他者作用」の定義における「他者に影響を及ぼすことを企図に含む」という点をどのように解釈するかによるだろう。

(80) ①と②のあいだに、「相互作用と呼ばれうるもの」の生成に関係する重要な「違い」がみられなければ、次いで、①の第三の類型の場合に「相互作用と呼ばれうるもの」が生成しているという見方と、③の第三・第四の類型のいずれの場合にも「相互作用と呼ばれうるもの」は生成しないという見方のいずれが妥当かを検討していくことになる。他方、①と②のあいだに、「相互作用と呼ばれうるもの」の生成に深く関係するような重要な「違い」がある場合には、②の第四の類型の場合に「相互作用と呼ばれうるもの」が生成しているという見方に重きを置きつつ、その場合に「相互作用と呼ばれうるもの」が生成しているとみなして問題がないかどうかを検討していくことになる。

(81) かりに、打ち切られた当事者間（AB間）の「やりとり」を「やりとり^{1}」とし、そののちに再び同一の当事者間（AB間）でなされる「やりとり」を「やりとり^{2}」とすれば、「やりとり^{2}」は、「やりとり^{1}」と同系列のものとして解されることも、「やりとり^{1}」とはまったくべつものと解されることも両方ありうるだろう。「やりとり^{2}」が、「やりとり^{1}」と同系列のものと解される場合には、「やりとり^{1}」の終息とはあくまで「一時的休止」であり、「やりとり^{2}」は、「やりとり^{1}」の「再開」とみなされることになる。「やりとり^{2}」が、「やりとり^{1}」を含む過去になされたAB間の「やりとり」すべてとまったくべつものと解される場合には、「やりとり^{2}」は、AB間での新たな「やりとり」とみなされるだろう。

(82) AとBの立場は互換可能である。したがって、四つの作用を、「①AからBへの他者作用」「②BによるAから自身（B）になされた他者作用への気づき」「③BからAへの応答」「④AによるBから自身（A）になされた応答への気づき」としても、何ら変わりはない。

(83) ここには、従来の「他者」概念あるいは「人間」概念の転換を迫るような見方が含まれている。「自身に対してなされる働きかけ」への気づきが、原初的な「他者」経験につながるのであるが、これは「人間」についての原初的経験である。従来の「他者」論では、「私」からみた、自身と等根源的でありながら異他なる「人間」としての「他者」が論じられてきた。だが、「人間」あるいは「他者」についての経験ではなく、「自身に対してなされる働きかけ」の経験こそが、「人間」経験の端緒なのである。何らかの物体についての経験とは異なり、「人間」についての経験とは、そもそも「自身に対してなされる働きかけ」の経験を通じた「自身に対して何かを働きかけてくる存在」の経験である。「自身に対してなされる働きかけ」の経験があるがゆえに、「対象」としての「他者」あるいは「人間」を知覚することができるのであれば、「他者」あるいは「人間」概念の根本は、「自身に対して何かを働きかけてくる可能性がある存在」であると考えることができる。かりに、この見解に基づいて、いわば「社会学的人間」論を展開する立場で探究を進めるならば、社会学における「個人」「人格」「ひと」といった「人間」にかんする諸概念について、新たな解釈を提示しうるだろう。「人間」「個人」「人格」「ひと」等の概念の整理は、社会学の枠内にとどまらない、重要かつ大きなテーマである。このテーマについては、今後あらためて取り組むこととしたい。

(84)「非─知」の体験における「何か」に類する「何か」という表現は、多少まわりくどい。しかしながら、「相互作用と呼ばれうるもの」の生成において気づかれうる「何か」と、「非─知」の体験において気づかれうる「何か」は、類似すると仮定しているだけであって、それらは同じものだとはいえない。したがって、それらを決して混同しないよう、「非─知」の体験における「何か」に類する「何か」という表現を用いる。

(85) かりに、幼児たちの全員が、「鬼ごっこ」という「統一体」概念を知らずに遊んでいる場合でも、その公園での幼児たちによる複数の「やりとり」は、公園にいる大人の観点から、「鬼ごっこ」として認識されうる。また、前述の「(百貨店)店内」のケースにおける、「幼児A」と「(食器販売店)販売員」のあいだの(複数の)「やりとり」についても、ここまでの議論を用いて解釈することができる。つまり、それらの「やりとり」が、たんなる複数の「やりとり」(相互作用と呼ばれうるもの)として生成されているのか、あるいは「統一体と呼ばれうるもの」として見出されるのかは、何らかの「統一体」概念を用いた認識がなされるかどうか、そして、いかなる定義の「統一体」概念を用いて認識されるかによるのである。

(86) たとえば、AとBが同郷出身の先輩と後輩の関係にあり、先輩であるBが、日頃から時折、入学直後の後輩であるAに、困っていることがないか気遣ってくれていたとしたら、Aは、そのメールによって、Bが会って話せる機会をつくってくれていると解釈するかもしれない。この場合、Bからのメールは、Aにとっては個人的な誘いと映るだろう。また、連絡担当者Bからの「定例会議」告知文面が、「○月×日△時から、学生食堂のテーブル(出入口付近)で、いつもどおりに集まります」という簡単なものだったとすれば、新入生Aは、それを知り合いの学生たちのたんなる「集まり」と解する可能性もある。

(87) 本節では、日常生活を生きる人びとが個々の「統一体」概念を経験するプロセスには踏み込まず、そうした人びとにとっての「現われ」としての「統一体」と呼ばれうる「何か」の記述・分析を行なっている。人びとのそれぞれによって、個々の「統一体」概念がいかにして経験され、利用可能な知識集積に保持されることになるのかを今後明らかにするうえでは、シュッツの社会的世界論が有用となるだろう。

(88) かりに、「現象」としての社会について、特権的観察者の観点から記述・分析するとすれば、そうした研究は、厳密にいえば、特権的観察者に立つ者にとっての「現われ」の研究にほかならず、実際に当事者たちによって生み出され、体験・経験されている「現象」としての社会(「社会的なるもの」)の研究ではない。

(89) 那須は、「三つの公準」を詳細に検討し、その含意を論じたうえで、「シュッツの定式化した社会科学的構成概念のための諸公準が社会科学者に要請していたのは、見識ある市民という知の在り方を模索することであった」(那須 二〇〇一a:一一三)と指摘している。「見識ある市民(well-informed citizen)」という知の類型の特性に鑑みれば、「見識ある市民という知の在り方」の模索は、「専門家」だけではなく、「市井の人」にも要請されると考えられる。

(90) シュッツは、「合理性の公準」「レリヴァンスの公準」「両立可能性の公準」にも言及しているが、それらと「(狭義の)論理一貫性の公準」が一括されて、「(広義の)論理一貫性の公準」が定式化されている(那須 二〇〇一a:九七―八)。シュッツが提唱した「三つの公準」については、すでに適確な読解に基づく明確な整理がなされている(那須 一九九七、二〇〇一a。Nasu 2005)。したがって、ここで屋下に屋を架すことは避け、「三つの公準」のそれぞれについては可能な限り簡潔に言及する。

（91）一九五二年三月にプリンストンで開催された、The Princeton Colloquium on "Model Constructs in the Social Sciences"で発表された論稿は、一九五三年に"Common Sense and Scientific Interpretation of Human Action"（Schutz [1953] 1962）というタイトルで、また、一九五三年五月にニューヨークで開催された、The 33rd Semi-Annual Meeting of the Conference on Methods in Philosophy and the Sciencesで発表された論稿は、一九五四年に"Concept and Theory Formation in the Social Sciences"（Schutz [1954] 1962）というタイトルで公刊された。

（92）一九四〇年に、「合理性」をテーマとして開催されたセミナーの草稿（Schutz [1940a] 1996）、およびそれをもとに一九四三年に刊行された論稿（Schutz [1943] 1964）では、諸公準をめぐる議論において、一九五三年刊行の論文（Schutz [1953] 1962）で「モデル構成」という語に言及されている箇所で、その語が含まれない箇所がある。もちろん、このことのみを根拠として、本文で述べた論点にいずれかの判断を下すことはできないが、草稿および論稿の成立事情も視野に入れつつ、別様の展開可能性を検討してみることは、「三つの公準」の社会（科）学における意義を汲み尽くすうえで試す価値のある作業であるように思われる。

（93）「客観性」についてシュッツが述べるときには、「価値関係」「価値自由」概念等によって特徴づけられる、ウェーバーによる「客観性」の議論の系が想定されており、カウフマンの「手続き上の諸規準」等をめぐる議論も、ウェーバーの「客観性」の議論の延長線上に位置づけられている。若干長くなるが、その箇所を以下に引用する。「科学上のいかなる問題も、それぞれの科学の現状によって決定され、そしてその当該の科学を支配している手続き上の諸規準に従って解決されなければならない。……科学上の問題がひとたび措定されれば、科学者にとって関連があることがらと彼が使用すべき概念上の準拠枠は、もっぱらこの措定された問題によって決定される。マックス・ウェーバーが社会科学の客観性を要請する場合、……彼がそこで意味しているのは、まさしくこのことであって、それ以外の何ものでもないと私には思われる。」（Schutz [1954] 1962: 63＝1983: 128-9）、

（94）シュッツは、社会科学者の構成する構成概念は、「論理一貫性の公準」と「適合性の公準」に従っているがゆえに、「いかなる意味においても恣意的なものではない」（Schutz [1954] 1962: 64＝1983: 129）とも述べている。しかしながら、その場合にも、社会科学的構成概念が「恣意的でない」ということと、その「客観的妥当性が保証される」こととは、区別して論じられている（Schutz [1954] 1962: 64＝1983: 129-30）。

（95）本書の論脈から外れてしまうため、ここでは詳論しないが、シュッツは、カウフマンの社会科学方法論をめぐる議論を受容しつつ、その議論では不十分な点を、「三つの公準」の提示等によって、自らの社会科学方法論として展開している。シュッツの社会科学方法論とカウフマンの社会科学方法論の関係については、J・デューイやK・ヘンペル、E・ネーゲルらとの関係も加味しつつ、拙稿（河野 二〇〇四a、二〇〇四b。Kawano 2009）で詳しく論じている。

（96）シュッツは、「社会的現実」という語を、「社会的―文化的世界の内に在り、しかも諸々の他者と多様な相互行為関係をとり結び

ながら、彼らの間で自らの日常生活を営んでいる人びとが、常識的な思考を通して経験している、諸々の対象や出来事の総体を意味するものと理解したい」（Schutz［1954］1962: 53= 1983: 115）と述べている。

(97) シュッツは、「理解をめぐる［従来の］議論はすべて、（1）人間事象についての常識的な認識という、経験形式としての理解、（2）認識論上の問題としての理解、（3）社会科学に特有の方法としての理解、という三者を明瞭に区別するのを怠ることによって、混乱をきたしている」（Schutz［1954］1962: 57= 1983: 120）と指摘する。この指摘を、私なりに整理すれば、以下のように解釈できる。社会科学における「理解」という方法に否定的な見解を示す人びとは、「（2）認識論上の問題としての理解」が論じられる場合の「理解不可能性」の主張が念頭にあり、「理解」という方法は、観察者の恣意性に委ねるほかはない非科学的方法だとみなしている。しかしながら、そうした人びとは、日常生活世界で誰しも、「（1）人間事象についての常識的な認識という、経験形式としての理解」を実践していることを、自らの抱く「科学的方法」を絶対視するがゆえに、無視している。この「常識的理解」が「可能」であることは、「（3）社会科学に特有の方法としての理解」を主張する人びとも見落としている点なのだが、そうした人びとが、「（1）人間事象についての常識的な認識という、経験形式としての理解」が「可能」であることを自覚すれば、このことに基づけられるかたちで、「（3）社会科学に特有の方法としての理解」が社会科学に適合的な方法であることをより正当に主張できる。

(98) シュッツが述べる「社会的現実」が、まさしく「日常生活世界」にほかならないことを、那須が指摘している（那須 一九九七：六〇―五）。また、本書第四章の議論を踏まえると、日常生活を生きる人びとに内属する観点からみれば、知覚・認識される諸々の「状況」の総体こそが、「日常生活世界」だと考えることもできるだろう。「状況」と「日常生活世界」の関係については、「科学的状況」および「科学の世界」と対照させながら、また、「利用可能な知識集積」「科学の集成体」といった「知」をめぐる論点を探究したうえで明らかにしていく必要がある。

(99) シュッツの「三つの公準」をめぐる議論と知の在り方の三つの理念型の関係は、那須の論稿（那須 二〇〇一a。Nasu 2005）で指摘され、論じられている。ごく簡潔にいえば、「市井の人」は、自分自身が、あるいは自分の内集団で素朴に信じられていることがら（自らにとっての「日常知」）をすべて自明視しており、「専門家」は、自分の専門分野内で確立されている諸問題と知識の体系（たとえば「科学知」）を、唯一のものとして自明視している。「市井の人」と「専門家」という「知の在り方」の類型ではともに、自らの拠って立つ――シュッツの用語でいえば、――「（固有内在的な）レリヴァンス体系」を、与えられたとおりに疑問の余地なく受け容れており、それとは異なる見方を採る可能性については、あらかじめ排除しているのである。他方、「見識ある市民」は、特定のレリヴァンス体系のみを素朴に信憑することはない。「見識ある市民」（という「知の在り方」の類型で）は、「日常知」であれ「専門知（科学知）」であれ、「自分自身が無数の可能な準拠枠に帰属する或る領域に置かれている」（Schutz［1946］1964: 130= 1991: 184）のを見出し、つねに別様の見方がありうることに自覚的である。

(100)　当事者に内属する観点からみて、「相互作用と呼ばれうるもの」の生成の前後では、明らかな違いがある。「相互作用と呼ばれうるもの」が生成する以前には、諸々の（社会的）行為・行動は、たんに当人の諸々の予期や期待に基づいて行なわれているにすぎない。しかしながら、「相互作用と呼ばれうるもの」が生成するとき、当事者によって、自らを含む当事者のすべてに影響をあたえうる「何か」（「相互作用と呼ばれうるもの」）の生成が――当て推量でも個人的な思い込みでもなく――「確実に」経験されるのである。

(101)　フッサールは、「明証性」を問うなかで、「前もって与えられる対象自体の明証性」あるいは、「対象自体の明証性の与えられ方の条件」にかんする「前述定的明証性」をめぐる問いと、「対象の明証性に基づけられてなされる明証的な述定判断」にかんする「述定的明証性」をめぐる問いを区別する。そして、「述定的明証性」は「前述定的明証性」に基づけられている（Husserl 1939: 13-4, 36-7）と彼は述べている。人びとが体験・経験するこの「前述定的明証性」によって、「社会的なるもの」の生成が基づけられているというのが私の考えである。

(102)　また、これらの研究対象それぞれの「社会的なるもの」について、それぞれの研究対象の特性に応じて区別して概念化するならば、それらは、「家族的なるもの」「都市的なるもの」「文化的なるもの」と呼ぶことができるだろう。これらの「現象」が生成するためには、「相互作用と呼ばれうるもの」の生成が不可欠であるが、たとえば、「家族的なるもの」は、「家族」にかんする「統一体」概念と「相互作用と呼ばれうるもの」の関係づけによって、「当事者＝観察者」によって生み出され体験・経験されていると考えられる。

おわりに

本書は、二〇一五年秋に早稲田大学大学院文学研究科に提出した博士学位請求論文を、加筆・修整したものである。「生と思考の緊張関係」（Schütz 1932）をどのように読み解いていくかは、本書を通底する隠れた主題であるが、本書および学位論文の執筆過程では、折に触れて、理論社会学的研究には自らの人生における思考のすべてが関係してくるということに気づかされた。この意味で本書は、これまでの私の人生で出逢い、さまざまなかたちで支えてくれた多くの方々の恩恵によって生み出されている。

二〇〇七年以降は、大学の教壇に立つという経験を重ねるなかで、日々、学生たちから学ばせてもらっている。授業・演習を担当する機会を与えてくださった、早稲田大学文学部社会学コースの先生方、東洋大学の宇都宮京子先生、神奈川大学の笠間千浪先生、横倉節夫先生、成蹊大学の門口充徳先生には本当に感謝している。本書で用いている多様な具体的事例は、授業で学生に向けて説明するために工夫し模索した中で、最も多くの人に伝わると思えたものを選んだ。また、学生との交流の中では、現代を生きる一人ひとりの人間にとって、社会学を学ぶ意義が十分にあることを、日々実感させてもらえている。だからこそ社会学者は、つねに真の学問的探究を続けていかなければならない。

片桐雅隆先生と草柳千早先生には、博士学位請求論文審査にあたり、細部まで読み込んでくださったばかりでなく、私の今後の研究の糧となるような有難いお言葉までかけていただけたことに感謝の念が尽きない。草柳先生は、「自身に対する他者作用への気づき」（本書第六章）をめぐる知見が社会学の根本にかかわる意義がありうることを見抜いてくださり、片桐先生には、この学位論文が社会学者の今後の研究を触発しうるということを繰り返しおっしゃっていただけた。お二人の先生のお言葉のおかげで本書のかたちでの出版につながったことは、御礼とともにぜひ申し添えておきたい。

早稲田大学文学部社会学研究室の先生方には、大学院博士後期課程在学中および助手に就任した時期以来、有形無形の励ましとご鞭撻をいただいている。日常的なやりとりや久々に偶然お会いしたなかで、物事を見つめ直すきっかけとなるような言辞をいただいたことは、一度や二度ではない。人間と社会を根本から考えていく力は、優れた洞察をもった方々との交流のなかでまさに鍛えられるということを実際に体験させていただいた。

恩師である那須壽先生には、「学問を真に追究する」とはどのようなことなのかを教わり続けている。だが、「教わっている」という表現は正しくはないかもしれない。先生は、それについて何も言葉にされることはなく、ただご自身が本物の学問を追求する後ろ姿を、われわれに見せ続けているのみだからである。先生は日頃から「自分には弟子はいない」とおっしゃる。大学院生時代、ゼミの後にほぼ毎週お供させていただいた居酒屋大勇で、先生は繰り返しそのように言われていた。私はそれを当初、「弟子に値するだけの研究をしている者はいない」というお叱りの言葉とだけ受けとめていた。けれども、数年前に博士学位請求論文の終章（本書の終章でもある）を書いていたとき、ふと思い至った。それは、お叱りだけではなかったのである。私には、学問を真に追究する途の入り口にもまだ辿り着くことができていなかった。「真に学問する者」の理念を体現されているような先生を肌身で知ることができることは、ひとりの研究者としてもひとりの人間としても幸せだとしかいえない。

晃洋書房の井上芳郎氏には、単著出版のお話をいただいて以来、寒い季節にも暑い季節にも、私が奮い立つような言葉をかけていただいた。また編集作業担当の石風呂春香氏にも、時宜を得たやりとりで円滑に仕事を進めてもらえた。お二人に御礼を申し上げる。

本書の上梓にあたり、父・冨士士《ふじお》と母・美智子に心からの感謝を伝えたい。

二〇一六年一月

河野憲一

文献一覧

（直接本文で言及した文献のみに限定）

Aguirre, Antonio F., 1982, *Die Phänomenologie Husserls im Licht ihrer gegenwärtigen Interpretation und Kritik*, Wissenschaftliche Buchgesellschaft.（＝1987, 川島秀一・工藤和男・林克樹訳『フッサール現象学――現在の解釈と批判からの照明』法政大学出版局.）

Backhaus, G., 1999, “Georg Simmel as an Eidetic Social Scientist,” *Sociological Theory* 16(3): 260-81.

――――, 2003, “Husserlian Affinities in Simmel's Later Philosophy of History: The 1918 Essay,” *Human Studies* 26(2): 223-58.

Bataille, Georges, 1976, “Conferénces du non-savoir, ‘Les conséquences du non-savoir,’ ‘L’ enseignement de la mort,’ ‘Le non-savoir et la révolte,’ ‘Non-savoir, rire et larme,’ ” *Œuvres complètes de Georges Bataille*, tom. VIII, Gallimard, 190-233.（＝1999, 西谷修訳「非―知についての講演」『〔新訂増補〕非―知――閉じざる思考』平凡社, 11-100.）

Blom, Jan D., 2010, *A Dictionary of Hallucinations*, Springer.

Blumer, Herbert, 1969, *Symbolic Interactionism: Perspective and Method*, Prentice-Hall.（＝1991, 後藤将之訳『シンボリック相互作用論』勁草書房.）

廳茂, 2010,「G・ジンメルにおける『社会はいかにして可能か』――第3アプリオリ論の思想的意味（上）」『国際文化学研究：神戸大学大学院国際文化学研究科紀要』35：1-32.

Dewey, John, 1922, *Human Nature and Conduct: An Introduction to Social Psychology*, H. Holt & Co.

Durkheim, Émile, [1895] 1973, *Les règles de la méthode sociologique*, 18 éd. Presses Universitaires de France.（＝1978, 宮島喬訳『社会学的方法の規準』岩波書店.）

江原由美子・山岸健編, 1985,『現象学的社会学――意味へのまなざし』三和書房.

Endress, Martin, George Psathas and Hisashi Nasu eds., 2005, *Explorations of the Life-World: Continuing Dialogues with Alfred Schutz*, Springer

船橋晴俊, 2006,「『理論形成はいかにして可能か』を問う諸視点」『社会学評論』57(1)：4-24.

船津衛編, 2001,『アメリカ社会学の潮流』恒星社厚生閣.

船津衛・宝月誠編, 1995,『シンボリック相互作用論の世界』恒星社厚生閣.

Gadamer, Hans-Georg, 1960, *Wahrheit und Methode: Grundzüge einer philosophischen Hermeneutik*, J. C. B. Mohr.

Garfinkel, Harold, 1952, *The Perception of the Other: A Study in Social Order*, Ph D. Dissertation, Harvard University.

Giddens, Anthony, 1984, *The Constitution of Society: Outline of the Theory of Structuration*, Polity Press.

後藤将之, 1990,「知覚に及ぼす定義枠組みの影響」『放送教育開発センター研究紀要』4：99-111.

浜日出夫, 1989,「シュッツ＝パーソンズ論争」『社会学ジャーナル』14：47-57.

――――, 1990,「シュッツの哲学と社会学」徳永恂・鈴木広編『現代社会学群像』恒星社厚生閣, 55-67.
――――, 1992,「現象学的社会学とエスノメソドロジー」好井裕明編『エスノメソドロジーの現実』世界思想社, 2-22.
浜渦辰二, 1995,『フッサール間主観性の現象学』創文社.
林惠海, 1953,「日本社会学の発展」林惠海・臼井二尚編『社会学』有斐閣, 267-92.
林惠海・臼井二尚編, 1953,『社会学』有斐閣.
Held, Klaus, 1966, *Lebendige Gegenwart: Die Frage nach der Seinsweise des transzendentalen Ich bei Edmund Husserl, entwickelt am Leitfaden der Zeitproblematik*, Martinus Nijhoff.（= 1988, 新田義弘・小川侃・谷徹・斎藤慶典訳『生き生きした現在――時間の深淵への問い』北斗出版.）
Husserl, Edmund, 1939, *Erfahrung und Urteil: Untersuchungen zur Genealogie der Logik*, Academia Verlagsbuchhandlung.（=1975, 長谷川宏訳『経験と判断』河出書房新社.）
――――, 1950a, *Cartesianische Meditationen und Pariser Vorträge, Husserliana* Bd. I, Martinus Nijhoff.（=2001, 浜渦辰二訳『デカルト的省察』岩波書店.）
――――, 1950b, *Ideen zu einer reinen Phänomenologie und phänomenologischen Philosophie, Erstes Buch: Allgemeine Einführung in die reine Phänomenologie, Husserliana* Bd. III, Martinus Nijhoff.（=1979/1984, 渡辺二郎訳『イデーン　I-1/I-2』みすず書房.）
――――, 1954 *Die Krisis der europäischen Wissenschaften und die transzendentale Phänomenologie, Husserliana* Bd. VI, Martinus Nijhoff.（=1974, 細谷恒夫・木田元訳『ヨーロッパ諸学の危機と超越論的現象学』中央公論社.）
――――, 1959, *Erste Philosophie, Zweiter Teil, Theorie der phänomenologischen Reduktion, Husserliana Bd. VIII*, Martinus Nijhoff.
――――, 1962, *Phänomenologische Psychologie, Vorlesungen Sommersemester, Husserliana Bd. IX*, Martinus Nijhoff.
――――, 1966, *Analysen zur passiven Synthesis: Aus Vorlesungs- und Forschungsmanuskripten, Husserliana Bd. XI*, Martinus Nijhoff.（=1997, 山口一郎・田村京子訳『受動的綜合の分析』国文社.）
――――, 1974, *Formale und transzendentale Logik, Husserliana Bd. XVII*, Martinus Nijhoff.
――――, 1984a *Logische Untersuchungen, Zweiter Band, Erster Teil, Untersuchungen zur Phänomenologie und Theorie der Erkenntnis, Husserliana Bd. XIX/1*, Martinus Nijhoff.（=1970/1974, 立松弘孝・松井良和・赤松宏訳『論理学研究』2/3, みすず書房.）
――――, 1984b, *Logische Untersuchungen, Zweiter Band, Zweiter Teil, Untersuchungen zur Phänomenologie und Theorie der Erkenntnis, Husserliana Bd. XIX/2*, Martinus Nijhoff.（=1976, 立松弘孝訳『論理学研究』4, みすず書房.）
市野川容孝, 2006,『社会』岩波書店.
市野川容孝・宇城輝人編, 2013,『社会的なもののために』ナカニシヤ出版.
猪口孝, 1988,『国家と社会』東京大学出版会.
井上俊・上野千鶴子・大澤真幸・見田宗介・吉見俊哉編, 1997,『岩波講座 現代社会学別巻 現代社会学の理論と方法』岩波書店.

居安正・副田義也・岩崎信彦編，2001，『ゲオルク・ジンメルと社会学』世界思想社.
門口充徳，2001，「P・M・ブラウと社会学的構造主義をめぐる問題」『成蹊大学文学部紀要』36：1-33.
金森修，2000，『サイエンス・ウォーズ』東京大学出版会.
Kaufmann, Felix, 1944, *Methodology of the Social Sciences*, Oxford University Press.
河野憲一，2003，「新たなる『形式』社会学への転回」『社会学史研究』25：91-111.
————，2004a，「A・シュッツの社会科学方法論の構想」『早稲田大学大学院文学研究科紀要第1分冊』49：125-137.
————，2004b，「象牙の塔を超えるシュッツ学問論」那須壽編『アルフレッド・シュッツによる蔵書への「書き込み」の研究』2001年度-2002年度科学研究費補助金研究成果報告書，67-100.
————，2006，「『知』としての笑い——『知の社会学』のために」『ソシオロジカル・ペーパーズ』15：48-68.
————，2007，「『非-知の体験』の理論的可能性——『人間は誤りうる』という立場からの社会学」『年報社会学論集』20：49-60.
Kawano, Ken'ichi, 2009, "On Methodology of the Social Sciences: Schutz and Kaufmann," Hisashi Nasu, George Psathas, Ilja Srubar, and Lester Embree eds. *Alfred Schutz and His Intellectual Partners*, UVK, 115-47.
————, 2012, "Reformulation of 'How is Society Possible?'", *Schutzian Research* 4: 65-77.
蔵内数太，1953，『社会学概論』培風館.
Landgrebe, Ludwig, 1963, *Der Weg der Phänomenologie: Das Problem einer ursprünglichen Erfahrung*, Gütersloher Verlagshaus.（＝1980，山崎庸佑・甲斐博見・高橋正和訳『現象学の道』木鐸社.）
Latour, Bruno, 2005, *Reassembling the Social: An Introduction to Actor-Network -Theory*, Oxford University Press.
Luhmann, Niklas, 1981, *Gesellschaftsstruktur und Semantik Bd.2*, Suhrkamp.
Mohanty, Jitendra N., 1982, *Husserl and Frege*, Indiana University Press.（＝1991，貫成人訳『フッサールとフレーゲ』勁草書房.）
森元孝，1995，『アルフレート・シュッツのウィーン——社会科学の自由主義的転換の構想とその時代』新評論.
村田純一，1995，『知覚と生活世界——知の現象学的理論』東京大学出版会.
中久郎編，1990，『現代社会学の諸理論』世界思想社.
那須壽，1985，「多元的現実論の構造と射程」江原由美子・山岸健編『現象学的社会学——意味へのまなざし』三和書房，108-30.
————，1991，「シュッツ＝パーソンズ論争に寄せて」『社会学年誌』32：17-43.
————，1997，『現象学的社会学への道——開かれた地平を索めて』恒星社厚生閣.
————，1999，「レリヴァンス現象の解明に向けて」『文化と社会』1：60-85.
————，2000，「社会学的概念を『厳密化』し『根源化』する試み——『社会関係』概念を手がかりに」『早稲田大学大学院文学研究科紀要』45：111-27.
————，2001a，「日常生活世界と科学の世界のあいだ——『適合的』な社会理論のために」船

津衛編『アメリカ社会学の潮流』恒星社厚生閣，93-117.
————，2001b,「形式社会学の諸位相——ひとつの解読の試み」居安正・副田義也・岩崎信彦編『ゲオルク・ジンメルと社会学』世界思想社，131-52.
那須壽編，2004,『アルフレッド・シュッツによる蔵書への「書き込み」の研究』2001年度—2002年度科学研究費補助金研究成果報告書.
Nasu, Hisashi, 2005, "Between the Everyday Life-World and the World of Social Scientific Theory—Towards an 'Adequate' Social Theory," Martin Endress, George Psathas and Hisashi Nasu eds. *Explorations of the Life-World: Continuing Dialogues with Alfred Schutz*, Springer, 123-141.
Nasu, Hisashi, George Psathas, Ilja Srubar and Lester Embree eds., 2009, *Alfred Schutz and His Intellectual Partners*, UVK.
西原和久，1998,『意味の社会学——現象学的社会学の冒険』弘文堂.
貫成人，2003,『経験の構造——フッサール現象学の新しい全体像』勁草書房.
大野道邦，1990,「構造主義と構造的方法」中久郎編『現代社会学の諸理論』世界思想社，258-80.
大澤真幸，1997,「社会秩序はいかにして可能か——社会学を社会学する」井上俊・上野千鶴子・大澤真幸・見田宗介・吉見俊哉編『岩波講座 現代社会学別巻 現代社会学の理論と方法』岩波書店，257-305.
Parsons, Talcott, 1937, *The Structure of Social Action; A Study in Social Theory with Special Reference to a Group of Recent European Writers*, McGraw-Hill.（＝1974-1989，稲上毅・厚東洋輔・溝部明男訳『社会的行為の構造』(1-5) 木鐸社.）
斎藤慶典，2000,『思考の臨界——超越論的現象学の徹底』勁草書房.
榊原哲也，2009,『フッサール現象学の生成——方法の成立と展開』東京大学出版会.
佐古輝人，1998,『秩序問題の解明——恐慌における人間の立場』法政大学出版局.
佐藤俊樹，2011,『社会学の方法——その歴史と構造』ミネルヴァ書房.
Schütz, Alfred, 1932, *Der sinnhafte Aufbau der sozialen Welt: eine Einleitung in die verstehende Soziologie*, Springer.（＝1982〔改訳2006〕，佐藤嘉一訳『社会的世界の意味構成——ウェーバー社会学の現象学的分析』〔改訳版『社会的世界の意味構成——理解社会学入門』〕木鐸社.）
Schutz, Alfred, [1940a] 1996, "The Problem of Rationality in the Social World: A Lecture Delivered at the Faculty Club of Harvard University on April 13th, 1940," Helmut Wagner, George Psathas, and Fred Kersten eds. *Collected Papers IV*, Kluwer Academic Publishers, 6-24.
————, [1940b] 1962, "Phenomenology and the Social Sciences," Maurice Natanson ed. *Collected Papers I: The Problem of Social Reality*, Martinus Nijhoff, 118-39.（＝1983，渡部光・那須壽・西原和久訳「現象学と社会科学」『アルフレッド・シュッツ著作集　第1巻　社会的現実の問題〔I〕』マルジュ社，199-224.）
————, [1943] 1964, "The Problem of Rationality in the Social World," Arvid Brodersen ed. *Collected Papers II: Studies in Social Theory*, Martinus Nijhoff, 64-88.（=1991，渡部光・那須壽・西原和久訳「社会的世界における合理性の問題」『アルフレッド・シュッツ著作集　第3巻　社会理論の研究』マルジュ社，97-129.）

――――, [1945] 1962, "On Multiple Realities," Maurice Natanson ed. *Collected Papers I: The Problem of Social Reality*, Martinus Nijhoff, 208-59.（＝1985，渡部光・那須壽・西原和久訳「多元的現実について」『アルフレッド・シュッツ著作集　第2巻　社会的現実の問題〔II〕』マルジュ社，9-80.）

――――, [1946] 1964, "The Well-Informed Citizen: An Essay on the Social Distribution of Knowledge," Arvid Brodersen ed. *Collected Papers II: Studies in Social Theory*, Martinus Nijhoff, 120-34.（=1991，渡部光・那須壽・西原和久訳「見識ある市民――知識の社会的配分に関する一試論」『アルフレッド・シュッツ著作集　第3巻　社会理論の研究』マルジュ社，171-89.）

――――, [1951] 1962, "Choosing among Projects of Action," Maurice Natanson ed. *Collected Papers I: The Problem of Social Reality*, Martinus Nijhoff, 67-96.（＝1983，渡部光・那須壽・西原和久訳「行為の企図の選択」『アルフレッド・シュッツ著作集　第1巻　社会的現実の問題〔I〕』マルジュ社，135-72.）

――――, [1953] 1962, "Common-Sense and Scientific Interpretation of Human Action," Maurice Natanson ed. *Collected Papers I: The Problem of Social Reality*, Martinus Nijhoff, 3-47.（＝1983，渡部光・那須壽・西原和久訳「人間行為の常識的解釈と科学的解釈」『アルフレッド・シュッツ著作集　第1巻　社会的現実の問題〔I〕』マルジュ社，49-108.）

――――, [1954] 1962, "Concept and Theory Formation in the Social Sciences," Maurice Natanson ed. *Collected Papers I: The Problem of Social Reality*, Martinus Nijhoff, 48-66.（＝1983，渡部光・那須壽・西原和久訳「社会科学における概念構成と理論構成」『アルフレッド・シュッツ著作集　第1巻　社会的現実の問題〔I〕』マルジュ社，109-33.）

――――, [1955] 1962, "Symbol, Reality and Society," Maurice Natanson ed. *Collected Papers I: The Problem of Social Reality*, Martinus Nijhoff, 287-356.（＝1985，渡部光・那須壽・西原和久訳「シンボル・現実・社会」『アルフレッド・シュッツ著作集　第2巻　社会的現実の問題〔II〕』マルジュ社，113-204.）

――――, 1962, *Collected Papers I: The Problem of Social Reality,* Maurice Natanson ed. Martinus Nijhoff.（＝1983／1985，渡部光・那須壽・西原和久訳『アルフレッド・シュッツ著作集　第1巻　社会的現実の問題〔I〕／第2巻　社会的現実の問題〔II〕』マルジュ社.）

――――, 1964, *Collected Papers II: Studies in Social Theory*, Arvid Brodersen ed. Martinus Nijhoff.（=1991，渡部光・那須壽・西原和久訳『アルフレッド・シュッツ著作集　第3巻　社会理論の研究』マルジュ社.）

――――, 1970, *Reflections on the Problem of Relevance*, Richard M. Zaner ed. Yale University Press.（=1996，那須壽・浜日出夫・今井千恵・入江正勝訳『生活世界の構成――レリヴァンスの現象学』マルジュ社.）

――――, 1996, *Collected Papers IV*, Helmut Wagner, George Psathas, and Fred Kersten eds. Kluwer Academic Publishers.

塩原勉，1975，「理論社会学における若干の基本問題」『社会学評論』25(4):17-36.

Simmel, Georg, 1890, *Über sociale Differenzierung: sociologische und psychologische Untersuchungen*, Duncker & Humbolt.（＝1998，居安正訳『〔新編改訳〕社会分化論 宗教社会学』青木書店.）

———, [1908] 1922, *Soziologie: Untersuchungen über die Formen der Vergesellschaftung*, 2. Aufl. Duncker & Humblot.（＝1994, 居安正訳『社会学』上・下, 白水社.）
高田保馬, 1960,「社会変動について」『社会学評論』10(3/4)：2-10.
武田良三, 1951,「文化の理論」『社会学評論』2(1)：44-68.
竹沢尚一郎, 2010,『社会とは何か――システムからプロセスへ』中央公論新社.
谷徹, 1998,『意識の自然』勁草書房.
Theunissen, Michael, 1964, *Der Andere: Studien zur Sozialontologie der Gegenwart*, Walter de Gruyter.
徳永恂・鈴木広編, 1990,『現代社会学群像』恒星社厚生閣.
魚住洋一, 1979,「フッサールにおける現象概念」『哲学論叢』6：49-66.
Weber, Max, [1921] 1960, *Soziologische Grundbegriffe*, J. C. B. Mohr.（＝1987, 阿閉吉男・内藤莞爾訳『社会学の基礎概念』恒星社厚生閣.）
好井裕明編, 1992,『エスノメソドロジーの現実』世界思想社.

《著者紹介》

河 野 憲 一（かわの　けんいち）

1973年，福岡県生まれ．社会学者．文学博士（早稲田大学）．慶應義塾大学法学部卒業，早稲田大学大学院文学研究科社会学専攻博士後期課程単位取得退学．早稲田大学文学学術院助手（社会学専修・専攻），早稲田大学文化社会研究所招聘研究員ののち，早稲田大学，東洋大学，神奈川大学，成蹊大学，法政大学，埼玉県立大学で非常勤講師．専門は理論社会学および福祉社会学．知識社会学および文化社会学の領域の論文も著している．

主要業績

The Interrelation of Phenomenology, Social Sciences and the Arts（共著，Springer，2014年）

Alfred Schutz and His Intellectual Partners（共著，UVK，2009年）

「テーマ別研究動向（現象学的社会学）――現象学的社会学の展開可能性」『社会学評論』第62巻４号（2012年）

「新たなる〈形式〉社会学への転回」『社会学史研究』第25号（2003年）

自明性と社会

――社会的なるものはいかにして可能か――

2016年３月30日　初版第１刷発行

2021年４月15日　初版第４刷発行

＊定価はカバーに表示してあります

著者の了解により検印省略

著　者　河 野 憲 一©

発行者　萩 原 淳 平

印刷者　西 井 幾 雄

発行所　株式会社　晃 洋 書 房

〒615-0026　京都市右京区西院北矢掛町７番地

電話　075（312）0788番㈹

振替口座　01040-6-32280

ISBN978-4-7710-2722-0　印刷・製本　㈱NPCコーポレーション